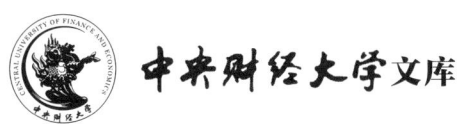

Research on Fiscal Theory
and Policy with Chinese Characteristics

中国特色财政理论与政策研究

马海涛◎主编

中国社会科学出版社

图书在版编目（CIP）数据

中国特色财政理论与政策研究 / 马海涛主编.
北京：中国社会科学出版社，2025.7. -- ISBN 978-7
-5227-5297-6

Ⅰ．F812.0

中国国家版本馆 CIP 数据核字第 20257LH829 号

出 版 人	季为民
责任编辑	黄　山
责任校对	赵雪姣
责任印制	李寡寡
出　　版	中国社会科学出版社
社　　址	北京鼓楼西大街甲 158 号
邮　　编	100720
网　　址	http://www.csspw.cn
发 行 部	010-84083685
门 市 部	010-84029450
经　　销	新华书店及其他书店
印　　刷	北京君升印刷有限公司
装　　订	廊坊市广阳区广增装订厂
版　　次	2025 年 7 月第 1 版
印　　次	2025 年 7 月第 1 次印刷
开　　本	650×960　1/16
印　　张	21.75
字　　数	285 千字
定　　价	89.00 元

凡购买中国社会科学出版社图书，如有质量问题请与本社营销中心联系调换
电话：010-84083683
版权所有　侵权必究

总序：时代之需，学人之责

一 继往开来，守正创新：建构中国经济学自主知识体系的宏伟蓝图

当今世界，百年未有之大变局加速演进，中华民族正昂首迈入强国建设、民族复兴的新征程。在这一波澜壮阔的伟大时代，加快构建中国特色哲学社会科学，已成为我们必须肩负的重大历史使命，更是关乎国家发展、民族未来的战略擘画。2022年4月25日，习近平总书记在中国人民大学考察时进一步强调，"加快构建中国特色哲学社会科学，归根结底是建构中国自主的知识体系"。建构中国经济学自主知识体系，不仅是推进中华文化繁荣兴盛、实现中华民族伟大复兴的必然要求，更是回应时代呼唤、破解发展难题、贡献中国智慧的迫切需要。需要认识到一点，既有的西方经济学理论在解释纷繁复杂的现代经济现象，特别是指导中国特色社会主义市场经济实践方面的局限性日益凸显。因此，立足中国大地，总结中国经验，发出中国声音，构建具有主体性、原创性的知识体系，已成为中国学人义不容辞的责任。

建构中国自主的知识体系，必须坚持以马克思主义为指导，这是当代中国哲学社会科学区别于其他哲学社会科学的鲜明底色与根本标志。我们要深入学习贯彻习近平新时代中国特色社会主义思想，将其作为推进理论创新、构建学科体系、锻造学术话语的旗帜与灵魂、根本遵循与行动指南。自主知识体系的核心要义在于"自主"。

要在理论建构、学术范式、话语表达上体现出中国的主体性与原创性，要在深刻洞察中国国情、总结中国经验、回应中国问题的基础上，提炼出标识性的学术概念，构建起原创性的理论框架，形成具有中国特质的学术流派。这既是对中国独特历史文化和发展道路的深刻自觉，也是在全球知识格局中提升中国学术话语权和影响力的战略抉择。

习近平经济思想深刻回答了中国经济发展的系列重大理论和实践问题，是马克思主义政治经济学中国化时代化的最新成果，为建构中国经济学自主知识体系提供了强大思想武器和科学理论指导。在此过程中，深刻领会并践行"两个结合"是建构中国经济学自主知识体系的根本路径。强调自主的同时也需要重视开放包容、融通中外。在借鉴吸收人类文明一切有益成果的同时，更要致力于从中国波澜壮阔的实践中挖掘新材料、发现新问题、提出新观点、构建新理论，将中国人民的伟大创造和成功经验，上升为系统化、学理化的知识形态。这一宏伟事业，不仅是学术界的内部追求，更是中国式现代化建设与中华民族伟大复兴战略全局的重要组成部分，它要求学术研究与国家命运紧密相连，以高质量的理论供给服务于国家发展大局。

二　薪火赓续，弦歌不辍：中央财经大学的学术根脉与使命担当

中央财经大学与共和国同呼吸、共命运，具有光荣历史传承和深厚财经底蕴。从最初的华北税务学校，历经中央财政学院、中央财经学院、中央财政金融学院等重要发展阶段，学校始终坚守"为国而生、与国同行"的初心使命，致力于培养高素质财经人才，服务国家经济建设主战场，被誉为"中国财经管理专家的摇篮"。七十余载风雨兼程，中财大不仅是国家经济社会发展的见证者、参与者，

更是财经高等教育改革创新的推动者、引领者。学校的发展历程，本身就是一部与国家财政金融制度建设、经济体制改革同频共振的生动史诗，在当前建构中国经济学自主知识体系的时代洪流中，具有得天独厚的历史积淀与责无旁贷的使命担当。

作为国家"双一流"建设高校，学校始终将服务国家重大战略需求作为自身发展的核心价值追求。学校的科学研究、人才培养、社会服务与文化传承创新，均紧密围绕国家经济社会发展的中心任务展开。无论是助力国家财税体制改革、金融体系完善，还是服务于区域协调发展、推动高水平对外开放，中财大学者都以深厚的理论功底和敏锐的实践洞察，积极建言献策，贡献智慧力量。当前，面对高质量发展、建设金融强国、发展数字经济等一系列国家重大战略部署，学校进一步凝练科研共识，强调提升学术原创能力的科研导向，加强科研团队培育，勇立潮头，聚焦关键领域，力求破解发展难题，为中国式现代化建设提供有力的学理支撑和智力支持。这种与国家战略的高度契合，确保了在构建自主知识体系的征程中，能够始终把握正确方向，聚焦核心问题，产出真正有价值的学术精品。

三 深耕厚植，铸就重器："中央财经大学文库"的时代价值与学术追求

为系统呈现中央财经大学在服务国家战略、推进理论创新、构建中国经济学自主知识体系方面取得的丰硕成果，学校倾力打造"中央财经大学文库"，这不仅是我校学术实力和研究水平的一次集中展示，更是响应时代号召、履行学术使命的一项战略举措。文库将系统梳理、总结和提炼我校学者在长期科研实践中形成的原创性理论观点、独特研究方法和重要政策建议，期望能够推出一批既植根中国实践、又具有国际视野，既深刻总结历史经验、又积极展望

未来趋势的精品力作，力求体现对中国经济发展规律的深刻揭示，对中国特色社会主义经济理论的丰富与发展，以及对全球性经济挑战的中国思考与中国方案，从而推动中国经济学理论创新与话语体系建设。

"中央财经大学文库"的出版，是中央财经大学积极投身于建构中国自主知识体系宏伟事业的具体行动和重要载体，尤其注重呈现学校通过"有组织科研"模式所取得的突破性成果。依托优势学科平台，整合跨学科研究力量，组建高水平科研团队进行协同攻关，是提升科研创新能力的重要途径。本系列文库所遴选的，正是在各个优势领域中，由各重大研究团队潜心钻研、集体攻关的智慧结晶。这些基于团队协作的系统性研究，将为中国自主知识体系构建贡献更为坚实的力量，努力弥合中国经济实践的巨大成功与经济理论影响力尚小之间的差距，为世界理解中国经济奇迹提供更为坚实的学理支撑。

展望未来，中财大将以"中央财经大学文库"为新的起点和契机，进一步激发全校师生的科研热情和创新活力，鼓励产出更多具有原创性、引领性、经得起实践和历史检验的重大科研成果。同时，我们坚信，"中央财经大学文库"必将伴随着学校坚定发展步伐，逐步汇聚成为反映中国经济学研究前沿水平、体现中财大学术风范的重要思想宝库，在国内国际学术界产生广泛而深远的影响，为提升中国学术的国际话语权和影响力贡献力量。

中央财经大学校长 马海涛

二〇二五年三月

序　言

党的十八届三中全会提出，财政是国家治理的基础和重要支柱。在推进中国式现代化的进程中，应充分发挥财政税收在国家治理中的基础性、支柱性和保障性作用，将财税体制、财税制度、财税管理优势转化为治理效能。作为完善国家治理体系的"先行者"，自新时代以来我国财税体制改革取得了显著成就：一是初步建立了全面规范透明、标准科学、约束有力的预算制度，为国家战略实施和政策落实提供制度保障；二是健全了税种科学、结构优化、法律健全、规范公平的税收制度，为全面深化改革和实现高质量发展提供了坚实的财力支持；三是完善了权责清晰、财力协调、区域均衡的中央与地方财政关系，为健全国家治理体系的体制机制奠定了坚实基础。

与此同时，当前我国财税体制仍面临诸多挑战，主要体现在政府间财政关系未完全理顺，基层财政运行出现较大困难，财政可持续性不高，且现有财税制度与高质量发展的要求存在不匹配。一方面，中国式现代化对财政工作提出了更高要求，如应对人口老龄化、生育率下降、城乡收入差距扩大、公共服务不均衡等问题，但现有财政政策的再分配和引领作用尚显不足；另一方面，受经济下行压力和减税降费政策影响，近年来我国财政收入增速明显放缓，从 2019 年至 2023 年，全国一般公共预算收入年均增速不足 3.5%，而财政支出刚性不减，导致财政收支矛盾加剧，特别是地方基层政府的财政压力日益增加，债务风险上升。因此，新一轮财税体制改革迫在眉睫，需要通过理顺省以下财政关系、深化预算制度和税制改革，提高财政资金使用效率，增强宏观经济调控能力，确保财政政策在高质量发展中发挥更大作用，从而为实现中国式现代化提供坚实的财力保障。

2023年12月，中央经济工作会议提出了"谋划新一轮财税体制改革"的任务，党的二十届三中全会从预算制度、税收制度以及中央和地方财政关系等方面对深化财税体制改革作出了重要部署。这一轮改革的时代背景是党领导全国各族人民实现了第一个百年奋斗目标、全面建成小康社会，并开启了向第二个百年奋斗目标迈进的新征程；其根本目标是通过服务高质量发展，推动实现中国式现代化，并通过解决财税体制的自身缺陷和矛盾，加快建立现代财税体制，提升财政可持续性。

在此背景下，中央财经大学重大研究支持计划课题团队——"中国特色财政政策理论与政策体系研究"发挥学校财政理论与政策等领域的研究优势，聚焦新时代重大经济理论与现实问题，结合中国实际，通过经济学、管理学、心理学、社会学、政治学与统计学等学科交叉融合，推动构建具有中国特色、中国风格和中国气派的财政政策理论和政策体系，为完善宏观经济治理体系、实现治理能力现代化提供智力支持。团队重点突出以下研究方向：中国特色财政政策理论研究，中国特色财政政策体系与政策机制研究，政策风险、政策空间与可持续性研究，国外财政政策动向追踪与分析。本书汇集了团队成员的研究成果，重点探讨了四个专题："推动高质量发展的财税政策评估""中国特色财政政策体系与政策机制研究""财政风险与可持续性研究"和"财政政策理论研究"，主要内容包括：一是评估财税政策，系统分析我国财税体制改革的成就与问题；二是研究财政货币政策协同机制、宏观政策的沟通效果和预期管理，深入探讨中国特色财政政策体系与政策机制；三是分析财政赤字、财政风险和税收不确定性，为统筹发展和安全提供参考；四是以财税心理学为例，梳理国外财政理论，为推动中国特色财政政策理论研究提供借鉴。希望本书能够为新一轮财税体制改革提供经验总结

序言

与共识凝聚，同时为中国特色财政政策理论的发展和财税体制的优化完善提供有益参考。

全书构思和统筹工作由马海涛教授完成，第一章的执笔人为白彦锋和李泳禧，第二章的执笔人为姜爱华和高锦琦，第三章的执笔人为寇恩惠、麻馨月和孙沁茹，第四章的执笔人为张明昂、孙旗聪和王雨薇，第五章的执笔人为王伟和江燕，第六章的执笔人为李慧青，第七章的执笔人为阮睿，第八章的执笔人为王红梅，第九章的执笔人为杨武，第十章的执笔人为姚东旻和苏代钰，第十一章的执笔人为吕杰妤、张红川、郑艳竹、沈雨欣和薛志扬。王立勇和张明昂负责全书审阅。

感谢中国社会科学出版社黄山编辑对本书顺利出版给予的支持，也希望业界同人和广大读者朋友们对本书的不足之处给予批评指正！

马海涛
2025年6月

目 录

专题一 推动高质量发展的财税政策评估

第一章 促进碳捕集、利用与封存技术发展与应用的税收优惠政策 ……… 3

第一节 CCUS 技术发展与应用的背景 ……………………… 3

第二节 我国碳捕集、利用与封存技术发展与应用现状 …… 6

第三节 世界主要经济体碳捕集、利用与封存技术发展与应用现状 …………………………………………… 9

第四节 我国目前支持 CCUS 技术发展与应用的税收优惠政策及存在的问题 ……………………………… 12

第五节 当前支持 CCUS 税收优惠政策的国际实践 ………… 18

第六节 完善我国支持 CCUS 技术发展与应用的税收优惠政策建议 ………………………………………… 28

第二章 政府绿色采购政策的实施评价及优化建议 ……………… 33

第一节 政府绿色采购政策的实施背景 ……………………… 33

第二节 政府绿色采购政策实施取得的成效 ………………… 35

第三节 政府绿色采购政策中存在的主要问题 ……………… 41

第四节 完善政府绿色采购政策的相关建议 …………… 47

第三章 企业研发激励税式支出绩效评价 …………… 56

第一节 企业研发激励税式支出绩效评价的背景 ……… 56

第二节 研发激励税式支出的国际经验借鉴 …………… 57

第三节 税式支出的理论意义 …………………………… 62

第四节 近年来我国研发激励税式支出的概况 ………… 65

第五节 完善研发激励税式支出的建议 ………………… 73

第四章 推动基本公共服务均等化的财政支出政策 …… 75

第一节 推动基本公共服务均等化的财政支出政策
出台背景 ………………………………………… 75

第二节 财政推动基本公共服务均等化对实现共同
富裕的作用 ……………………………………… 76

第三节 新时代财政推动基本公共服务均等化的
措施和成效 ……………………………………… 80

第四节 财政政策推动基本公共服务均等化的不足与
优化建议 ………………………………………… 102

第五章 面向主体功能区战略的国土空间治理配套财税
政策 …………………………………………… 108

第一节 我国国土空间规划治理背景 …………………… 108

目 录

第二节　我国主体功能区战略实施历程 …………………… 114

第三节　财税政策与主体功能区战略实施的内在机理 …… 119

第四节　国土空间治理的财税政策国际经验借鉴 ………… 126

第五节　新时期我国国土空间治理面临的挑战和趋势 …… 130

第六节　构建新时期与主体功能区建设相协调的财税
政策体系 …………………………………………… 135

专题二　政策体系与政策机制研究

第六章　财政政策和货币政策协调配合的实践探索 …………… 143

第一节　财政政策和货币政策协调配合的国际经验 …… 143

第二节　财政政策和货币政策协调配合的新探索 ……… 161

第三节　国债市场——传导财政政策和货币政策的
重要纽带 …………………………………………… 170

第七章　宏观经济政策沟通的国际经验分析 …………………… 184

第一节　欧盟与经济主体进行财政政策沟通的情况及
启示 ………………………………………………… 184

第二节　英国财政政策失误引发的危机以及对我国财政
金融协调的启示 …………………………………… 192

第三节　市场主体预期调查机制：德国经验 …………… 199

3

专题三 财政风险与可持续性研究

第八章 新时代财政风险的评估、防范与化解 …… 207

第一节 新时代财政风险研究的重要性 …… 207

第二节 新时代财政风险的科学内涵 …… 209

第三节 新时代财政风险评估体系与成因分析 …… 211

第四节 新时代财政风险防范与化解的对策建议 …… 225

第九章 我国税收不确定性的来源、度量和管理 …… 230

第一节 税收不确定性的发展背景 …… 230

第二节 税收不确定性的概念解析 …… 231

第三节 税收不确定性的来源与分解 …… 233

第四节 我国税收不确定性：测算与特征 …… 239

第五节 税收不确定性管理 …… 251

第十章 财政赤字口径的演变逻辑与原则重构 …… 255

第一节 我国财政赤字统计口径 …… 255

第二节 财政赤字统计口径的差异性：文献与统计实践 …… 257

第三节 财政赤字统计口径的演变逻辑 …… 267

第四节 财政赤字统计口径差异对指标功能的影响 …… 273

第五节　我国财政赤字指标功能重塑……………………… 280

专题四　财税心理学研究

第十一章　财税心理学的历史、发展与方法论 ………………… 289

第一节　财税心理学的历史与发展历程 ………………… 289

第二节　财税心理学的研究内容 ………………………… 294

第三节　财税心理学的方法论 …………………………… 310

第四节　财税心理学的研究展望 ………………………… 314

参考文献 ……………………………………………………… 316

专题一 推动高质量发展的财税政策评估

本专题围绕推动高质量发展的核心目标，深入探讨财税政策在绿色发展、创新驱动发展与协同发展中的作用和影响。通过系统评估相关政策的有效性与可持续性，本专题旨在揭示财税政策如何为经济转型升级、环境保护及社会和谐发展提供有力支撑，推动国家战略目标的实现。

第一章　促进碳捕集、利用与封存技术发展与应用的税收优惠政策

第一节　CCUS 技术发展与应用的背景

2020 年 9 月 22 日，在第七十五届联合国大会一般性辩论上，习近平主席宣布"中国将提高国家自主贡献力度，采取更加有力的政策和措施，二氧化碳排放力争于 2030 年前达到峰值，努力争取 2060 年前实现碳中和"。

碳捕集、利用与封存（CCUS）是指从工业生产（例如：钢铁、水泥、铝冶炼等）、能源生产（例如：火力发电）等高碳排放过程，通过化学吸收法、物理吸附法、膜分离法等多种技术手段捕集或从大气中直接分离二氧化碳，并将其通过管道、船舶或者罐车等方式转移至合适的地点进行使用（例如：三次采油等）或封存，以降低向大气释放的二氧化碳量。这一技术流程主要分为捕集、运输、使用和储存四个环节。CCUS 在帮助我国达成碳达峰、碳中和目标扮演着关键角色。

首先，CCUS 对推动化石燃料的清洁使用起到关键作用。我国的能源政策强调根据国家的能源资源状况，保障能源安全并实施有序的碳达峰行动。我国资源状况是"煤多油少气缺"，煤炭和石油依然是国家能源供应的主要来源。2019 年，中国的碳排放总量达到了约 99 亿吨，并且仍在持续增长；尤其是在电力和热力生产中，由煤炭驱动的电力和热力生产贡献了绝大部分的排放。正值工业化关键阶

段和人均 GDP 突破 1 万美元的中国，对能源的需求仍然旺盛，经济发展急需低碳排放能源支持。在这种情况下，CCUS 是实现化石能源低碳化利用，高排放行业如钢铁、水泥行业减排的有效手段，通过如"煤电+CCS"的形式，从煤炭燃烧前的预处理阶段，到燃烧过程中的实时监测与捕获，再到燃烧后废气排放前的集中处理，最大限度地将二氧化碳从排放源中分离出来，极大地减少了煤电行业对大气环境的碳排放压力，对保障能源安全，维护产业链和供应链的稳定具有重大意义。

其次，CCUS 技术对于降低碳减排机会成本有着显著效果。自改革开放以来，中国工业飞速发展，在煤电、钢铁和水泥生产领域已经位列世界前沿。过去十年，高排放行业的投资总量超过 28 万亿元，仅火电投资就约 9000 亿元，新增装机容量达到 5 万千瓦。[①] 这些设施大多寿命在 40 年以上，然而若缺乏减排举措，在实现碳中和目标之前，它们或许无法持续运转。以煤电为例，其潜在的搁浅资产规模处于 3.08 万亿至 7.2 万亿元之间。推广 CCUS 技术不仅有助于逐步消化这些既有的基础设施投资，减少未来的投资损失，而且可以缓解减碳进程对地方经济和财政的冲击，如图 1—1、图 1—2 所示。

预计到 2050 年，CCUS 技术将贡献约 32% 的全球二氧化碳减排量，使得传统的化石能源得以大规模地进行低碳转型，有力地推动中国能源结构的优化，为建设一个绿色、低碳而富有弹性的能源系统提供助力。若未能实施 CCUS 技术，到 2060 年达成碳中和的目标可能会导致整体的减排成本上升 118%。

因此，积极推广 CCUS 技术对于中国在清洁能源和节能减排技术的探索推广过程中扮演着至关重要的角色。这种推广有助于逐步实现石油化工、煤炭、钢铁和电力等行业的高效和有序的碳减排。

---

① 根据 CEIC 数据库资料整理而得。

第一章 促进碳捕集、利用与封存技术发展与应用的税收优惠政策

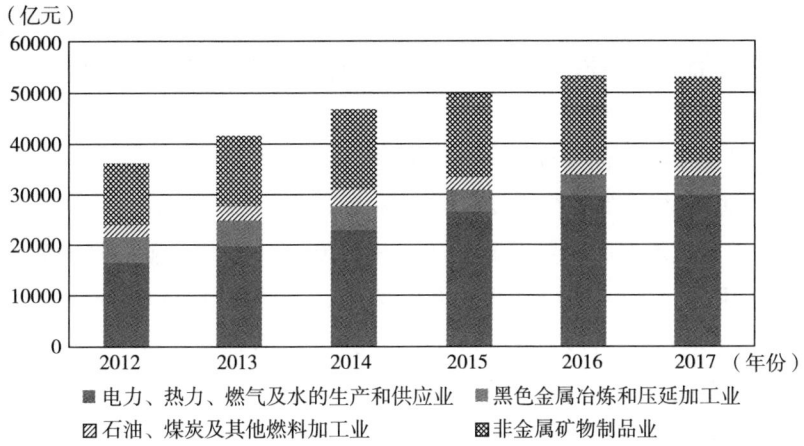

图 1—1 我国 2012—2017 年部分高排放行业固定资产投资

资料来源：根据 CEIC 数据库资料整理而得。

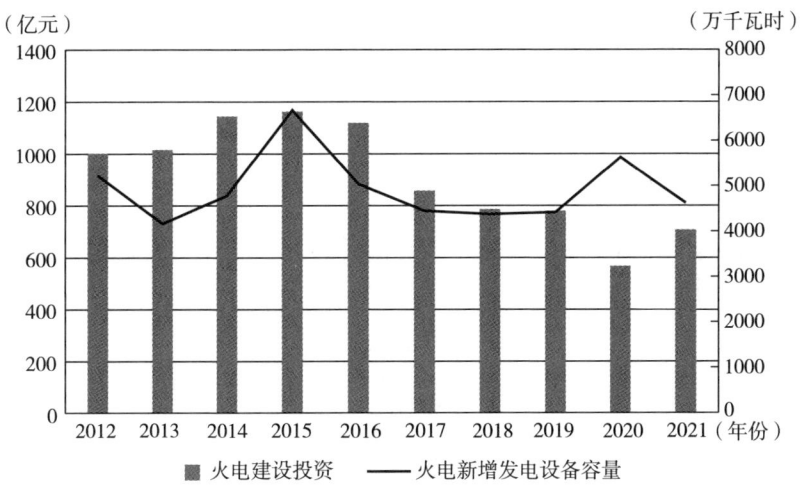

图 1—2 我国近十年火力发电投资

资料来源：根据 CEIC 数据库资料整理而得。

第二节　我国碳捕集、利用与封存技术发展与应用现状

对比世界其他主要经济体，我国 CCUS 技术总体起步较晚。我国对 CCUS 技术的重视与发展可追溯到 2006 年，当时在《国家中长期科学和技术发展规划纲要（2006—2020 年）》中，就已经明确地将 CCUS 技术纳入前沿技术的范畴之中，为了推动这一技术更好地发展，多年来各级政府给予了数量可观的科研资金支持。历经多年的不断发展与探索，我国在二氧化碳捕集、运输、利用以及封存等一系列流程所涉及的技术链条之上，已然成功构建起了一套完整且系统的研发规划体系。在二氧化碳的捕集、输送以及利用等这些具体的应用领域当中，我国目前所达到的技术水平基本上已经能够与国际水平相持平，目前已经在一系列高碳排放行业开展了诸多项目实践，特别是在石化、煤电领域。然而，在地质利用以及封存这个方面，我国的技术发展还存在着一定的提升空间，尚有待进一步加强和完善。

一　碳捕集

碳捕集利用吸收、吸附、膜分离等技术，将不同来源的二氧化碳分离和集中。我国目前第一代技术已成熟，而第二代技术仍在研发当中。预计第二代技术可使成本和能耗降低 30% 以上，2035 年左右有望广泛应用。当前，碳捕集能耗与成本较高，燃烧前捕集每吨 70 元至 230 元、燃烧后每吨 350 元左右、富氧燃烧每吨 380 元。

二　二氧化碳运输

二氧化碳运输将捕集后的气体送至利用或封存地点，通常采用罐车、船舶或管道。在中国的 CCUS 示范项目中，罐车是最常用的运输方式。目前，中国在罐车和船舶运输方面已建立了完整

的体系，而管道运输的标准化建设尚在推进中，未来有较大发展空间。

三 二氧化碳利用与封存

二氧化碳的利用和封存包括生物转化、化学转化和地质封存等手段，旨在将二氧化碳转化为具有经济价值的产品，或通过技术手段长期隔离在地下以减少对大气的影响。在中国，二氧化碳的地质利用与封存拥有得天独厚的地质条件，东北、华北和西北地区表现尤为突出，枯竭油田、天然气田、煤矿和咸水层等都是理想之所，封存潜力可达100亿吨以上。从理论层面看，陆地和海洋的地质封存总容量超过万亿吨之巨。

四 CCUS技术应用现状

在中国，CCUS技术的应用主要集中在油气化工行业，由国有大企业如中国石油、中国石化和延长石油油田等领导全流程的示范项目实施。具体到各企业的实践，中国石油主导的项目专注于从天然气中捕集二氧化碳，构建了完整的CCUS系统；而中国石化则将重点放在从高碳天然气和炼化厂分离二氧化碳上，实施了涵盖多个碳源的CCUS工程；延长石油油田则探索从石油化工过程的副产品中捕获二氧化碳，并将其注入利用，旨在实现二氧化碳的循环利用以及提升石油和天然气的开采效率。这些实践不仅展示了CCUS技术在国内的应用进展，也标志着对碳排放管理与资源效率提升的重要投入。我国天然气领域、石油领域中规模较大、CCUS技术应用水平较高的项目情况如表1—1所示。[1]

---

[1] 生态环境部环境规划院、中国科学院武汉岩土力学研究所、中国21世纪议程管理中心：《中国二氧化碳捕集利用与封存（CCUS）年度报告（2021）》，2021年7月。

表 1—1　　我国石油、天然气领域 CCUS 技术应用试点项目

名称	省份	来源	规模	类型	年份	状态
大庆油田	黑龙江	天然气加工	20 万吨每年	碳捕集、碳利用技术：强化石油开采	2003 年	正在运营
吉林油田（中石油）	吉林	天然气加工	35 万吨每年	碳运输技术：管道运输、碳利用技术：强化石油开采	2006 年	正在运营
中原油田	河南	石油化工	12 万吨每年	碳捕集、碳利用技术：强化石油开采	2015 年	正在运营
中石化华东示范点	江苏	化工生产	50 万吨每年	碳捕集、碳利用技术：强化石油开采	2020 年	早期开发阶段的示范项目
新疆油田	新疆	石油化工	15 万吨每年	碳捕集、碳利用技术：强化石油开采	2009 年	正在运营

资料来源：根据历年《中国二氧化碳捕集利用与封存（CCUS）年度报告》和中国环境网相关资料整理而得。

煤炭电力行业中，采纳 CCUS 技术能显著削减因燃烧煤炭而产生的二氧化碳排放量。这种技术的实施不仅对于控制大气污染物质释放、确保环境质量具有极大的重要性，而且对于提供更加清洁和稳定的电力资源至关重要。作为推动我国电力系统向碳中和转型的关键技术手段之一，CCUS 技术在国内的应用与推广已逐渐展开。特别是在多个省份，已经启动了结合 CCUS 技术的煤电行业工业试点与示范工程。这些试点项目大部分采用的是燃烧后捕集技术，展示了 CCUS 技术在实际应用中对于降低碳排放和优化能源结构的潜力。通过这些示范工程的实施，我们可以更好地评估 CCUS 技术的效果，为未来更广泛的应用提供科学依据和实践经验。我国试点项目情况如表 1—2 所示。

第一章 促进碳捕集、利用与封存技术发展与应用的税收优惠政策

表1—2　　　我国煤炭电力行业CCUS技术应用试点项目

名称	省份	规模	类型	年份
华能集团北京热电厂	北京	3000t/a	燃烧后捕集+食品级利用	2008年
中电投重庆双槐电厂	重庆	10000t/a	燃烧后捕集+食品工业级利用	2010年
华润海丰电厂	广东	60000t/a	燃烧后捕集+食品级利用	2015年
华能集团天津绿色煤电项目	天津	60000—100000t/a	燃烧前捕集+强化石油开采	2020年

资料来源：根据历年《中国二氧化碳捕集利用与封存（CCUS）年度报告》和中国环境网公开资料；根据［英］托比·洛克伍德《通过CCUS（碳捕集、利用与封存）技术改造实现中国煤电碳减排》，国家能源技术经济研究院译，第35页相关资料整理而得。

第三节　世界主要经济体碳捕集、利用与封存技术发展与应用现状

美国、加拿大、日本和欧洲联盟是全球在碳捕集、利用与封存（CCUS）技术领域的先驱。早在20世纪上半叶，美国和英国便开始意识到气候变化带来的潜在风险，并对CCUS技术展开了初步的研究。随着20世纪下半叶的到来，日本、美国以及多个欧洲联盟成员国开始实施CCUS技术的试点项目，标志着这一技术在实际操作中的逐步推进。21世纪初，加拿大和美国进一步加大了对CCUS技术研发与推广的力度，致力于通过技术创新提升CCUS的效率和推广其应用。特别是自2015年以来，美国和加拿大等国家已经开始将CCUS技术商业化应用。这些先进经验为全球CCUS技术的发展提供了重要的借鉴，加快了全球应对气候变化的步伐。

一　碳捕集

美国已成功捕集超过3000万吨的二氧化碳。自1997年起，美国能源部持续推动CCUS（碳捕集、利用和封存）技术的研究和示范

项目，并逐年增加对此类技术的研发投资。到 2020 年，美国通过《2020 能源法案》宣布在未来五年将投入超过 60 亿美元的资金用于 CCUS 技术的研发。更进一步，2021 年 11 月 5 日，美国能源部正式启动了名为"负碳攻关计划"的项目，该项目的目标是从大气中移除高达 10 亿吨的二氧化碳。这一系列措施体现了美国在碳减排技术领域的决心和领导力，同时展示了其在全球气候治理中扮演的积极角色。通过这些创新计划，美国不仅加强了国内的环保措施，还为全球碳捕集和封存技术的发展设定了高标准，推动了全球环境保护和可持续发展的进程。在日本，新能源产业综合开发机构（NEDO）担任着推进 CCUS 技术发展的核心角色。该机构当前聚焦于碳循环和未来火力发电技术的研究与开发。NEDO 的努力不仅涉及技术创新，也包括整合和优化现有的碳捕集和封存解决方案，旨在提高这些技术的效率和可行性。通过这种方式，NEDO 支持日本在应对全球气候变化方面的承诺，推动能源产业向更可持续的方向转型。2022 年 1—2 月，NECO 宣布将投资 382.3 亿日元用于碳捕集分离和回收。[①] 自从加拿大政府颁布了《燃煤发电二氧化碳减排条例》之后，该国便积极致力于碳捕集技术的改革和创新。特别是加拿大的 Svante 公司，这家碳捕集技术的初创企业在推动技术创新方面发挥了重要作用。Svante 公司专注于使用固体吸附剂进行二氧化碳的吸附工作，其技术能够更有效地从排放源中分离出相对纯净的二氧化碳。这种技术由于其高效性，尤其适合应用于燃烧后的碳捕集。在考虑到加拿大的基础设施和现有资源配置的背景下，采用此类技术不仅优化了资源利用，还提升了环境保护效率。通过这些创新措施，加拿大不仅在国内外展示了其在环保技术领域的领导力，还为全球碳排放减少贡献了重要力量。

---

① 秦阿宁、吴晓燕、李娜娜等：《国际碳捕集、利用与封存（CCUS）技术发展战略与技术布局分析》，《科学观察》2022 年第 4 期。

第一章　促进碳捕集、利用与封存技术发展与应用的税收优惠政策

二　二氧化碳运输、利用与封存

二氧化碳运输技术在全球范围内主要包括二氧化碳的压缩存储、管道输送以及船舶运输等方式。与碳捕集、利用与封存技术相比，目前全球主要经济体在二氧化碳运输领域的专利申请相对较少，其中美国、中国、日本、德国和韩国为主要的专利申请国。在这些国家中，美国在二氧化碳管道运输技术方面已经达到成熟阶段，尤其是在强化石油开采行业中，使用的管道总长度已超过 6000 公里。部分 CCUS 项目的管道甚至达到 330 公里，直接连接至封存地点。这种成熟的技术布局使美国在全球 CCUS 技术应用中占据了领先地位。至于二氧化碳的地质封存潜力，各经济体之间存在较大差异。亚洲国家除中国外，其地质封存潜力总计估算在 4900 亿吨至 5500 亿吨之间，其中日本的封存潜力约为 1400 亿吨。欧洲的地质封存潜力大约为 5000 亿吨。北美地区潜力约为 2.3 万亿至 21.53 万亿吨，据全球碳捕集与封存研究院（GCCSI）的分析，美国显示出巨大的地质封存潜力，大约在 2 万亿至 21 万亿吨之间。各国根据自身的产业布局、封存资源和技术条件，正在逐步建设完善二氧化碳的运输和封存体系，以应对全球气候变化带来的挑战。随着技术的进步和国际合作的加深，预计未来这些技术将在更广泛的范围内得到应用和发展。

在地质封存潜力较小的日本，由于可用于增强石油回收的油气田较少，近年来日本更多地将焦点转向二氧化碳的利用（CCU），同时减少了在地质封存领域的投资。相对而言，欧洲在碳捕集、利用与封存（CCUS）项目的推进上进展缓慢，受到财政政策、成本以及公众接受度等多种因素的影响。据估计，欧洲的场地表征工作可能需要五到十年的时间来完成，且此类工作的成本可能占到封存总资本成本的 1/4。然而，欧洲在碳捕集与封存（CCS）的制度化和规范化方面处于全球领先地位，已经建立了世界上第一套详尽的 CCS 相

关立法，明确规定了地质封存场地的选址、勘查及封存许可证的发放流程。在欧洲，大部分 CCUS 项目目前依赖于碳交易市场和增强石油回收技术来实现。而在美国，得益于联邦政府的 45Q 税收抵免政策，大约一半的项目已经能够在不依赖增强石油回收的收益的情况下运行，这大幅降低了这些项目的财务风险。这一政策不仅降低了采用 CCUS 技术企业的经济负担，也极大地促进了地质封存技术的发展和应用，使得美国在全球地质封存技术的推广和实施中扮演了重要角色。

三 CCUS 技术应用现状

在国际上，尤其是在美国和加拿大，CCUS 技术的应用规模大且广泛。这些国家的多个运行中的 CCUS 项目覆盖了从天然气提取、油田开发到工业生产及电力产业等多个领域。在这些项目中，工业来源的二氧化碳分离是最主要的捕集类型，此外，增强油回收技术也得到了广泛应用。相比之下，美国在 CCUS 技术的发展和实施方面展现出更高的成熟度和完善性。通过实施这些技术，美国和加拿大不仅能有效减少温室气体排放，还能提升能源开采过程中的效率，从而在环境保护和经济增长之间找到平衡点。这些国家的经验为全球其他地区提供了宝贵的参考，展示了环境保护技术与产业发展相结合的可行性与重要性。

第四节 我国目前支持 CCUS 技术发展与应用的税收优惠政策及存在的问题

我国的 CCUS 技术已经步入商业化的实践阶段，而科学的政策指导对于技术的持续发展和快速应用具有至关重要的影响。税收激励措施尤为关键，因其可以鼓励企业增加研发和技术投资，进一步推广 CCUS 技术的应用。目前，国家已经实施了一系列针对 CCUS 技

第一章　促进碳捕集、利用与封存技术发展与应用的税收优惠政策

术的税收优惠政策，这些政策旨在减轻企业负担，激发企业的技术创新和应用动力。然而，这些税收优惠措施在实施过程中还存在一些问题，需要进一步的优化和调整。解决这些问题将有助于更好地利用政策工具，促进CCUS技术的广泛部署和深入发展，从而有效支持国家的碳减排目标和环境保护战略。

一　税收优惠政策

1. 增值税

2015年，财政部与国家税务总局一同发布了《资源综合利用产品和劳务增值税优惠目录》（财税〔2015〕78号），此文件明确规定，纳税人销售自产的资源综合利用产品和提供资源综合利用劳务，可享受增值税即征即退政策，退税优惠比例为70%。2021年，财政部和国家税务总局公布了《关于完善资源综合利用增值税政策的公告》（财税〔2021〕40号），该行业增值税政策由此更新。值得注意的是，公告附带的《资源综合利用产品和劳务增值税优惠目录（2022年版）》表明，此次政策在很大程度上延续了2015年政策内容的脉络。不过，在细节和具体执行层面有一些变化值得关注，这些变化虽未完全颠覆原有政策框架，但为行业发展带来新方向，进一步规范和优化了资源综合利用领域增值税政策的实施路径，如表1—3所示。

2. 资源税

在油田开发领域，三次采油技术被视为关键手段，用以提升原油的采收率，延长油井的运营寿命，并提高油田的经济效益。该技术涵盖了化学驱、气驱、热力驱以及微生物驱四种主要的技术方法。特别是二氧化碳驱技术，因其显著的优势和发展潜力，成为研究和应用的热点。二氧化碳驱技术不仅能显著提高原油的采收率，通常在7%至15%之间，还能有效延长油井的生产周期，大约15至20年。这种技术因其提高采收率的能力，已成为三次采油技术中的重

表 1—3　　　　CCUS 技术的增值税税收优惠发展历程[①]

政策文件	类别	序号	综合利用的资源名称	产品和劳务名称	技术标准和相关条件	退税比例
《资源综合利用产品和劳务增值税优惠目录（2015 年版）》	二、废渣、废水（液）、废气	2.19	工业废气	高纯度 CO_2、工业氢气、甲烷	1. 产品原料 95% 以上来自所列资源；2. 高纯度 CO_2 产品符合（GB 10621-2006）规定的技术要求	70%
《资源综合利用产品和劳务增值税优惠目录（2022 年版）》		2.20	工业废气、氯化氢废气、工业副产氢	燃料电池用氢、纯氢、高纯氢和超纯氢、高纯度 CO_2、工业氢气、甲烷、（液）氯气	1. 产品原料 95% 以上来自所列资源；2. 高纯度 CO_2 符合《高纯二氧化碳》（GB/T 23938-2009）	

资料来源：根据北大法宝（https://www.pkulaw.com/）相关资料整理而得。

点领域。美国从 20 世纪 80 年代起便开始大规模开发和推广二氧化碳驱技术，成为这一领域的领导者和积极推动者。在美国的推动下，二氧化碳驱技术也在全球范围内逐渐得到认可和应用。在中国，二氧化碳驱同样展现出巨大的应用前景。作为中国石油开采行业的一项绿色、高效和可持续的技术，二氧化碳驱不仅符合国家对能源开发和环境保护的双重要求，还助力于国内外油田的稳定与长效开发。随着技术的不断成熟和优化，预计二氧化碳驱技术将在我国的石油产业中发挥更加重要的作用，助推行业朝着更高效、环保的方向发展。中华人民共和国第十三届全国人民代表大会常务委员会第十二次会议通过《中华人民共和国资源税法》，规定三次采油减征 30% 的

[①] 表中 GB 10621-2006 为《食品添加剂 液体二氧化碳》标准，于 2017 年被废止；GB/T 23938—2009 为《高纯二氧化碳》，于 2022 年 5 月 1 日起被 GB/T 23938-2021《高纯二氧化碳》代替；GB/T 23938-2009 二氧化碳提及分数要求为至少达到 99.99%，相较于 GB10621-2006 要求的 99.9% 更高。

资源税。若采用的是二氧化碳驱技术，可以使部分二氧化碳长期贮存在地下。

3. 企业所得税

《中华人民共和国企业所得税法》2018年修订中与CCUS技术有关的优惠政策主要分为环保节水项目"三免三减半"、资源综合利用"减计收入"两方面。具体来说，第四章规定企业从事符合条件的环境保护、节能节水项目的所得可免征、减征企业所得税；企业综合利用资源，生产符合国家产业政策规定的产品所取得的收入，可在计算应纳税所得额时减计收入。《中华人民共和国企业所得税法实施条例》2019年修订时进一步明确了上述规定，根据《环境保护、节能节水项目企业所得税优惠目录》（财税发环〔2021〕36号），节能减排技术改造类别中包括"碳捕集、利用与封存（CCUS）"项目，并规定CCUS项目在达到二氧化碳封存量10万吨/年的门槛条件后，即可享受税收优惠，如表1—4所示。

表1—4 《环境保护、节能节水项目企业所得税优惠目录（2021年版）》节选

类别	项目	条件
节能减排技术改造	碳捕集、利用与封存（CCUS）项目	1. 在各领域实施碳捕集、利用与封存。 2. 项目二氧化碳封存量不低于10万吨/年，符合国家或地方相关规定。

资料来源：根据北大法宝（https://www.pkulaw.com/）相关资料整理而得。

《企业所得税法实施条例》第四章税收优惠中还规定，对企业以《资源综合利用企业所得税优惠目录》规定的资源作为主要原材料，生产国家非限制和禁止并符合国家和行业相关标准的产品取得的收入，减按90%计入收入总额。根据《资源综合利用企业所得税优惠目录》（财税发环〔2021〕36号），综合利用焦炉煤气等生产二氧化

碳等产品，若达到技术标准即可享受减按 90% 计入收入总额的税收优惠，如表 1—5 所示。

表 1—5　　　《资源综合利用企业所得税优惠目录
（2021 年版）》节选

类别	综合利用的资源	生产的产品	技术标准
废水（液）、废气、废渣	焦炉煤气、转炉煤气、高炉煤气、矿热炉尾气、化工废气、石油（炼油）化工废气、发酵废气、炭黑尾气、二氧化碳、氯化氢废气，生物质合成气	电力、热力、硫黄、硫酸、磷铵、硫铵、脱硫石膏、可燃气、轻烃、氢气、硫酸亚铁、有色金属、二氧化碳（纯度≥99.9%）、干冰、甲醇、合成氨、甲烷、变性燃料乙醇（纯度≥99.5%）、乙醇梭菌蛋白/菌体蛋白（粗蛋白≥80%）、天然气、氯气（含液氯）	1. 产品原料 100% 来自所列资源。 2. 乙醇、蛋白产品等符合国家和行业标准。

资料来源：根据北大法宝（https://www.pkulaw.com/）相关资料整理而得。

二　存在的问题

尽管我国已经实施了一系列支持 CCUS 技术发展与应用的税收优惠政策，从而在一定程度上推动了 CCUS 技术的进步，但根据近年来 CCUS 项目的实际应用情况来看，当前的政策体系存在以下几个方面的不足亟须完善。

首先，当前税收政策缺乏系统性。除了对企业所得税实施的"三免三减半"优惠政策外，其他税收优惠主要针对 CCUS 技术的单一环节，如碳捕集或封存，这种分散的政策设计未能有效形成合力，从而限制了政策的整体效果。为了提高政策的协同性，有必要设计一个涵盖 CCUS 技术全链条的综合性税收优惠体系，从碳捕集、运输到封存和利用各环节均有配套支持，以形成强大的政策推动力。

其次，现行政策的操作性需要提高。以企业所得税的"三免三减半"政策为例，该政策规定项目的二氧化碳封存量必须至少达到

第一章　促进碳捕集、利用与封存技术发展与应用的税收优惠政策

10万吨/年才能享受优惠。然而，截至2023年，我国已经投运或规划建设中的CCUS示范项目超过100个，其中超过一半的项目的封存量不足10万吨[1]，这表明，现有的标准与CCUS技术的实际发展及应用状况不相匹配，标准的设定需更加灵活，以适应不同规模和类型的CCUS项目的需求。

再次，政策的针对性需加强。不同行业的碳排放源二氧化碳浓度各异，因此采用差异化的碳捕集方法可以有效降低成本。例如，资源综合利用的税收优惠要求达到高纯度的国家二氧化碳标准，但不同的捕集技术如变压吸附法和膜处理法所得到的二氧化碳纯度各不相同，有的甚至低于国家标准。因此，税收优惠政策应考虑到这种技术差异，提供更加灵活和具体的支持措施，以促进更多行业和项目的参与和实施。

最后，优惠力度必须进一步加大。现阶段，CCUS示范项目普遍存在成本高昂、收益低下的问题。根据对全国2731个大型碳排放源的统计分析结果来看，火电和水泥厂的年碳排放总量占比超过70%，而这两个行业的净减排成本分别处于300—600元/吨和180—730元/吨的高位，产品增值情况不容乐观，甚至出现负增值现象。在这样的背景下，即便实行"三免三减半"的税收优惠政策，也无法有效调动企业参与的积极性。

综上所述，为了更有效地推动我国CCUS技术的发展与应用，有必要对现有的政策体系进行全面审视和调整，以解决其中的系统性不足、操作性局限、针对性不足和优惠力度不够等问题。通过这些改进，可以为CCUS技术的持续创新和广泛应用创造更有利的政策环境。我们需要进一步强化税收优惠力度，或者出台其他财政补贴与支持措

---

[1] 生态环境部环境规划院：《中国二氧化碳捕集利用与封存（CCUS）年度报告（2024）》，https：//www.caep.org.cn/sy/tdftzhyjzx/zxdt/202403/t20240304_1067581.shtml，2024年3月4日。

施，只有这样，才能提高企业的满意度和积极性，从而更高效地推动CCUS技术在更广范围内得到应用，并促进其产业化进程。

第五节　当前支持CCUS税收优惠政策的国际实践

在全球范畴内，美国和加拿大是CCUS技术专利的主要来源国，在商业应用、相关法律法规制定、战略规划等各个方面长期占据领先地位。这两个国家为碳捕集、利用与封存技术的立法和市场化投入了大量财力物力，构建起一套完善的支持体系。该体系为这一技术的发展和广泛应用提供了强大动力，使它们在全球减碳技术的发展进程中处于引领地位。已有研究显示，美国针对CCUS技术发展与应用所推行的税收优惠政策，对本国现有燃煤电厂开展碳捕集与封存改造投资有着积极且深远的影响（Fan et al.，2019；Anderson et al.，2021）。本章分析了美国和加拿大在税收优惠政策方面的经验和实践，以此为参考，探讨了我国在优化税收优惠政策方面可能的策略和切入点。

一　美国

1. 发展历程

美国《国内收入法典》（Internal Revenue Code，IRC）中有专门支持CCUS技术发展与应用的税收优惠条款，即45Q条款[①]。该条款最初作为2008年颁布的《能源改善和扩展法案》（Energy Improvement and Extension Act）的一部分提出，当时针对碳封存技术的税收抵免规定相对简单：可抵免范围仅包括二氧化碳，未纳入其他碳氧

[①]　指美国《国内收入法典》的副标题A（Subtitle A）第一章（Chapter 1）A分章（Subchapter A）第四部分（Part IV）子部分D（Subpart D）的45Q条款，通常简称为"45Q条款"。

第一章 促进碳捕集、利用与封存技术发展与应用的税收优惠政策

化物；每吨二氧化碳抵免额按利用与封存方式不同分为两级；抵免额归属于捕集并实际或通过合同确保有效处置的主体；对可抵免的碳捕集设备设置纳税年度碳捕集量不少于50万吨的门槛条件；在抵免期方面设置了7500万吨碳捕集量的限额条件；具体封存有效性、安全性法规由国务卿与环境保护署（局）署（局）长协商制定，如表1—6所示。

表1—6 《能源改善和扩建法案》45Q税收优惠条款具体规定

维度	具体规定
抵免额 （每吨二氧化碳）	地质封存的二氧化碳——每公吨抵免额20美元
	强化石油开采、EGR项目中用作三次采油的二氧化碳——每公吨抵免额10美元
重要定义	
合格的二氧化碳	利用碳捕集设备将二氧化碳从工业或其他碳排放源中捕集，且需要在捕集源进行测量并在封存或利用点进行验证
	回收的二氧化碳，即用作三次采油的捕集二氧化碳的初始沉积物，但不包括作为三次采油和天然气回收过程的一部分被重新捕集、再循环和重新注入的二氧化碳
合格设施	在该纳税年度内，安装碳捕捉设备的工业设施二氧化碳捕集量不低于50万吨
抵免资格	捕集并确保碳氧化物的处置或作为三次采油驱油剂使用的纳税人
特殊规则	仅考虑在美国境内捕集和处置或使用的二氧化碳
	国务卿应与环境保护署署长协商，制定法规以规定二氧化碳地质封存的安全措施，以确保封存的二氧化碳不会逃逸到大气中
	若二氧化碳不符合法规要求被捕集、封存和利用，纳税人所获得的税收抵免将被收回
抵免申请期	在达到7500万公吨限额前

资料来源：根据 Energy Improvement and Extension Act of 2008 相关资料整理而得。

2018年《两党预算法案》（Bipartisan Budget Act）对45Q条款作出了重大修订，极大地强化了碳捕集和封存技术（CCUS）相关的税收优惠力度，并且构建起当前正在施行的法规框架。此次修订的主要变化如下：可用于抵免的碳氧化物种类不再局限于二氧化碳，而是涵盖了所有碳氧化物；将直接空气捕集技术纳入优惠政策范畴，同时大幅降低了获取税收优惠的资格要求；此外，修订赋予纳税人更多的自主性，他们能够在捕集碳氧化物的实体和实施封存或利用的实体之间自行决定抵免额的分配方式；抵免期的时长和条件也有所变动；新启动设备所享受的优惠额度也得到了提高。

在该法案的持续推进下，2021年《基础设施投资和就业法案》进一步拓展了CCUS项目的融资途径，规定符合条件的CCUS设备能够通过免税债券来筹集资金。为防止这一优惠举措造成过度补贴的情况，新增了一项扣除规则。具体而言，若一个CCUS项目是通过免税债券融资的，其抵免额会依据一个特定的扣除系数进行调整，这个系数是由项目的免税债券融资额与项目总资产额的比值来确定的。实际能够获得的税收抵免额是按比例计算的抵免额减去扣除系数与0.5两者中较小值的乘积。

这些修订内容和新增规定不仅加大了政府对CCUS技术的财政扶持力度，也体现出政府在推动清洁能源技术发展方面的坚定决心，以及在平衡环境保护与经济发展方面所付出的努力。这些政策调整为CCUS技术的发展构建了更为稳固的支持体系，目的在于借助财政激励手段推动更多的技术创新和应用，如表1—7所示。

表1—7　《两党预算法案》45Q税收优惠条款具体规定

抵免额 （每吨二氧化碳）	地质封存的二氧化碳——每公吨抵免额22.66美元，通过线性插值逐年增长至50美元（2026年）
	强化石油开采、EGR项目中用作三次采油的二氧化碳——每公吨抵免额12.83美元，通过线性插值逐年增长至35美元（2026年）

第一章 促进碳捕集、利用与封存技术发展与应用的税收优惠政策

续表

重要定义	
合格的碳氧化物	在《法案》生效之日之前投入使用的碳捕集设备从工业来源捕集的二氧化碳，且需要在捕集源进行测量并在封存或利用点进行验证
	在《法案》生效之日起投入使用的碳捕集设备从工业来源捕集的碳氧化物，且需要在捕集源进行测量并在封存或利用点进行验证
	通过直接空气捕集设备捕集的任何二氧化碳，且需要在捕集源进行测量并在封存或利用点进行验证
	回收的二氧化碳，即用作三次采油的捕集二氧化碳的初始沉积物，但不包括作为三次采油和天然气回收过程的一部分被重新捕集、再循环和重新注入的二氧化碳
合格设施	纳税年度内，碳氧化物排放量低于50万公吨的工业设施——碳氧化物捕集量不低于25万公吨（在2024年1月1日之前开始建造）
	发电设备（在2024年1月1日之前开始建造）——碳氧化物捕捉量不低于50万公吨
	1. 直接空气捕集设备（在2024年1月1日之前开始建造）——碳氧化物捕捉量不低于10万公吨 2. 直接空气捕集设备不包括捕集有意从自然矿藏中释放的二氧化碳的设备 3. 直接空气捕集设备不包括通过自然光合作用实现捕集的设备
抵免资格	捕集并确保碳氧化物的处置或作为三次采油驱油剂使用的纳税人，具有选择权，可以转让给实际处置、利用或作为三次采油使用二氧化碳的纳税人
特殊规则	仅考虑在美国境内捕集和处置或使用的碳氧化物
	国务卿应与环境保护署长、能源部长和内政部长协商，制定法规以规定二氧化碳地质封存的安全措施，以确保封存的二氧化碳不会逃逸到大气中
	若二氧化碳不符合法规要求被捕集、封存和利用，纳税人所获得的税收抵免将被收回
抵免申请期	12年

资料来源：根据 *Bipartisan Budget Act of 2018* 相关资料整理而得。

2. 现行规定

2022年8月，美国通过了《通胀削减法案》（Inflation Reduction Act），对45Q条款进行了重要修订，这些变动对推动碳氧化物捕集与封存技术的发展具有深远影响。新版45Q条款对碳捕集技术进行了更精细的分类，提供了更加多层次的激励，旨在提升技术的应用广度与效率。

第一，条款在碳氧化物单位抵免额的分类方面做出了改变，将过去基于封存方式的简单两类分类，进一步细化为综合捕集和封存方法的四类详细分类。捕集方式被明确区分为直接空气捕集与其他捕集途径；封存方式也更细致地分为地质封存，以及用于强化天然气开采或充当三次采油驱油剂的封存这两种情况。这种调整让政策在激励不同类型技术应用时更具精准性。第二，直接空气捕集技术被赋予了更高的抵免额度，这是为了推动该技术商业化发展，虽然其成本较高，但发展潜力巨大。相较于直接空气捕集技术，其他捕集方式的抵免额度有所降低。比如，对于直接空气捕集且地质封存的二氧化碳，每吨可获36美元抵免，若用于强化天然气开采或三次采油，每吨抵免26美元；而其他捕集方式所涉及的二氧化碳，地质封存时，抵免额从34.81美元降至17美元，用于强化开采时，抵免额从22.68美元降为12美元。第三，条款新增了加计抵免规则，旨在应对社会公平问题，确保绿色转型过程中工人的利益得到保障，避免加剧经济不平等。例如，对于在2023年1月30日前开工建设的CCUS设施，如果满足特定的劳动和学徒雇佣要求[①]，纳税人可享受最多5倍的抵免额度。第四，大幅放宽了享受税收优惠的门槛，使更多小规模项目得以受益。具体而言，对于发电设备，年度碳氧

---

① "学徒雇佣要求"是指：由经美国劳工部认证的学徒所耗用的工时占项目总工时比例不低于规定标准，具体如下：对2023年1月1日之前开始建设的项目是10%；对在2022年12月31日之后到2024年1月1日之前开始建设的项目是12.5%；对2023年12月31日之后开始建设的项目是15%。

化物捕集量要求从50万吨降至1.875万吨；对于直接空气捕集设备，要求从10万吨降至0.1万吨；而其他设备的捕集量要求则从10万吨降至1.25万吨。第五，纳税人现在有更多选择来享受税收优惠，包括直接获得等额的现金补贴，这为经济效益不明显的项目提供了实际的财政支持。第六，税收优惠的申请期也得到了延长，任何在2033年之前开始建设的合格CCUS设施都将享受到优惠，这一政策的有效期比之前延长了六年，从而提供了长期的政策支持。这些政策的调整和完善，旨在通过财政激励措施促进碳捕集和封存技术的广泛应用和技术进步，进一步推动美国的环保目标和气候行动。

二 加拿大

1. 发展历程

在2021—2022财年的预算案中，加拿大政府提出了一项前所未有的财政支持计划，以促进碳捕集、利用与封存（CCUS）技术的发展。根据该计划，从2021—2022财年起的接下来七年内，加拿大自然资源部将获得3.19亿加元的资金支持，这些资金将专门用于增强CCUS技术的商业可行性，包括相关的研究、开发和实证项目。此外，政府还拟定了150万加元的资金，用于提供折旧和摊销的税收优惠政策。

这一举措标志着加拿大政府首次对CCUS技术投入大规模的财政支持，重点是为那些安装CCUS相关设备的企业提供投资税收抵免。这一策略不仅旨在降低国内传统能源生产商的碳排放，而且通过提升能源的清洁化利用，确保加拿大在全球能源市场上保持领先地位。通过这样的措施，加拿大希望加速其能源产业的绿色转型，同时强化其作为全球环保先锋的地位。这些财政支持和税收优惠政策的实施，将对CCUS技术的推广与应用产生深远的影响。

2. 现行规定

在加拿大 2022—2023 财年的财政预算案中，国家对碳捕集、利用与封存（CCUS）技术的税收优惠政策尚处于制定的初期阶段。这些政策主要集中于构建税收抵免框架、明确税收减免的适用对象以及设定相应的税率调整。具体地，加拿大针对 CCUS 项目的税收优惠主要包括两个方面：一是提升折旧和摊销的额度，二是实施投资税收抵免。这些措施旨在鼓励企业投资 CCUS 技术，通过财政激励支持环境友好技术的应用和发展，以助力国家实现更广泛的环保和可持续发展目标。这一系列政策的实施不仅有助于减少温室气体排放，也将推动加拿大在全球清洁能源领域中的竞争力。

（1）折旧与摊销的税收优惠。为促进碳捕集、利用与封存（CCUS）技术的进一步发展和应用，加拿大政府计划推出一系列针对 CCUS 项目的财政激励措施，主要通过设置多级年折旧率（Capital Cost Allowance，CCA）来实现。特别地，对于那些 90% 及以上面积专门用于 CCUS 项目的不动产，年折旧率将从通常的 4% 显著提高至 8% 至 20% 的范围内。这一调整意在鼓励企业投资于相关的基础设施和技术改进。在首年，可享受加速折旧费用的项目被细分为三个主要类别：一是涉及改造现有设施以适配 CCUS 技术的相关费用；二是购买用于监测和追踪二氧化碳排放的设备的费用；三是专门为 CCUS 项目而建造的新建筑的费用。

然而，并非所有与 CCUS 技术相关的支出都符合这些优惠政策。例如，将二氧化碳用于三次采油设备的相关开支、购买未在加拿大使用的设备的费用、购入不直接支持 CCUS 技术的设备的开支，以及企业的日常营业费用，这些都不在税收优惠的范畴内。通过这种方式，政策旨在确保优惠措施能够专注于推动 CCUS 技术的实际应用和效率提升，同时限制潜在的财政资源浪费，确保资金被投向能够为碳减排和技术创新带来实际效益的项目，如表 1—8 所示。

第一章　促进碳捕集、利用与封存技术发展与应用的税收优惠政策

表 1—8　符合提高折旧与摊销的设备及费用的分类

折旧与摊销率类别	说明
8%（余额递减法）	捕集设备：仅捕集二氧化碳的设备，包括所需的处理设备和压缩设备（不包括支持 CCUS 和生产的双重用途设备） 运输设备：输送二氧化碳的管道或专用车辆 储存设备：二氧化碳注入设备和储存设备 专用建筑：90%及以上面积用于安装上述 4 类设备的建筑
20%（余额递减法）	使用设备：依照税收抵免的条款使用二氧化碳所需的设备 专用建筑：90%及以上面积用于安装或操作上述设备的建筑
30%	研究开发费用
100%	无形勘探费用

资料来源：根据 Department of Finance Canada：*Budget* 2022，https：//www.budget.canada.ca/2022/home-accueil-en.html，Apr. 7th 2022。

（2）投资税收抵免。2022 年，加拿大财政预算案提出，政府建议对所有购买并安装了合格设备的 CCUS 项目给予投资税收抵免。这项政策特别强调了对捕集设备的税收激励，其中，在项目的首九年内，捕集设备的抵免率可达 50%至 60%。值得注意的是，直接空气捕集项目设备的税收抵免率高于其他类型的捕集设备，这一差异化的抵免率旨在鼓励采用更先进的碳捕集技术。然而，用于三次采油的设备则被排除在此优惠政策之外。此外，这一税收抵免政策将覆盖从 2022 年至 2040 年购买的所有符合条件的设备费用。按照预算案的规划，从 2022/2023 财年开始的接下来五年内，政府预计将投入约 26 亿加元用于这一抵免政策。到了 2031/2032 财年，税收抵免率预计将降至之前的 50%，届时每年的预算支出将减少到大约 15 亿加元。这一政策的引入是加拿大政府为推动碳捕集技术的广泛应用而采取的重要财政措施。通过为期长达 18 年的税收激励，加拿大希望促进能源行业的低碳转型，并确保这一关键技术的商业可行性和持续发展，从而在全球气候行动中发挥领导作用。这种前瞻性的财政策略显示了加拿大政府对于环境可持续性的承诺以及对新兴

技术支持的坚定态度，如表 1—9 所示。

表 1—9　　　　投资各种设备在不同时间的税收抵免率

设备分类 \ 时间	2022—2030 年	2031—2040 年
用于直接空气捕集项目的合格捕集设备	60%	30%
所有其他符合条件的捕集设备	50%	25%
合格的运输、储存和使用设备	37.5%	18.75%

资料来源：根据 Department of Finance Canada：*Budget 2022*，https://www.budget.canada.ca/2022/home-accueil-en.html，Apr. 7th 2022。

三　国外支持 CCUS 技术发展与应用的税收优惠政策对我国的启示

在对比美国、加拿大促进碳捕集、利用与封存（CCUS）技术发展的税收激励政策，并考量我国 CCUS 技术现状和政策挑战的基础上，我们能从四个核心要点中获取宝贵经验：对应用场景进行区别化管理，科学地规划税收支出预算，适时调控政策灵活性，以及持续监督政策实施。

首先，对于存在"漂绿"风险的应用场景，即企业可能利用这些项目来误导公众、粉饰具有环保形象但实际环境效益有限的领域，应降低支持力度，甚至不予支持。例如，尽管 CCUS 技术被广泛认为是能够有效地减少温室气体排放的一项重要举措，但相关的一系列支持政策却在实际推行过程中受到了诸多批评之声，众多环保组织认为，一方面，CCUS 技术可能间接延长化石燃料的使用寿命，特别是在三次采油和强化天然气开采方面，通过 CCUS 技术开采使用了更多的化石燃料；另一方面，对于实际封存的二氧化碳量及有效封存时间，当前许多国家并未形成完善的计量、监测体系。美国的

第一章 促进碳捕集、利用与封存技术发展与应用的税收优惠政策

45Q政策对三次采油和强化天然气开采的支持金额明显低于地质封存和直接空气捕集，加拿大则禁止三次采油项目享受CCUS税收优惠，显示两国对可能增加未来碳排放的项目采取了审慎态度。

其次，在推动各项环保技术发展的相关税收优惠政策落实中，科学合理的税收支出预算管理占据着极为关键的地位，其能有效控制税收优惠可能带来的财政负担，确保财政的可持续性以及相关政策的稳定性与可持续性。以美国为例，在其推出具有重要影响力的45Q政策之际，便充分考虑到了可能出现的财政压力问题，为此特意设定了一个明确的上限，即将享受税收优惠所对应的二氧化碳捕集量限定在7500万吨。加拿大则是将成本收益思想落实在政府财政管理中，针对CCUS支持政策可能给财政带来的支出压力进行了详细的预测与分析，并根据本国能源结构、技术发展趋势和碳中和计划具体给出了年度优惠政策财政支出预算数。

再次，随着技术进步和社会需求的变化，政策支持力度和方向的适时调整显得尤为重要。为提高政府财政资金的支出效率，引导相关技术研发与应用，要根据技术发展状况设置扶持标准，要根据现实社会需求调整支持力度，而不是"撒胡椒面"或"画大饼"，政策只有与技术发展、社会需求相契合，才能更好地推动相关产业的健康发展，实现在减碳等方面预期的目标。自颁布以来，美国的45Q政策已历经了多次意义重大的调整，包括2018年《两党预算法案》提升了政策支持力度，以及2022年《通胀削减法案》根据技术发展调整了抵免额度，并且引入了社会公正的考量，为部分项目提供额外抵免。政策的适时调整为CCUS相关产业注入了新的活力，促使更多的资源向该领域倾斜，进而推动了相关技术在一定程度上的加速发展。加拿大也计划从2031/2032财年起逐步降低对CCUS项目的投资税收抵免率，其通过这种逐步调整税收抵免率的方式，旨在合理控制财政支出的同时，也促使CCUS项目自身不断优化升级，以更好地适应新的市场和技术环境。

最后，关注碳减排成果，并确保封存效果的长期监测是政策落实的关键。美国和加拿大的政策均要求验证 CCUS 项目的实际封存效果，若项目未达环保标准，政府将收回政策优惠，通过这样强有力的约束机制，能够从根本上对项目方形成强大的督促作用，促使其不断优化项目运作，提升技术水平，从而切实确保每一个 CCUS 项目的碳减排效果能够真正得以实现，为碳减排贡献力量。

第六节　完善我国支持 CCUS 技术发展与应用的税收优惠政策建议

CCUS 技术的运用，对于优化能源结构、推动我国向绿色、低碳、高质量发展模式转型有着积极作用，是实现国家"双碳"目标的有力支持。但目前我国发展 CCUS 技术面临着一些困难，像成本高、需要大量资金投入、项目实施周期漫长等问题。要解决这些问题，增强企业在 CCUS 领域的投入与技术创新能力，实施有效的税收优惠政策不可或缺。基于此，借鉴国际经验，我们可以从以下四个方面对我国税收优惠政策加以完善，以此推动我国 CCUS 技术的成熟和应用，为达成碳中和目标助力。

一　重视顶层设计，统筹制定激励政策

为了最大化碳捕集、利用与封存（CCUS）技术在降低碳排放和减少沉默资产风险方面的潜力，我们需要对优惠激励政策进行精细化设计，以确保政策的整体协调性，并平衡效率与公平性。应该全面考虑 CCUS 技术发展的各个方面，以系统思维制定相应的税收优惠政策。一是政策的协调是关键，需要整合各级政策制定主体的力量。这不仅包括确保决策的科学性和分工的明确性，还涉及执行的效率和监督的严格性，这样有助于避免政策之间的重叠和冲突，从而提高政策执行的效果。二是为了促进可持续发展，税收激励政策

第一章　促进碳捕集、利用与封存技术发展与应用的税收优惠政策

应该将短期调控与长期优化相结合。这意味着需要建立一个全面且持久的框架，以支持 CCUS 技术的持续发展和应用。政策应鼓励企业不仅投资于即时的技术改进，而且还要进行长期的、全链条的技术研发和投资，包括 CCUS 技术相关设备的生产和应用的持续升级与转型。在税收优惠政策的设计中，还必须考虑到社会公正的原则，确保政策能够公平地惠及所有相关方。通过明确的政策导向和市场准入扩大，可以有效地推广 CCUS 技术的应用和成果转化。此外，激励更多的民间资本参与到 CCUS 项目中来也是至关重要的，因为这可以增加项目的资金来源，同时也可以带动整个行业的发展。

二　拓宽资源综合利用生产二氧化碳优惠范围

在二氧化碳利用方面，通常工业级二氧化碳纯度要求为 99%，食品级纯度要求为 99.9%[①]；在当前的工业应用中，三次采油技术作为一种成熟且广泛采用的方法，对二氧化碳的纯度要求在 90% 以上即可。在我国，根据现行政策，只有当生产的二氧化碳纯度达到 99.9% 时，企业才能享受企业所得税的减免优惠；若纯度达到 99.99%，企业还可以享受增值税的即征即退优惠，因此，建议政策中引入二氧化碳纯度的梯度标准，以更好地适应不同行业和应用的需求。具体建议如下：对于二氧化碳纯度符合《工业液体二氧化碳》（GB/T 6052-2011）标准的生产，应给予 20% 的增值税即征即退优惠，同时允许将 97% 的收入计入总额；对于达到《食品安全国家标准 食品添加剂 二氧化碳》（GB1886.228-2016）的纯度要求的，应提供 50% 的增值税即征即退优惠，并允许 95% 的收入计入总额；而对于满足《高纯二氧化碳》（GB/T 23938-2021）标准的，增值税即征即退优惠比例应为 70%，且 90% 的收入可计入总额。通过设计分级激励机

---

① 参考标准：《工业液体二氧化碳》（GB/T 6052-2011）、《食品安全国家标准 食品添加剂 二氧化碳》（GB1886.228-2016）。

制，不仅可以拓宽政策的受益范围，还能根据实际应用需求提高企业的参与积极性，采用 CCUS 技术的高排放企业靠近什么类型的二氧化碳需求市场，可以根据需求提供相应的产品。这样能够促进 CCUS 相关技术的更广泛应用，进而推动环保和资源利用效率的提升，同时帮助企业在遵守环保规定的同时实现经济效益的最大化，为碳减排技术的商业化应用提供更多动力，促进技术创新和环境保护目标的实现。

三 完善二氧化碳地质利用与封存资源税优惠

在当前我国的《资源税法》框架下，三次采油、强化天然气开采、强化煤层气开采，以及强化咸水开采被视为二氧化碳地质利用与封存的潜在应用方向。这些技术通过利用二氧化碳作为驱动剂，不仅有助于提升资源的开采效率，还可以促进碳封存，从而减少温室气体排放。然而，目前的税收政策尚未全面涵盖这些技术的特定需求。目前，尽管三次采油技术享有一定的税收优惠，但法律并未针对使用二氧化碳作为驱油剂的项目设立具体的优惠政策。此外，这些政策也没有设立有效的机制来核实二氧化碳的实际封存效果，这是一个重大的监管空白。例如，使用二氧化碳进行强化咸水开采可以产出水资源及附加矿产资源，为项目带来额外的经济收益，但在资源税方面并未设置相关优惠措施。其一，拓展资源税优惠政策的适用范围，把强化煤层气开采和强化天然气开采项目纳入优惠政策体系当中，并且针对这些项目的二氧化碳封存效果制定清晰明确的核实要求，对其实际封存量、有效封存期限等作出明确规定。其二，针对将二氧化碳用作驱油剂的三次采油项目，要实施严格的二氧化碳封存效果核实规定。例如：在项目运营的初期，需设定为期 20 年的监控阶段，在此期间，每间隔 5 年就要对实际封存的二氧化碳量开展监测与核算工作，同时设定 5 年的追偿期限。若在该期限内，项目所封存的二氧化碳量未达到预定比例，政府则有权收回企

第一章　促进碳捕集、利用与封存技术发展与应用的税收优惠政策

业已经享受的税收优惠。其三，针对咸水层二氧化碳封存项目所产出的水资源，给予30%的资源税优惠，从而增加企业的经济收益，鼓励更多企业投身到这一领域的技术研发和应用中。其四，在现行三次采油资源税优惠政策的基础上，对于那些使用二氧化碳作为驱油剂且能满足封存效果要求的项目，给予额外的资源税减免，建议减免比例为40%，以此来激励企业积极开展碳封存相关工作。通过实施这些综合性的政策调整，不仅可以确保税收优惠政策的公平性和效率性，还能显著提高企业在碳捕集和封存技术方面的投入和创新活动，从而有效推动我国碳减排技术的发展和应用。这有助于我国在全球气候行动中发挥更积极的角色，同时实现经济和环境的可持续发展。

四　增强CCUS项目企业所得税优惠力度

在《环境保护、节能节水项目企业所得税优惠目录（2021年版）》（以下简称《目录》）中，碳捕集、利用与封存（CCUS）技术的税收优惠条件设置得较为严格，与我国技术的现有发展水平尚存差距，这一现状导致许多中小型CCUS项目难以受惠。借鉴美国的实践，CCUS项目建设往往受制于企业规模、信誉度和竞争力等因素，而中小企业在进入CCUS领域时面临显著障碍。高标准的准入门槛不仅未能实现公平竞争，反而强化了大企业的市场优势。此外，CCUS技术仍属于相对初步阶段，盈利前景不够明确。因此，为合理引导CCUS技术发展与应用，首先，应调整优惠门槛并设定逐步提高标准的进阶计划。可在现有政策基础上适当降低CCUS项目的门槛条件，并制定阶段性目标，如2025年前碳封存量应不低于5万吨/年，2025年至2029年提升至10万吨/年，2030年及以后提升至50万吨/年，根据技术发展的进度与技术应用推广的程度适时调整，同时也要充分考虑小规模封存空间资源的利用，充分利用地下封存空间。其次，优化优惠期的起算标准。考虑到CCUS项目的盈利前景尚不明朗，

如果优惠期从首次产生经营收入的年度起算，企业对政策的实际激励感知可能较弱。参考美国和加拿大的税收抵免方案，建议将优惠期从项目实现盈利的年度开始计算，以增强企业获得感，吸引更多资金流入 CCUS 领域。最后，细化税收优惠的实施规范。为提升政策的减排成效并避免"漂绿"现象，应尽快出台配套实施细则，确保 CCUS 项目能够合法合规享受所得税优惠。这些细则应强化对减碳成效的监管，将税收优惠与项目的封存效果直接挂钩，并对不同项目类型的优惠力度进行差异化设计，例如，适当降低对三次采油和强化天然气开采的优惠幅度，增加对地质封存等直接碳封存方式的支持力度。

第二章 政府绿色采购政策的实施评价及优化建议

第一节 政府绿色采购政策的实施背景

2020年，中国在第七十五届联合国大会上提出，二氧化碳排放力争于2030年前达到峰值，努力争取2060年前实现碳中和。2022年《政府工作报告》指出，有序推进碳达峰碳中和工作。"双碳"（碳达峰与碳中和）目标对中国产业结构绿色转型和实现经济高质量发展具有重要战略意义。政府绿色采购制度作为实现国家战略目标的重要手段之一，能够助力"双碳"目标的实现。我国在政府采购制度设立之初，就将绿色采购作为一项重要内容，时至今日已经初步建立了促进节能环保、推动绿色发展的政府绿色采购政策体系。然而，政府绿色采购政策助力"双碳"目标的实施效果如何？政府绿色采购目前存在哪些主要问题？如何改善？厘清这些问题，对建立现代政府采购制度，健全以绿色低碳发展为导向的财政支持政策体系，进一步推动实现"双碳"目标，具有重要意义。

一 中央层面政府绿色采购政策相关文件

政府绿色采购是我国政府采购未来的发展趋势，是降低能耗，助力"双碳"目标实现的重要推手。据不完全统计，2002年以来，中央层面发布的与政府采购政策相关的文件共289个，其中有60个文件提到用政府采购政策支持绿色环保或节能事业的发展，主要涉及提高绿色产品采购量、建立健全政府绿色采购政策配套措施、规范政府绿色采购标准、推广绿色建材使用力度、推进商品包装和快递包装绿色化等。例如，在 2004 年，国务院办公厅发布《关于开展资源节约活动的通知》（国办发〔2004〕30 号）强调"深化政府采购制度改革"，政府机构应充分发挥带头作用，节约资源、降低费用支出。2021 年《国务院关于印发"十四五"节能减排综合工作方案的通知》（国发〔2021〕33 号）中提到，"扩大政府绿色采购覆盖范围""率先采购使用节能和新能源汽车"。政府绿色采购政策配套措施逐步建立起来。此外，《国家标准化发展纲要》《财政支持做好碳达峰碳中和工作的意见》（财资环〔2022〕53 号）等文件提到要规范绿色采购标准、实现绿色采购标准化；《关于印发〈商品包装政府采购需求标准（试行）〉、〈快递包装政府采购需求标准（试行）〉的通知》（财办库〔2020〕123 号）等文件提到要建立健全可循环快递包装、产品与快递一体化包装，推广使用绿色包装。

二 地方层面政府绿色采购政策相关文件

基于对各省政府采购网及人民政府网公布文件的整理汇总，据不完全统计，我国省级政府出台了 100 余份与落实政府绿色采购政策相关的文件或政策，包括针对制定的专门文件以及涉及相关信息的其他文件。单独发布的政府绿色采购政策的文件相对较少，此类政策功能多零散地出现循环经济、绿色供应链、节能环保、生态保护等规定性文件中，主要内容有扩大政府采购绿色建材试点、率先采购新能源汽车及配套措施，落实节能产品、环境标志产品政府采购执行机制，扩展政府绿色采购的采购人范围，推动国有企业建立绿色采购制度等。

各省份为贯彻落实国务院、财政部等部委关于政府绿色采购功能政策的规定，分别制定相关配套文件。例如，2021 年国务院发布《关于印发"十四五"节能减排综合工作方案的通知》（国发〔2021〕33 号）提出，"扩大政府绿色采购覆盖范围""率先淘汰老旧车，率先采购使用节能和新能源汽车"等。各省分别制定关于节能减排综合工作的文件，如 2022 年 5 月，天津市人民政府发布《关于印发天津市"十四五"节能减排工作实施方案的通知》（津政发〔2022〕10 号），要求"各级财政加大节能减排支持力度""加大政府绿色采购力度"；2022 年 6 月，辽宁省人民政府发布《关于印发辽宁省"十四五"节能减排综合工作方案的通知》（辽政发〔2022〕16 号），也对新能源汽车的采购和使用提出详细规定。

此外，个别省份还专门制定了政府绿色采购文件。例如，为提高有关部门对政府绿色采购政策工作的重视，北京市财政局、北京市于 2018 年底发布了《关于进一步加强政府绿色采购政策有关事项的通知》，要求各单位在政府采购工作中严格环保要求，优先采购环境标志产品，根据采购项目特点在采购文件中明确环保要求，并制定有利于环保的评审规则；为充分发挥政府采购政策的导向作用，鼓励支持政府采购绿色产品和服务，2021 年 11 月，陕西省财政厅发布了《关于进一步加强政府绿色采购有关问题的通知》，要求严格落实节能和环保产品采购政策，优先采购绿色印刷服务，落实绿色包装和绿色运输要求等。

第二节 政府绿色采购政策实施取得的成效

当前，我国政府绿色采购政策实施已取得显著成效，具体表现为初步建立起了政府绿色采购政策体系，政府绿色采购范围和规模不断扩大，逐步建立起政府绿色采购标准规范，不断压实采购人主体责任，加大政府绿色采购政策执行不力行为的处罚力度等。

一 初步建立起政府绿色采购政策体系

2002 年出台的《中华人民共和国政府采购法》（以下简称"《政府采购法》"）第九条对政府采购应当有助于保护环境等作出要求。同年《中华人民共和国清洁生产促进法》（以下简称"《清洁生产促进法》")中,第十六条强调各级人民政府应当优先采购有利于环境与资源保护的产品。这两部法律的出台初步奠定了政府绿色采购政策的法律基础(刘畅、李德华,2020)。《节能产品政府采购实施意见》(财库〔2004〕185号)、《关于环境标志产品政府采购实施的意见》(财库〔2006〕90号)的发布为政府采购节能环保产品提出了具体的实施要求和框架,促进了政府绿色采购政策的逐步推行。与两份实施意见配套推行的《节能产品政府采购清单》《环境标志产品政府采购清单》,逐步实现半年一期的更新频次,根据节能环保产品的更迭,不断扩大政府绿色采购的范围。到此为止,政府绿色采购政策既出台了法律层面的原则性规定,又有实操层面的具体推行政策,其政策体系逐步完善。

2015年《中华人民共和国政府采购法实施条例》(以下简称"《政府采购法实施条例》")第六条,从行政法规的层面再次对节能环保的政府采购政策目标进行规定。2019年4月,《关于调整优化节能产品、环境标志产品政府采购执行机制的通知》(财库〔2019〕9号)出台,要求对政府采购节能产品、环境标志产品实施品目清单管理,不再公布"节能产品清单"和"环境标志产品清单"。相较于冗长的产品清单,品目清单简洁清晰,且进一步放宽了政府绿色采购的范围,政府绿色采购政策体系逐步建立起来。

二 不断拓展政府绿色采购的范围和规模

1. 环保标志产品和节能产品

绿色公共采购制度在中国已推行20余年,制度建设日臻完善,政策实施效果显著。从采购规模来看,近20年来,政府采购节能节水产品、环境标志产品规模约3.16万亿元[1],如图2—1所示。2023年全国政府强制采购、优先采购节能环保产品金额约932.3亿元,约占

---

[1] 2008—2023年政府采购节能节水产品、环境标志产品规模总和,由笔者计算而得。

政府采购总规模的2.75%，其中政府采购环境标志产品达到575.1亿元，占同类产品采购的84.9%，节能产品357.2亿元，占同类产品采购的83.9%，绿色采购规模可观。① 曾获得国际可持续采购领导力委员会（SPLC）杰出案例奖和美国绿色电子委员会（GEC）绿色供应链创新入围奖等荣誉。

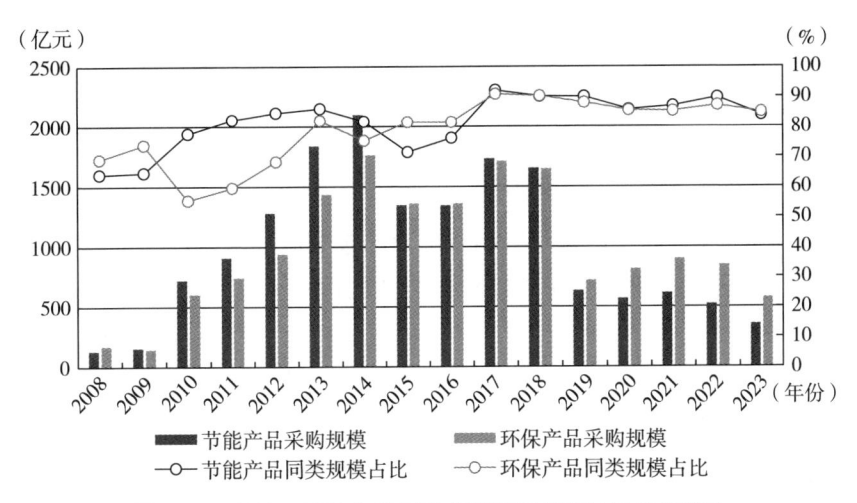

图2—1 2008—2023年我国政府节能环保产品采购规模及占同类产品规模的比重

部分地区已制定具体措施加快政府绿色采购政策的落实。2019年，海南省出台《海南省绿色产品政府采购实施意见（试行）》（琼财采规〔2019〕3号）提出，建立绿色产品库，库内产品实行节能和环境标志"双强制"采购。此外，在"互联网+"和大数据的助力下，为提高政府绿色采购效率，简化政府绿色采购流程，2018年9月，海南省开始推行线上商城，在全国范围内开展绿色采购工作。政府采购线上商城与海南省的财政管理系统相衔接，在全省范

---

① 财政部：《财政部公布2023年全国政府采购简要情况》，2024年9月13日，https：//www.ccgp.gov.cn/news/202409/t20240913_23151489.htm，2025年2月26日。

围内实现了财政管理系统和线上商城的共享，而且将节能环保产品也录入线上商城中，并实行强制采购措施，进一步将政府绿色采购"电子化""网络化"，促进政府绿色采购政策落到实处。

我国节能环保产品采取强制采购或优先采购的方式，通过激励大量绿色产品的市场供给，增加了我国绿色低碳产品的市场占有率。同时，本着先行先试的基本原则，对企业和个人消费绿色产品起到示范效应，助力我国政府绿色采购政策的落地生效，加快了地方政府开展绿色采购工作的步伐，促进了保护环境、节约能源、绿色发展等政府采购政策功能目标的实现。

2. 绿色包装与绿色建材

2020年6月，财政部等印发《商品包装政府采购需求标准（试行）》《快递包装政府采购需求标准（试行）》，明确规定了要求政府采购商品包装和快递包装的环保要求和相应的检测方法。同年10月，财政部等印发《关于政府采购支持绿色建材促进建筑品质提升试点工作的通知》（财库〔2020〕31号，以下简称"财库31号文"），在南京、青岛等六个城市的新建政府采购工程项目开展试点。2022年5月，财政部等四部门扩大试点范围，试点城市从6个增加至每个省2个。

"财库31号文"规定的6个试点城市中，浙江省占了3个——杭州市、湖州市、绍兴市。浙江省极力支持三市根据地区政府采购基本情况，在项目选择、标准确定、平台建设、配套方案规划等方面开展绿色建材促进建筑品质提升试点工作。为对三市的绿色建材项目地点筛选、招投标事宜、施工方案、验收环节等过程提供全流程支持，浙江省接连开展《浙江省绿色建材推广应用机制研究》等技术课题。此外，浙江省开设政采云"绿色建材馆"，支持三市因地制宜开发特色活动，并制定平台绿色标准。为解决绿色建材方面专家不足的问题，杭州市向社会面公开遴选绿色建材专家，成立了政府采购绿色建材专家库。

陕西省在绿色包装和绿色建材的政府采购工作方面的表现也十分突出。2021年11月，陕西省财政厅出台《关于进一步加强政府绿色采购有关问题的通知》，要求各预算单位要从加大绿色建材在政府采购工程中的使用、鼓励优先采购绿色印刷服务、严格落实节能和环保产品采购政策、落实绿色包装和绿色运输要求四方面加强政府绿色采购。通过加强采购需求管理等措施，选择定点印刷服务类供应商开展政府绿色印刷采购试点，鼓励采购人优先采购绿色印刷服务；落实好节能和环保产品政府采购政策；严格落实财政部商品包装、快递包装政府采购需求标准有关要求。此外，青岛市也全面启动了政府采购支持绿色建材和绿色建筑应用推广试点工作。在大数据、"互联网+"等高新科技的带领下，竭力发挥数据作为生产要素的引擎作用，逐步实现监管平台、建材招采平台、信用融资平台等多个平台之间的协同，开通数据共享功能，放大各平台的乘数效应，实现"1+1>2"的效果。

三 逐步确立政府绿色采购标准规范

多地对政府绿色采购标准进行规范，并逐步建立起政府绿色采购标准体系。2017年12月，海南省印发了《海南省建立绿色产品标准、认证、标识体系实施方案》，创新绿色产品评价标准供给机制，加强技术机构能力建设，打造绿色农产品品牌，提升传统优势产业和战略性新兴产业质量。天津市政府采购中心将协议采购与绿色采购挂钩，严格设置协议采购产品准入条件，明确规定进行协议采购的产品，必须属于国家环保认证产品，认证标准包括"3C认证""能效标识""节能认证""节水认证"等，凡是强制性认证都必须执行。同时，天津市积极探索绿色供应链管理，不再狭隘地关注终端产品的节能环保性，逐步深化到对产品的需求、产品回收等全生命周期的关注。为充分发挥采购人的主观能动性，尝试在采购需求中嵌入绿色供应链等因素以供采购人考量，促进政府绿色采购政策的落地实施，充分发挥其引导示范作用。

四 压实采购人的绿色采购主体责任

采购人是政府绿色采购项目的第一责任人，在政府绿色采购政策实施中发挥着重要作用。为确保绿色采购政策的实际效果，采购人不仅需要从政策层面理解绿色采购的要求，还应在具体操作中践行绿色采购理念，积极履行其作为主体的绿色采购责任。2022年，黄冈市在《政府工作报告》中将"推进大别山生态经济带绿色崛起"和"推进生态环境改善和人民生活品质提升"等目标，显示出该市政府在绿色发展方面的坚定决心。这一政策为黄冈市的绿色采购工作提供了明确的指导方向和政策支持，也为采购人压实绿色采购主体责任提出了新的要求。2022年2月，湖北省黄冈市财政局印发《黄冈市财政局关于严格落实政府绿色采购的通知》（黄财采〔2022〕3号，以下简称"黄财采3号文"），为黄冈市政府部门及各级单位的绿色采购提供了具体的实施细则和政策支持。"黄财采3号文"明确要求全市各级政府部门在采购过程中优先选择符合绿色标准的产品和服务，推动绿色技术和产品的应用，确保绿色采购政策从上至下全面落实。

五 加大政策执行不力行为处罚力度

加大政府绿色采购政策处罚力度是保障政策实施效果的重要手段，部分地区对政府绿色采购政策执行力度提出明确要求。例如，为保障政府绿色采购政策的实施，海南省在全国率先推行分级分层的环保失信惩戒机制，将环保类行政处罚记录纳入失信标准，并通过评审扣分等手段强化惩戒。该机制将"重大违法记录和环保类行政处罚"作为评价标准，实行"禁止参加政府采购活动或者给予评审扣分"等多层次惩戒措施，要求采购人、代理机构等严格落实环保和节能产品的采购流程，并加大对其政策落实情况的监督检查。

在招标文件编制过程中，海南省规定采购人必须明确采购节能环保产品的评分标准，并在强制采购范围内严格遵守相应要求。如发现采购政策落实不到位，财政部门将拒绝支付采购资金，并对相关采购人或代理机构进行处罚。通过这一措施，海南省既提升了失信惩戒的标准，又丰富了惩戒方式。同样地，黄冈市也强化了对违反政府绿色采购政策单位的处罚力度。对于未按规定强制采购节能、节水产品或未优先采购环保产品的单位，财政部门将采取有效措施，要求其立即纠正。如拒不改正且责任在采购单位，财政部门将进行通报批评并拒绝拨付采购资金；若属采购代理机构的责任，财政部门将依法追究相关单位及人员的法律责任。这些措施充分展现了地方政府通过强化惩戒手段保障政府绿色采购政策落实落地。

第三节 政府绿色采购政策中存在的主要问题

我国政府绿色采购起步较晚，但发展速度较快，主要通过品目清单制度对节能环保产品进行强制采购或优先采购。从发挥采购政策引导作用、扩大绿色采购范围、规范采购人绿色采购行为等方面来看，政府绿色采购政策实施效果显著。但在政府绿色采购实践过程中仍存在一些问题，如政府绿色采购制度体制不够健全；采购范围及规模相对较小，未充分发挥政策引导作用；采购标准尚未统一，绿色评价体系不完善；政府绿色采购政策缺乏强制执行力；难以形成政府绿色采购政策与创新采购的合力；采购人激励约束机制有待完善等。

一 政府绿色采购制度不够健全，顶层设计待优化

政府绿色采购政策的有效推行和顺利落实，离不开完善的法律法规与制度作为支撑。由于我国开始实施政府绿色采购政策的时间较晚，约束和规范政府绿色采购的法律体系较为滞后。虽然发展速度较快，但完善绿色采购程序、规范采购人绿色采购行为的法律法

规较少，且大部分散布在节能环保等相关政策中，碎片化严重，仍然缺乏完善且具体的规定。而在发达国家，政府对绿色采购立法给予高度重视。早在20世纪90年代初，日本政府就推出了绿色政府行动计划，并成立绿色采购网络组织（Green Procurement Net，GPN），随后在21世纪初颁布《绿色采购法》；欧盟则于2011年颁布《政府绿色采购手册》；美国在《政府采购法》第23章中对政府绿色采购进行了详细的规定；德国通过实施《循环经济法》来保障本国政府绿色采购的有效性和制度化。这些措施充分体现了发达国家在政府绿色采购立法方面的系统性和前瞻性。

然而，目前我国尚未制定出专门针对政府绿色采购的指导性法律，与其有关的规定多散布在清洁生产、节能、环保等法律法规中。如《政府采购法》第九条、《政府采购法实施条例》第六条、《循环经济促进法》第八条、《清洁生产促进法》第十六条等，而且这些法律法规政策文件大多太笼统、抽象，仅提供原则性指导意见，缺乏顶层制度设计。只概括性地提出了"清洁生产""环境保护"等，要求采购节能环保的产品，对政府绿色采购的定义、采购主体范围、具体采购标准、采购参与各方的法律责任等都没有做出具体规定；对于节能产品和环境标志产品在政府采购总额中所占比重，尚无明确规定；对于在政府绿色采购具体实践中应当如何操作也较少提及。此外，当前指导政府绿色采购具体行为的文件规定效力层级有待提高，部分政策仅出现在指导意见中，不具有法律的强制力，其效力和执行力远低于法律。所以，目前我国健全完善的政府绿色采购制度尚未建立起来，政府绿色采购顶层设计仍有待优化。

二 政策实施范围和规模较小，前期引导作用有待提升

目前，我国现行政府绿色采购政策涉及的采购规模较小。从采购主体来看，我国政府绿色采购的采购人范围较窄，《政府采购法》第十五条规定，"采购人是指依法进行政府采购的国家机关、事业单位、团体组织。"相比之下，德国应采尽采的力度较大，政府采购主体包括政府部门等公共机构外，还包括军队和国有企业。从采购对象来看，我国节能产品和环境标志产品政府采购品目清单，主要针对计算机设备、生活用电器、视频监控设备、水嘴等维持单位日常运营所需的终端消费品，不涉及生产设备，且采购服务和工程建设涉及较少，范围较小。从采购方式来看，我国政府绿色采购途径较为单一，主要依靠强制或优先采购，其他采购方式较少。

通过对目前政府绿色采购政策和2019年出台的节能产品、环境标志产品政府采购品目清单进行梳理，发现我国目前节能、环保产品的采购仍处于对已存在的产品进行采购的阶段，即权威机构对打印设备、投影仪、涂料等产品的节能环保标准进行认证，若该产品通过既定标准，则可进入品目清单覆盖范围。而早在2005年，美国政府颁布的《联邦采购条例》中提到，"采购"是指联邦政府以合同的形式，用拨款资金购买或租赁产品或服务（包括工程），无论采购对象是已经存在的，还是必须创造、开发、展示和评估的。可见，美国从法律层面将政府绿色采购对象的范围扩展至未生产的，甚至是未被创造出来的产品和服务。我国虽出台了多项有关政府采购绿色建筑和绿色建材的规定，并推行试点政策，但具体的推行模式和详细的实践措施并不丰富，对服务采购提出的政府绿色采购要求更是匮乏，致使工程和服务的政府绿色采购的项目筛选机制、招投标、项目验收等行为在执行过程中缺乏依据，困难重重。

三 绿色采购标准不够统一，绿色评价体系待改进

我国对于政府绿色采购的具体操作、考核指标、绿色产品及技术的认证体系等具体要求仍存在问题。一是在认证标识的财政投入机制上仍存在不足，资金的投入缺乏持续性、长期性和稳定性。同时，对于采购人而言，在采购市场、产品评价等方面缺乏明确的采购优惠和其他激励机制；对于供应商来说，税收优惠、政策扶持等激励措施较少，缺乏市场积极性。二是绿色产品的评价标准更新频率较低，难以对绿色产业及产品的换代升级起到引领作用。随着技术的不断进步和市场需求的变化，绿色产品的标准应与时俱进，但目前很多绿色产品的评价标准仍停留在较早期的版本，缺乏及时的调整和更新。这不仅导致一些新兴绿色技术和产品未能及时纳入绿色采购的评价体系，也限制了市场上创新绿色产品的推广和应用。三是我国政府绿色采购政策的标准体系建设仍处在起步阶段，尚无国家层面的统一的政府绿色采购绩效评价标准。绿色衡量指标主要集中在节能、节水等领域，对于节地、节材、节矿等方面的考量相对不足，且对于控制主要污染物排放、碳排放总量以及生态环境质量标准等重要指标涉及较少，而后者与绿色发展相关性更大。四是绿色产品认证标识种类繁多、管理涉及多个部门，且监管职能存在交叉，权责划分不够明确，这导致供应商在认证过程中的积极性受到抑制。采购人通常依赖供应商公开的节能、节水、排污等与绿色评估相关数据，但由于技术操作限制等因素，一些供应商在节能环保信息的提供上较为匮乏，甚至不愿公开自身相关信息。更有甚者可能伪造相关数据，导致信息的信息不对称和不透明，加大了采购人和主管部门对其进行绿色评估的难度。

四　绿色采购政策执行力不够强，政策落实难度较大

当前我国在推行政府绿色采购政策时，仍面临执行力度不足、政策落实难度较大等问题。

首先，政策的强制性要求尚不到位。尽管现有节能产品和环保标志产品品目清单所涵盖的产品采购金额已占同类产品的90%左右，但具体覆盖的节能产品仅限于18个品目，环保标志产品包括50个品目。在政府绿色采购政策的支持方式中，只有输入输出设备、生活用电器等10个品目中的部分节能产品被列为强制采购对象，其他节能产品和所有环保标志产品均采用优先采购方式。对于不在品目

清单内的类别，国家仅鼓励采购人在需求中提出绿色采购的相关要求，但缺乏明确的指导细则，使得政策在执行中缺乏具体依据。因此，即使采购人未选择节能环保产品，也不会受到实质性影响。

其次，通过设计采购流程和评审环节等方式推行政府绿色采购政策面临诸多难点。一般而言，绿色产品的生产原料、产品工艺、研发投入等较普通产品成本更高。相应地，生产绿色产品的供应商对其产品的定价也较高。目前，政府采购评审标准仍以"低价优先"为主导，使采购人在具体执行时往往出于避免审计风险的考虑，倾向于选择价格较低的非绿色产品，导致在采购过程中非绿色产品逐渐替代绿色产品，而绿色产品因价格偏高被排除在外。近几年来，财政部虽然开始推行批量集中采购政策，并在评标过程中对环境标志产品设置了加分项，但总体分值设置偏低，绿色产品的竞争优势未能得到显著体现。

最后，政府绿色采购的执行过程缺乏有效的监督和问责机制。现行的法律尚未明确划分各行政职能部门在落实绿色采购政策中的具体职责，政府组织机构体系中也缺乏相应的环保监督和政府绿色采购流程，尚未对绿色采购政策的执行情况建立强制性监督检查机制。

五　绿色采购与其他政策协同不足，无法形成政策合力

当前，我国政府绿色采购政策和创新采购政策相对独立。在政府绿色采购政策方面，我国出台了《中华人民共和国节约能源法》、"财库31号文"等法律政策；在创新采购方面，我国制定了《关于自主创新产品政府采购预算管理办法》《中华人民共和国促进科技成果转化法》等法律文件。但是关于促进政府绿色采购政策和创新采购协同发展的相关政策却凤毛麟角，而政府绿色采购政策与创新采购有时是很难分开的。比如，采购一台新型打印机，它可能既是一个绿色产品，同时也是一个创新产品，此时就实现了绿色产品与创

新产品的采购融合。目前，我国少有政策规定和具体措施促进二者合力发展，在此方面仍需持续发力。

六 采购人激励约束机制有待完善，多部门协作有待加强

当前，我国政府绿色采购政策的激励约束机制不够完善，主要以要求采购人落实政府绿色采购政策、约束采购人政府绿色采购行为为主，对激励采购人提升采购的主体意愿不够重视。例如，《政府采购需求管理办法》、"黄财采 3 号文"等文件都对采购人在采购过程中承担的法律责任，以及若出现违法违规行为如何对采购人进行处罚等规定进行重点强调。如"黄财采 3 号文"加大了对违反绿色采购规定的处罚力度，未按要求进行政府绿色采购的采购人将被通报批评，且难以获得拨付的采购资金。但已出台的政策文件对于激励采购人在政府绿色采购项目中端正工作态度、提高业务能力、提升采购项目其他当事人满意度等方面的措施较少，对采购人开展政府绿色采购工作的积极性产生不利影响。可能造成采购人为避免在政府绿色采购过程中发生不必要的过错，降低自身担责风险，不主动也不愿意行使采购自主权，政府绿色采购的主体意愿较低等现象。同时，现行绿色采购制度主要强调供应商提供的产品是否"绿色"、采购过程是否公开透明、采购资金是否节约等市场价值取向，对于采购人的绿色采购需求、采购建议以及采购结果的实现并未过多关注，导致采购人对政府绿色采购项目的负责意愿不高。

政府绿色采购牵涉范围较广，工作涉及财政、自然资源、生态环境、科技、审计等多个部门。政府绿色采购对采购部门的协作能力，采购人的沟通能力、专业知识和业务技能提出了更高的要求，需要采购主管部门与政府绿色采购涉及的其他部门密切配合，建立起良好的合作机制。而目前，我国政府绿色采购项目部门间联合协作工作仍处于探索实践阶段，也尚未指定专业人员负责政府绿色采购工作，熟悉绿色采购相关业务的人才明显不足。比如，各部门的

第二章　政府绿色采购政策的实施评价及优化建议

部分政府绿色采购工作人员对采购项目部门协作的重视程度低，随意性较大，不利于政府绿色采购工作的进行。还有部分工作人员对绿色产品概念模糊，对政府绿色采购具体优惠政策不了解，对政府绿色采购项目实施过程不熟练。存在只遵循产品"最低价格论"，弱视采购项目的技术要求和节能环保要求；仅注重终端产品的节能环保特性，而忽略了其在研发、包装、使用以及回收等全生命周期各环节中的节能环保要求；仅关注前期采购，对于绿色采购项目的履约验收环节不够重视等问题。

第四节　完善政府绿色采购政策的相关建议

一　健全政府绿色采购法律，奠定坚实制度基础

政府绿色采购项目的有效实施，必须依赖健全的法律体系作为保障。国际上，政府绿色采购政策相对成熟的国家通常具备稳固的法律基础。例如，美国在《联邦采购条例》中明确规定了节能、节水和环保产品及服务的采购要求，并制定了《环境友好型产品采购指南》《资源保护与回收法案》等相关法律法规；加拿大则颁布了《环境责任采购法案》予以支持；而日本除了将《促进建立循环社会基本法》作为基本法，还制定了《固定废弃物管理和公共清洁性》《促进资源有效利用法》等综合性法律。此外，日本还通过颁布《促进容器与包装分类加收法》《家用电器回收法》《建筑及材料回收法》《食品回收法》《绿色采购法》五部具体的法律法规，进一步推动国内绿色采购的实施。

中国政府绿色采购政策发展仍处于起步阶段，建立健全政府绿色采购政策的相关法律制度势在必行。虽然《政府采购法》《政府采购法实施条例》是我国专门针对政府采购制定的法律，但其中并未涉及政府绿色采购政策的制定、推行、实施等内容，难以为政府

绿色采购项目的具体操作提供有效指导。涵盖范围甚广的《中华人民共和国民法典》更不可能直接涉及政府绿色采购政策的具体事项。所以，我国政府绿色采购可专门立法，考虑出台《政府绿色采购管理办法》，从法律层面强化采购人的主体责任，以法规形式对绿色采购需求确定、绿色采购产品和服务标准、绿色产品认证机构的准入条件、绿色采购合同的类型和性质、绿色采购项目流程、绿色采购激励约束机制和内控制度等进行规定。要求预算编制部门在下一财政年度的部门预算中，必须预留最低政府绿色采购份额或比例，为推动政府绿色采购政策提供坚实的政策保障。同时，通过法律形式明确采购人、供应商、委托机构等采购主体的法律责任和义务，确保我国政府绿色采购有法可依、有章可循。

此外，根据经济社会发展情况和政府绿色采购具体实施情况，国家应出台政府绿色采购政策的配套实施细则。通过具象化采购目标、统一采购标准、规范采购程序、公开采购过程等措施，促进政府绿色采购政策的实际操作与落实，为其有效实施奠定坚实的制度基础。同时，各级地方政府应结合自身发展情况，在国家政府绿色采购框架下制定适合本地的配套法规文件，以完善各级政府绿色采购法律体系，提升现有政策文件的可操作性，从而为政府绿色采购政策的贯彻落实提供完备的法律支持。

二　拓展政府绿色采购范围，加强政策前期引导

从法律法规的角度出发，应在现行《政府采购法》的基础上增加关于政府绿色采购管理的条款，以进一步明确并规范政府绿色采购政策的主体、采购对象以及采购方式的含义和适用范围。政府绿色采购政策的核心目标是通过政府的采购行为激励企业提升技术水平，推动绿色节能环保产品的生产。如果政府绿色采购政策的适用范围和规模过于狭窄，其示范效应和引导作用难以得到充分发挥。

具体而言，应扩大政府绿色采购主体的范围，将其逐步涵盖至

国有企业、军队、基金组织等其他部门。同时，扩大政府绿色采购的对象，政策的适用不能仅限于节能环保产品，还应涵盖节水、节材、节矿、节地等资源节约、循环利用和低碳等环保产品的采购要求。我国在制定政府绿色采购需求时，可适当降低政策对象的限制，扩大绿色产品库的范围，可适度扩大至绿色产品生产过程中的原材料、生产设备等环节。

此外，应进一步完善品目清单的动态管理模式，可借鉴美国推广的水感应器产品行动，明确用水标准，在采购目录中对管道装置、过滤器等节水类产品进行细化，增加对可降解生物基材料产品的采购力度。还可以通过支持重点产品的政府绿色采购，进一步推广新能源汽车的应用。例如，要求在特定领域，如机要通信、固定路线的执法执勤和通勤等方面，原则上必须采购新能源汽车，扩大其应用范围。除了绿色产品，绿色的环保技术也可纳入采购清单，以激励企业进行技术创新，并尽量使采购品目与国际标准接轨，为我国下一步政府采购市场的开放奠定良好基础。编制采购需求时，拓展绿色采购途径，除强制采购和优先采购外，增加首购订购等采购方式，优化政府绿色采购政策程序，不断扩大绿色采购规模。同时，明确绿色采购份额，要求年度预算中必须预留绿色采购最低份额或比例，推动政府绿色采购目标的实现。

加强采购政策前期导向作用是落实政府绿色采购政策的关键。首先，在确定采购需求时，对政府绿色采购政策的对象进行更为广泛的定义，不仅限于已有产品，更应涵盖部分概念型产品，为激发供应商提高产品创新动力起到更好的牵引作用。在编制采购需求时，可以规定与绿色产品供应稳定的企业签订研发合同，为供应商提供绿色研究经费和相对稳定的市场，促进科研和生产紧密结合，激励供应商在生产中更多地加入"绿色"元素。在制定采购实施计划时，对环境友好型产品供应商适当提高预付款比例、减免履约保证金及缩短付款尾款扣押期限，还可以减免此类供应商的标书费用和招标代理服务费用，以此鼓励更多的潜在供应商参与政府绿色采购项目，从而更大程度地发挥政府绿色采购政策的引导作用。

部分国家基于生命周期理念建立政府绿色采购制度，参考国际经验，我国在进行政府绿色采购时，应树立政府采购的全生命周期成本理念，建立以生命周期评价为基础的政府绿色采购管理模式。不但要关注采购产品的购置成本，还要计算该产品在有效使用期中的设计、生产、运输、使用、维修保养、废弃处置等整个生命周期的所有成本，选择全生命周期的成本最低者进行采购。在制定政府绿色采购需求标准时，应充分考虑产品生命周期成本的优化问题，综合评估政府采购对生态环境的影响以及其带来的整体经济效益。这样既可以降低成本，也可以纠正绿色产品价格过高的误区，促进政府绿色采购政策充分发挥其功效。

三　统一政府绿色采购标准，健全绿色评价体系

科学的绿色采购标准体系是政府绿色采购政策得以顺利实施的重要工具，建立健全政府绿色采购政策标准体系，完善政府绿色采购评价体系迫在眉睫。从国际层面来看，诸多国家对政府绿色采购政策标准体系的建设非常重视。例如，1992 年，韩国已开始推进了韩国环境标志认证计划；2004 年，欧盟出台《政府绿色采购手册》，为政府绿色采购实践提供了指导；2014 年，美国环境保护署出台了涵盖政府绿色采购的全面标准和指导意见；加拿大则建立了一个涵盖政府绿色采购全过程的评价体系，特别注重过程中的跟踪反馈和事后绩效评价机制，依托完善的绩效考核制度，确保政府资金的使用合理性和可持续性。

当前，中国政府绿色采购标准体系建设尚处于起步阶段，还未形成统一的认证标准，导致政府绿色采购项目具体执行过程较为困难。政府绿色采购政策推行前期需要大量的财政投入，应建立稳定持续的资金投入机制，支持政府绿色采购政策标准和评估体系的建

立。同时，加强对采购人和供应商优惠激励。例如，政府在采购时，属于节能环保政府采购品目清单范围的产品，只要通过国家认证即可享受采购优惠政策。同等情况下要优先购买绿色产品或对其实行价格优惠，以弥补供应商的技术与其他投入，从而降低其生产成本。在绿色产品认证机构的选择上，要逐步扩大认证机构的范围，同时要加强对相关认证机构的监管力度。此外，还可针对货物、工程、服务等不同采购项目制定专门的标准。

制定政府绿色采购政策相关部门应当充分发挥主观能动性，定期更新绿色产品认证标准；借鉴国际先进的政府绿色采购标准，并结合我国政府绿色采购的实施执行情况，应尽快建立一个与我国国情相适应的政府绿色采购标准体系；在品目清单机制的框架下，我国政府绿色采购标准体系的制定应当考察产品生产材料的选取、产品的设计和研发、产品使用与保障等全生命周期，并根据产品的科技含量、生命周期的评价、绿色供应链的管理、市场的竞争情况等诸多因素构建绿色评价指标体系，动态选择优质的供应商。

四 完善绿色采购执行机制，提升政策实施效果

完善政府绿色采购政策的执行机制是确保政府采购促进绿色发展的有力保障，应从公布采购实际执行情况、完善采购程序设计、加强绩效考评等方面提升政府绿色采购政策实施效果。

一是不断扩充品目清单，扩大强制采购的采购品目范围，定期公布政府绿色采购政策的实际执行情况，强化采购程序细节公开，建立监督部门、人大、公众等对政府绿色采购的联合监督评估机制。

二是要完善政府绿色采购程序设计，对政府绿色采购行为进行全流程、全方位的监督和检查。在制度设计工程中，需充分考虑政府绿色采购政策的实施进展，涵盖采购需求、全生命周期采购成本、网上商城建设等各个环节。在进行采购项目前，充分考察采购标的货源、价格等情况，提出相对完善的绿色考核指标。在采购过程中，根据已经形成的绿色评价体系对采购项目进行评估，对具体实施过程中的问题和不足提出中肯适用的建议，采购项目结束后再对其进行全方位的监督评价。

三是在政府绿色采购项目的绩效评价过程中，应当建立完善的绩效评估体系，设立专门的监督机构，并明确其职责和监督范围。对于技术性强的绿色采购项目，应邀请相关领域的专家或委托具有较强专业能力的第三方机构开展绩效评估。通过不断完善评估方法，逐步提升政府绿色采购政策的管理水平。例如，芬兰的"生态顾问"是负责政府绿色采购的核心机构，主要进行环境评估，以监控环境友好型产品的效率；英国的可持续发展和公平交易指导小组则通过提供相关建议，监督采购战略的实施，推动生产商和供应商之间的公平交易。借鉴国际经验，我国可以建立政府绿色采购项目考核保障机制，完善现有的政府采购监督体制，根据采购人、采购代理机构在实施政府绿色采购政策中的表现，采取相应的奖励与惩罚措施。通过内外监督机制，对政府绿色采购项目的各个环节，包括预算编制、招标过程、合同执行等，进行全面监管。对于违反政府绿色采购政策规定的行为，应实施严格惩罚，确保政府绿色采购的政策目标能够在实际采购过程中得以有效落实。

五 促进绿色与创新相融合，构建政策协同机制

充分发挥政府采购需求管理协同功能，促进政府绿色采购政策与创新采购政策协同发展。《政府采购需求管理办法》中提及政府采购具有落实支持创新、绿色发展等政策功能，这些具体的政策方向并非相互孤立、各行一道，而是可以融会贯通，形成合力，达到"一加一大于二"的效果。美国的《联邦采购条例》、欧盟的《支持创新的公共采购手册》以及日本的《新事业创新促进法》等，都涉及政府采购如何支持科技创新及其产业化。2014年修订的《欧盟公共采购指令》强调，公共采购中应全面考虑环境、社会及创新因素。

第二章　政府绿色采购政策的实施评价及优化建议

借鉴国际经验，我国应优先考虑绿色创新产品的政府采购。首先，在制定采购需求时，可以设定科技创新相关的采购预算目标，并为自主创新及节能环保产品预留一定的采购份额。例如，欧盟设定了每年用于科技创新的最低公共采购金额，并与美国的相应预算相当。2020年前，英国的六个部门设立了专门用于科技创新的采购预算，而法国、荷兰和西班牙则计划将政府采购中用于科技创新的预算占政府支出的比例分别定为2%、2.5%和3%（邱泰如，2016）。

其次，在评审列入政府采购目录或清单内的创新产品（包括绿色创新产品）时，如果采用最低评标价法，应给予投标价格适当的价格扣除；若采用综合评分法，则应增加绿色创新因素的量化指标，并在满足基本技术和性能要求的前提下，对绿色创新产品分别给予价格评审和技术评审方面的适度加分。招标文件应明确列出绿色创新因素的分值以及价格扣除和加分的幅度，具体可根据绿色创新产品的科技含量、原创价值、绿色性能、市场竞争力、成熟度以及销售特点等进行确定。

最后，当条件允许时，可以借鉴欧盟经验，在政府采购中促进创新伙伴关系的建立，以支持创新型项目的开发和后续采购。这可以弥补政府采购清单的局限性，解决市场上现有解决方案无法满足采购需求的问题。

另外，在制定采购实施计划时，可以适当放宽创新、节能和环保产品的准入门槛，优先采购、首购及订购具有国有自主知识产权的绿色产品。这将有助于降低新产品开发中我国对外来技术的依赖，从而推动我国从后发优势向先发优势转变。通过这些措施可以促进我国科技创新，并使政府绿色采购与支持本国产品、扶持中小企业等政策相互协调，推动环境、经济和社会的可持续发展。

六　建立采购人激励约束机制，加强多部门协作

采购人激励约束机制的建立和完善是夯实采购人主体责任，加

大政府绿色采购力度的内在动力。制定采购人政府绿色采购工作激励措施,对明确采购人在政府绿色采购项目中的主体责任和价值导向,解决采购人政府绿色采购意愿不高等问题具有重要意义。一方面,可以制定采购人政府绿色采购行为准则,对采购人在政府绿色采购项目中的"可为"和"不可为"进行引领和规范,对责任心强、工作表现优异的采购人进行奖金或其他形式的适当奖励,提高采购人在政府绿色采购工作中的积极性和主动性;另一方面,还要推行采购行为"责任到人"的制度,约束采购人投机取巧、徇私舞弊等不良行为。加强对采购人、委托代理机构以及评审专家等人员的知识技能培训具有必要性。相关部门可通过开展绿色专题讲座、绿色采购知识技能、操作技能培训等方式,对相关人员进行绿色采购理论和实践教育,确保每一位采购人都能熟练掌握绿色采购法律法规政策文件,详细了解绿色采购的需求确定、采购对象选择、采购计划编制和实施,以及对绿色采购项目的监督与评价流程等。此外,还要提高采购人对绿色采购项目履约验收环节的重视,为夯实采购人主体责任提供事后保证。

2022年7月,《中华人民共和国政府采购法(修订草案征求意见稿)》第十九条提到,"对于有同类需求的采购项目,鼓励采购人自愿联合进行采购,提高效益"。政府绿色采购多部门协同是发挥采购人主体责任的延伸,有利于加强采购人对采购项目的整体把控和分工协作,规范并优化采购流程,搭建科学合理的采购队伍,提高绿色采购的效率。美、日、韩等国家都采取了相应的措施促进绿色采购项目的多部门、多层次协作。例如,在美国,主要负责政府绿色采购的机构包括北美绿色采购委员会、绿色采购启动委员会、环境保护署和综合服务局等,这些机构从政府绿色采购的政策制定、项目执行到评价反馈等环节,形成了多方合作、各司其职的体系;日本建立了中央政府和社会团体、地方政府和地方社会团体、企业及个人的多层次绿色采购机制,发动各界力量协同推动政府绿色采

第二章 政府绿色采购政策的实施评价及优化建议

购发展；韩国注重加强政府采购部门与环境技术部门的合作，通过制定绿色公共采购指南、建立绿色公共采购信息平台等方式建立绿色公共采购机制。我国可积极借鉴国际经验，利用"互联网+"、大数据等技术，建立绿色采购内部信息交互平台，提高各部门采购人的沟通协作意识，促进各部门之间有关绿色采购流程中相关问题的沟通交流，形成多部门协同工作的有效模式，提高绿色采购执行和监督效率。

第三章　企业研发激励税式支出绩效评价

第一节　企业研发激励税式支出绩效评价的背景

2024年年底召开的中央经济工作会议强调,"以科技创新引领新质生产力发展,建设现代化产业体系"。当前,我国激励企业提高研发投入,释放创新潜能的财税政策以税式支出、财政激励为主。所谓税式支出,普遍定义为是一种"看不见的预算"。与政府直接为企业提供财政激励,给予财政补贴有所不同,税式支出通过减少政府的税收收入而给予企业间接补贴。税式支出的实现方式是多样的,继我国《企业所得税法》审议通过后,现有的研发激励税式支出主要包括高新企业税率减免、研发费用加计扣除、固定资产加速折旧、技术转让减免征收四个方面。为系统性地对我国研发激励税式支出绩效进行评价,本章重点关注了衡量研发激励税收优惠力度的两个指标:激励企业研发的税收优惠占GDP的比重和税收优惠在整个激励政策体系(财政政策与税收政策)中的占比。根据本章的测算,目前我国的税收优惠力度与部分国家相比,仍然较为有限。不仅如此,通过分析我国东部、中部、西部、东北部、计划单列地区税式支出的分布情况,本章发现不同地区政策落实程度的差异在实践中普遍存在。一方面,税式支出的分布差异无疑受地区间先天条件的制约;另一方面,应反思"一刀切"的政策是否也可能加大了地域间分化程度。

第三章 企业研发激励税式支出绩效评价

厘清我国不同时间段以及不同经济体激励企业研发的税收优惠力度存在的差异，不仅有助于对我国研发激励税式支出的情况作出整体评价，还能进行国际范围内的横向比较，并为我国进一步完善税式支出的相关政策提供国际经验。为客观评价我国企业研发激励税式支出的绩效情况，本章首先通过政策内容梳理，呈现了目前我国关于企业研发激励税式支出的相关政策规定。其次，本章通过对我国、其他国家同一时期激励企业研发的税收优惠力度的横向比较，确认了相较于部分国家，我国研发激励税收优惠力度存在差异的事实，并进一步引出国际经验加以借鉴。同时，本章从必要性、公平性、可执行性三个方面对税式支出的理论意义进行分析。最后，基于近年来我国研发激励税式支出的概况，提出了关于完善税式支出相关政策的结论与建议。

第二节 研发激励税式支出的国际经验借鉴

一 概述

如表3—1和图3—1所示，根据OECD测算的各国主要科学技术

表3—1　　2011—2017年各国主要科学技术指标（MSTI）

	2011	2012	2013	2014	2015	2016	2017
韩国	3.74	4.03	4.15	4.29	4.22	4.23	4.55
日本	3.24	3.21	3.31	3.40	3.28	3.16	3.21
丹麦	2.94	2.98	2.97	2.91	3.05	3.10	3.05
德国	2.80	2.87	2.82	2.87	2.91	2.92	3.04
芬兰	3.64	3.42	3.29	3.17	2.89	2.74	2.76
法国	2.19	2.23	2.24	2.28	2.27	2.22	2.19
中国	1.78	1.91	2.00	2.03	2.07	2.12	2.15

续表

	2011	2012	2013	2014	2015	2016	2017
挪威	1.63	1.62	1.65	1.71	1.93	2.03	2.09
新加坡	2.09	1.94	1.94	2.10	2.19	2.09	1.95
英国	1.66	1.59	1.64	1.66	1.67	1.68	1.66
加拿大	1.79	1.77	1.71	1.71	1.69	1.69	1.59
意大利	1.21	1.27	1.31	1.34	1.34	1.37	1.35
西班牙	1.33	1.29	1.27	1.24	1.22	1.19	1.21
俄罗斯	1.01	1.03	1.03	1.07	1.10	1.10	1.11
波兰	0.75	0.88	0.87	0.94	1.00	0.96	1.03
阿根廷	0.57	0.64	0.62	0.59	0.62	0.53	0.54
智利	0.35	0.36	0.39	0.38	0.38	0.37	0.36

资料来源：根据 OECD Measuring Tax Support for R&D and Innovation（http：//www.oecd.org/sti/rd-tax-stats.htm）相关资料整理而得。

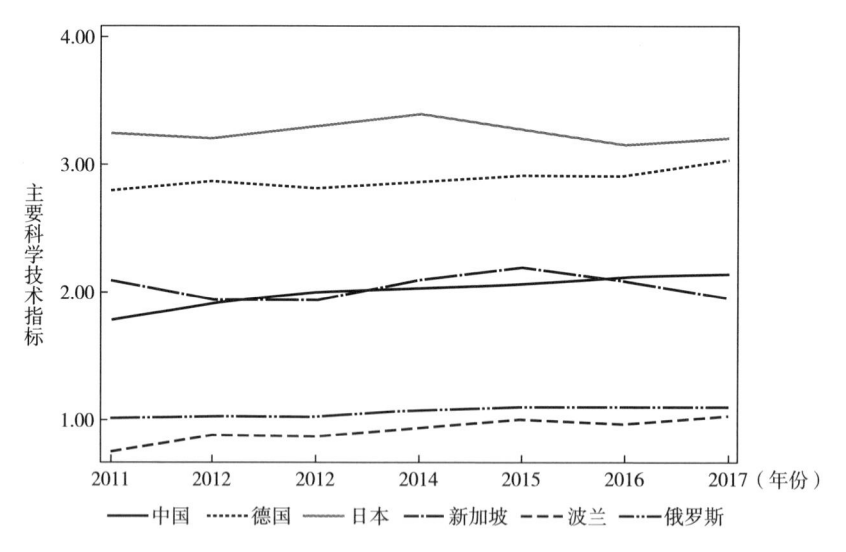

图 3—1　代表国家主要科学技术指标变化情况

资料来源：根据 OECD Measuring Tax Support for R&D and Innovation（http：//www.oecd.org/sti/rd-tax-stats.htm）相关资料整理而得。

指标（Main Science and Technology Indicators），我国主要科学技术指标从2011—2017年一直有小幅增长，但总体水平还比较低。一国激励企业研发的税收优惠力度可以用激励企业研发的税收优惠占GDP的比重来衡量。另外，可以综合运用税收优惠在整个激励政策体系（财政政策与税收政策）中的占比衡量税收政策在激励创新中的地位。如表3—2所示，我国对研发激励的税收优惠占GDP比重仅为0.07%，占整个激励体系比重约为52%，相比于比利时、爱尔兰、荷兰等国，我国促进企业研发创新的税收优惠占比不论是占GDP的比重还是占激励体系的比重都明显偏低，研发激励税收优惠力度还不大。

表3—2　2016年部分国家激励研发的税收优惠分布情况（%）

国家	占GDP比重	占激励体系比重
比利时	0.30	75
爱尔兰	0.25	85
荷兰	0.17	90
奥地利	0.15	56
韩国	0.14	50
加拿大	0.13	74
挪威	0.12	54
日本	0.11	82
葡萄牙	0.10	82
匈牙利	0.09	55
意大利	0.08	73
中国	0.07	52
捷克	0.05	44
西班牙	0.03	36
巴西	0.03	26
立陶宛	0.03	85
哥伦比亚	0.02	89

续表

国家	占 GDP 比重	占激励体系比重
罗马尼亚	0.01	15
智利	0.01	39

资料来源：根据 OECD *Measuring Tax Support for R&D and Innovation*（http://www.oecd.org/sti/rd-tax-stats.htm）相关资料整理而得。

二 国际经验

自 20 世纪 70 年代起，世界各国陆续引进企业研发激励措施，借以提高企业投入研发活动的意愿、带动产业创新。2008 年全球经济危机及 2010 年欧债危机后，各国产业创新与科技研发活动大受影响，根据 2012 年《OECD 科学技术和产业展望报告》，2009 年 OECD 国家的企业研发支出平均较上一年度减少 4.5%，大多数国家的企业创新与研发投入经费出现萎缩。2010 年后部分国家经济虽逐渐复苏，但企业研发投入情况并未恢复到经济危机前的状态。为提振因全球经济危机造成的企业研发创新投入萎缩情况，近年来，许多国家纷纷出台促进企业研发投入的税收优惠政策，帮助企业降低投入成本以及减轻研发风险。

1. 研发费用加计扣除

从 2009 年起，新加坡政府在原有的研发费用按 100% 扣除之外（Section 14D Base Deduction），给予满足条件的企业研发费用 50% 加计扣除额（Section 14DA Additional Deduction），认定范围限于在国内进行的研发相关费用，包括与研发活动相关的人力费用、消耗品费用及其他政府公告列出的支出项目。此外，新加坡政府还推出生产力及创新优惠计划（Productivity and Innovation Credit，PIC），企业在该计划规定的自动化设备、员工培训、购入知识产权、注册知识产权、研究与开发、其他批准的设计项目六大领域所投入的支出费用，可以享受300%加计扣除和现金津贴。巴西对符合条件的研发支出允许按照160%—200%加计扣除，若企业增加了研发人员，加计扣除比例也将提高。印度对所有行业从事研发活动所发生的费用性与资本性支出（不包括土地）均给予100%加计扣除，对生物技术和生产制造业发生的内部研发支出允许按照200%加计扣除。

2. 固定资产加速折旧

巴西允许企业对其研发类固定资产在购置年度一次性税前扣除。立陶宛则允许根据购入研发类资产不同类型允许从一般的3—8年折旧年限缩短为2年。加拿大对研发设备购置支出采用一次性折旧，虽然该政策在2013年接近尾声，但加拿大政府仍然有资本成本减免制度（CCA），规定将一些研发类资产划分为29类（Class 29），并允许三年内折旧完毕（第一年25%，第二年50%，第三年25%）。在加速折旧的基础上，也有部分OECD成员国和金砖国家采用增强折旧方法（Enhanced Depreciation），譬如，丹麦政府曾规定对新购置研发设备按照购置价格的115%扣除，法国对用于研发的设备和工具根据各自不同的折旧年限确定年折旧率乘以折旧系数（分为1.5、2、2.5三档），并以此确定折旧额。

3. 技术转让减免征收

欧洲国家普遍采用专利盒制度（Patent Boxes），对企业来自某些特定类型的知识产权所得给予所得税减免优惠。比利时政府从2007年起即设立了名为"专利收入递减政策"的专利盒制度，对符合条件的技术专利转让收入的80%免税，相比于其34%的法定税率，专利盒实际税率仅为6.8%，且该政策不仅适用于比利时公司，还对外国公司在比利时设立的常设机构同样适用。荷兰从2010年起开始在原专利盒制度基础上设立更为优惠的"创新盒"制度，规定对任何研发活动产生的所得减80%，使得创新盒的实际税率仅为5%，且荷兰的居民和非居民企业均可享受。意大利在2015年修订了原专利盒制度，扩大了符合抵税条件的专利产品范围，对所有居民企业和非居民企业转让专利产品所得减半征收所得税。

4. 高新技术企业税率减免

税率式优惠的优惠力度较大,过度使用会给国家带来财政压力,各个国家大多将其作为针对某一税种、某一过程或某一对象的优惠工具,而不会普及使用。比如,韩国为促进科技成果的转化,对于部分技术性新产品,在其刚进入市场时,为了保护技术性新产品,最初的 4 年按照消费税税率的 10%纳税,第 5 年按照消费税税率的 40%纳税,第 6 年按照消费税税率的 70%纳税,第 7 年起才按基本的消费税税率纳税。再如,巴西允许境内某些单位向符合条件的企业提供用于软件开发和信息技术服务的资本性资产和劳务时,适用零税率的优惠。再如,印度对进口研究机构专用、制药和生物板块的设备予以优惠税率。

第三节　税式支出的理论意义

税式支出在研发活动中意义重大。从必要性看,研发活动税收优惠不可或缺,能短期诱导企业研发投入,中期提升企业附加值与竞争力、创造就业,长期优化产业结构。在公平性方面,我国关注的四项税式支出表现较好,具连贯性与科学性,利于企业稳定预期,但在某些节点存在横向和纵向的不公平,不过这也可视为对企业经营选择的"国家补偿"。可执行性上,需考虑对政府财政收入的影响,体现在慷慨程度适当,强度过低或过高都不利于企业技术创新;成本适当,避免过高遵从成本影响企业申请积极性,降低政策效果。

一　必要性

研发活动税收优惠不可或缺。从国际经验看,世界各国普遍使用税收优惠活动促进企业研发投入和鼓励企业研发产出转让,倘若我国不使用研发优惠活动,一方面,理性的企业经理人将斟酌是否继续开展研发活动，毕竟研发活动有较大的正外部性，且研发活动投入巨大而大多数时候产出尚存在不确定性，最直接的结果是国内企业缺乏研发创新热情，将导致其缺少竞争力，短期或许能维持经营，长期必然被市场所淘汰。另一方面，国内创新土壤缺失将间接导致高新技术企业的跨国流动，外国直接投资减少，而作为经济增长的"三驾马车"之一，投资的重要性不言而喻，经济的持续稳健增长也将受到波及。

研发活动税式支出可能有以下几方面利好：短期而言，研发活动税式支出能持续诱导企业研发投入。税收优惠大部分是事后支出，即企业发生研发创新支出或者购入研发活动相关设备后发生的，政府通过提供部分税收优惠有利于引导企业主动开展真实有效的研发活动，也能够避免财政补贴的尴尬境界，即先补贴再投入，补贴与企业盈利挂钩意味着"看不见的手"直接干预了市场，有损市场公平竞争不说，企业创新意愿也会受到影响。中期而言，研发活动税式支出有利于提高企业附加值、增加企业竞争优势、创造就业机会。一是通过创新形成产品独特的竞争优势进而产生创新溢价，二是创新溢价带来竞争优势和长期稳定现金流，三是从社会公众角度而言，稳定正面预期的企业将雇佣更多劳动力进而解决社会就业问题。以国内华为公司为例，持续的创新投入使华为产品形成了高科技背书，也给华为公司带来了丰厚的利润，以前期未分配利润为基础的研发再投入又形成了竞争壁垒，使得强者愈强。当然，不能将企业与市场孤立，税收优惠大多是行业性甚至全行业的，研发优惠政策引导下，更多有创新能力和创新意愿的企业将投身研发创新活动，市场机制下，有竞争力的企业将存续下去，而不能形成自身独特竞争力的企业将被淘汰。其中的佼佼者们不仅在行业内部根深叶茂，触角也将伸向行业外的土壤，全行业洗牌形成"不创新，就淘汰"的正面反馈，而产业结构在此过程中也将不断被打磨和完善，即：长期而言，研发活动税式支出有利于产业结构的优化完善。

二 公平性

就我国税收政策连续性和可预期性而言，本节主要关注的高新技术企业低税率、研发费用加计扣除、固定资产加速折旧以及技术转让收入减免征收四项税式支出表现较好。体现在如下两方面：一是相关税式支出均是在《企业所得税法》（2007年）及其实施条例基础上逐次铺开。除了高新技术企业低税率政策一直未有更新外，其他三项税式支出政策都在不断调整，这至少说明本节所分析的四项税式支出政策具有时间上的连贯性和制定上的科学性。二是相关政策往往设定了预期，并由点及面地拓宽政策实施范围或适用对象。市场主体对政策如何变更以及何时实施有了稳定预期，有利于其根据自身情况及时调整变化经营方向，有利于降低企业经营风险和最大化企业经营效益。总体而言，由点及面、逐次展开的研发活动税式支出有利于企业稳定经营预期，既保证了政策实施的平稳性，也能够体现"摸石头过河"的改革开放精神。

当然，站在某些时间节点上，研发活动税式支出或许在公平性上有待讨论。税收政策的公平性，往往从横向公平和纵向公平角度切入，前者即收入相当的纳税人承担一致的税负，后者即高收入者承担更高的税负，低收入者承担较低的税负。以高新技术企业税率减免为例，"一刀切"地对所有高新企业施以低税率，一方面是国家财政的大量流失；另一方面也是更为重要的，先在高新和非高新企业间人为设定了"优先级"，直接造成了横向不公平。再以企业研发费用加计扣除为例，财税〔2017〕34号文件规定对科技型中小企业研发活动形成无形资产的按照175%摊销，而财税〔2015〕119号文件规定对所有企业按照150%摊销。财税〔2017〕34号文件的规定使得部分科技型中小企业享受了更多的摊销、承担了相对较低的税负，而低收入的非科技型中小企业却可能承担了较高的税负，这就造成了纵向的不公平。当然，不可否认的是，科技型中小企业认定本身就存在自选择，横向或纵向的不公平均可能来自企业自身的经营选择，与其说研发活动税式支出存在不公平，不如说这是对企业经营选择的一种"国家补偿"。

三 可执行性

税式支出对于享受优惠的企业而言是支出的减少和利润的增加，而对于以税收为主要收入来源的政府而言，税式支出则意味着应收不收和政府收入减少，评估研发激励税式支出不仅要考虑税收优惠对企业研发投入的促进作用，也要考虑税式支出对政府财政收入的直接影响，即需要合理评估研发激励税式支出的可执行性。

可执行性主要体现为两个层面：一是慷慨程度适当。当研发激励税收优惠强度过低时，无法帮助企业抵御风险及降低成本，激励作用就非常有限。当税收优惠强度过高时，企业经营者将缺乏动力去改善经营和寻求提升企业技术能力的方法，因此，过低和过高的税收激励都不利于推动企业技术创新活动。二是成本适当。虽然税收是激励研发的一个有效途径，但其会增加企业的遵从成本及税务机关的管理成本。对企业而言，若遵从成本过高，会降低其申请税收优惠政策的积极性，影响研发激励税收优惠相关政策效果的发挥。

第四节 近年来我国研发激励税式支出的概况

关于高新技术企业的税收优惠政策，综合主要体现在以下几个方面：

一是高新技术企业所得税大幅优惠。拥有核心自主知识产权且符合研发投入、高新技术产品收入、科技人员占比等条件的高新技术企业，可以享受大幅降低的15%优惠所得税税率，相对标准税率25%减免了10个百分点，优惠力度巨大。这能够直接减轻高新技术企业的税收负担，提高企业可支配收入。

二是研发费用税前加计扣除政策。企业研发费用支出可以按不同比例在税前额外加计扣除，包括人员人工、直接投入、设备折旧、无形资产摊销等各类费用，有效减少研发的税后成本。根据《财政部 税务总局关于进一步完善研发费用税前加计扣除政策的公告》（2023年第7号），企业开展研发活动中实际发生的研发费用，未形成无形资产计入当期损益的，在按规定据实扣除的基础上，自2023年1月1日起，须再按照实际发生额的100%在税前加计扣除；形成无形资产的，自2023年1月1日起，须按照无形资产成本的200%在税前摊销。上述政策作为制度性安排长期实施。该类政策大大减轻了企业研发投入的实际成本。

三是委托境外研发费用税前扣除。企业委托境外机构进行研发活动的费用支出，可以按照实际发生额的80%在一定限度内享受税前扣除，这也进一步扩大了企业的研发手段与渠道。

四是鼓励部分行业和领域实行固定资产加速折旧。符合条件的重点行业企业，其新购置的固定资产可以选择缩短使用年限或采取加速折旧方法，提高资产使用效率。此外，对于单价较低的固定资产，允许采取一次性税前扣除的方式，这减轻了企业设备更新的税收负担。

五是技术转让所得可以税负减免。涵盖专利、软件版权等范围的技术转让收入，部分可以享受减半征收甚至全额免税的政策，这鼓励了企业技术成果的转化应用。

上述举措构成系统而全面的技术创新优惠政策，通过多角度减轻企业研发和技术创新的税收负担，激励更多研发投入，推动高新技术产业快速发展。我们接下来估计这些优惠政策的税式支出，期望能够全面衡量这些优惠政策的政策成本。

一 高新技术企业税率减免

如图3—2所示，可以发现各地高新技术企业税率优惠分布存在极大差异，尤其是东部地区与非东部地区之间，2010—2018 年，东部地区高新技术企业税式支出呈现显著的增长趋势，尤其是 2018 年东部地区高新技术企业税式支出环比增长了 66.6%。[①]

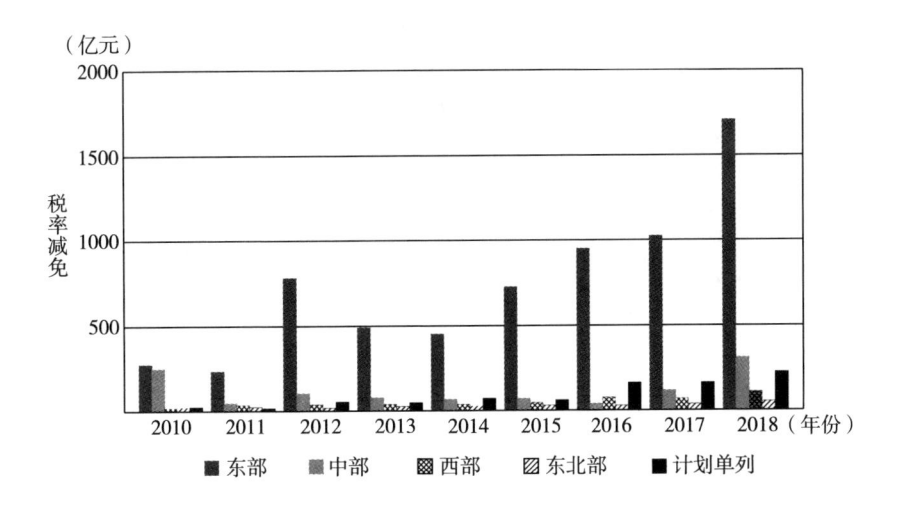

图 3—2 2010—2018 年各地高新技术企业税率减免税式支出分布

从地区间高新技术企业税率减免额度占比来看，如图 3—3 所示，从 2010—2018 年东部地区占比均 70% 左右，个别年份占比甚至接近 80%，2018 年约为 71.1%。由于高新技术企业税率减免额与企业税收缴纳成正比，图 3—3 也间接反映了高新技术企业税收缴纳的地区分布，东部地区占比大的原因可能是东部地区高新技术企业数量多且经营规模较大。

---

① 根据国家统计局经济区域划分，东部区域包括：北京、天津、河北、上海、江苏、浙江、福建、山东、广东和海南。中部包括：山西、安徽、江西、河南、湖北和湖南。西部包括：内蒙古、广西、重庆、四川、贵州、云南、西藏、陕西、甘肃、青海、宁夏和新疆。东北包括：辽宁、吉林和黑龙江。

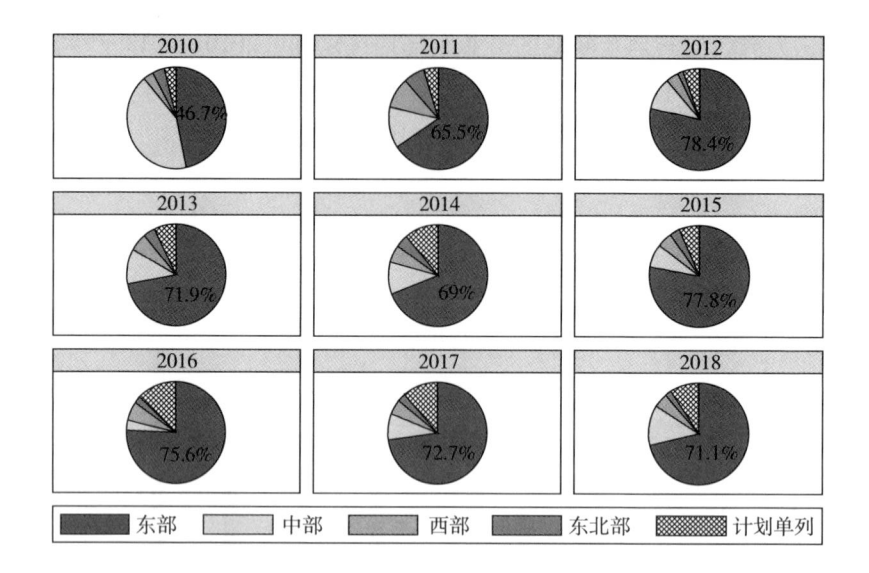

图 3—3 2010—2018 年各地高新技术企业税率减免税式支出分布

二 研发费用加计扣除

如图 3—4、图 3—5 所示，总体上看，加计扣除税式支出的分布信息中，东部和计划单列市多，而中、西、东北部地区较少。单就企业研发费用加计扣除而言，东部地区取得了近 60% 的 2018 年企业研发费用加计扣除，中、西和东北部合计只拿到了企业研发费用加计扣除的 15%。对于企业委托境外研发费用加计扣除，自 2018 年 1 月 1 日财税〔2018〕64 号文实施以来，计划单列市拿走了约 45% 的委托境外研发加计扣除税式支出，而东部地区占了约 25%，这也间接验证了计划单列市与东部地区对外合作交流更加密集。

三 固定资产加速折旧

如图 3—6、图 3—7 所示，各地固定资产加速折旧税式支出分布呈现显著的地区差异，尤其是 2014—2016 年，东部地区占据了大部

第三章　企业研发激励税式支出绩效评价

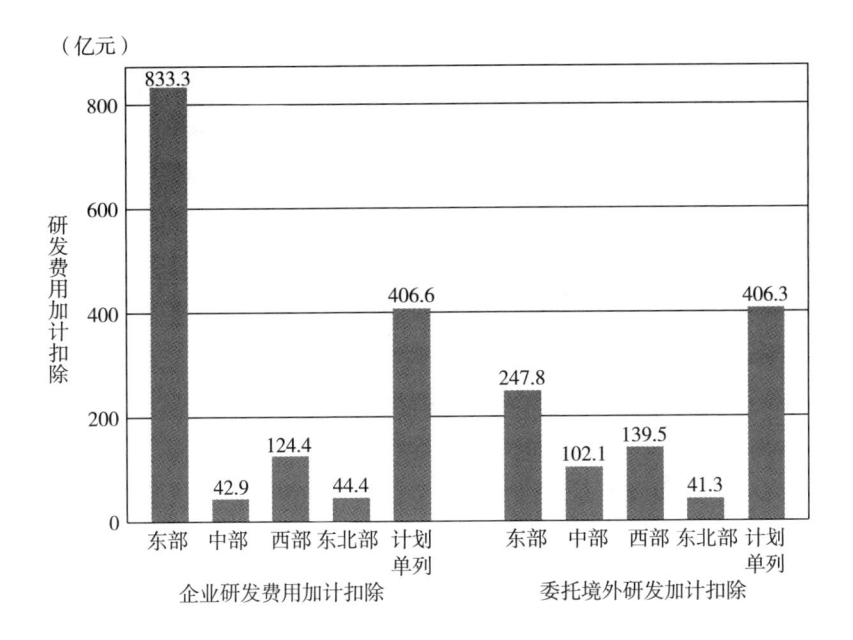

图 3—4　2018 年研发费用加计扣除税式支出地区分布

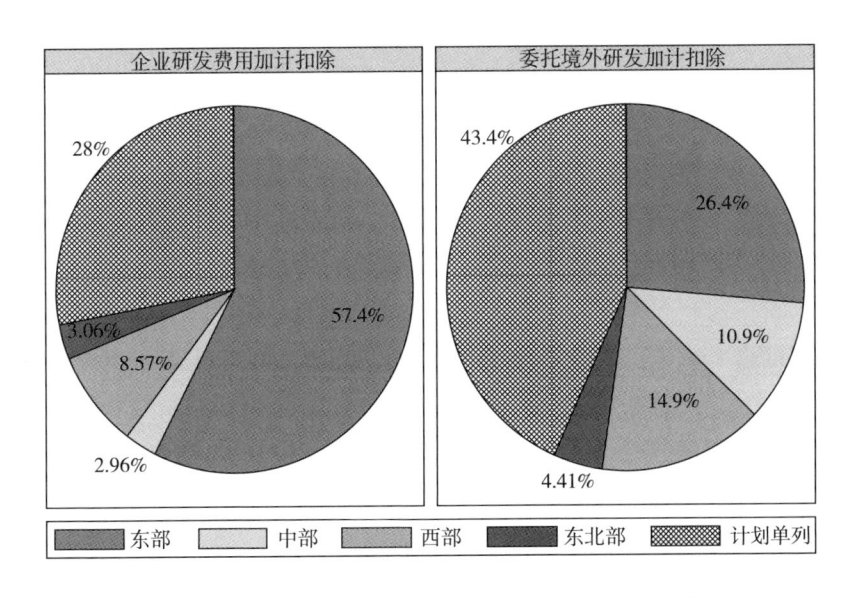

图 3—5　2018 年研发费用加计扣除税式支出地区分布

69

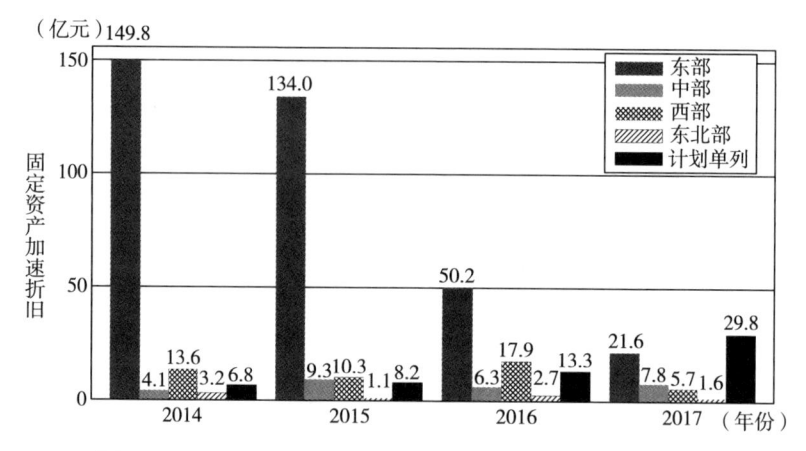

图 3—6　2014—2017 年各地固定资产加速折旧税式支出分布

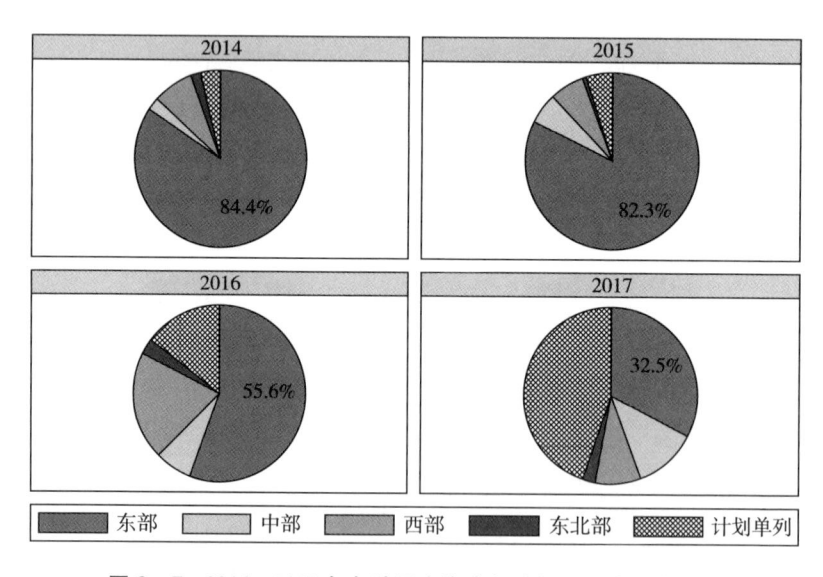

图 3—7　2014—2017 年各地固定资产加速折旧税式支出分布

分固定资产税式支出份额。纵向来看，东部地区固定资产加速折旧税式支出有较大幅度的降低趋势，而计划单列市的固定资产加速折旧税式支出呈逐年上升趋势。

四 技术转让减免征收

如图 3—8、图 3—9 所示，2017 年技术转让税收减免依然呈现出

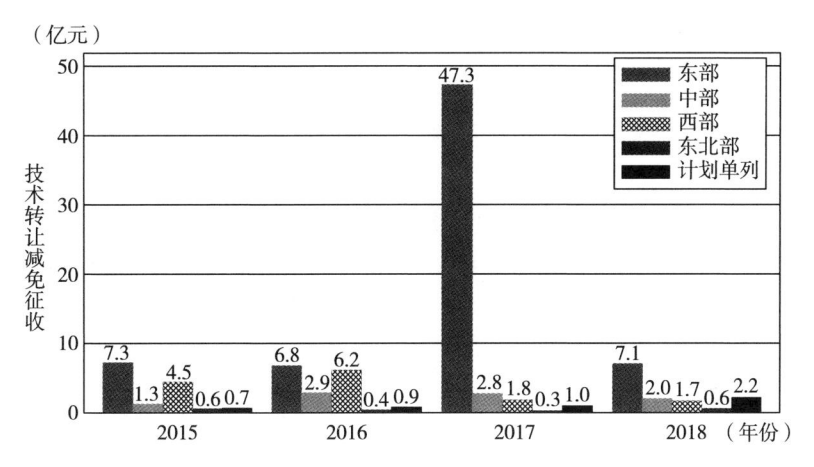

图 3—8 2015—2018 年各地技术转让减免征收税式支出分布

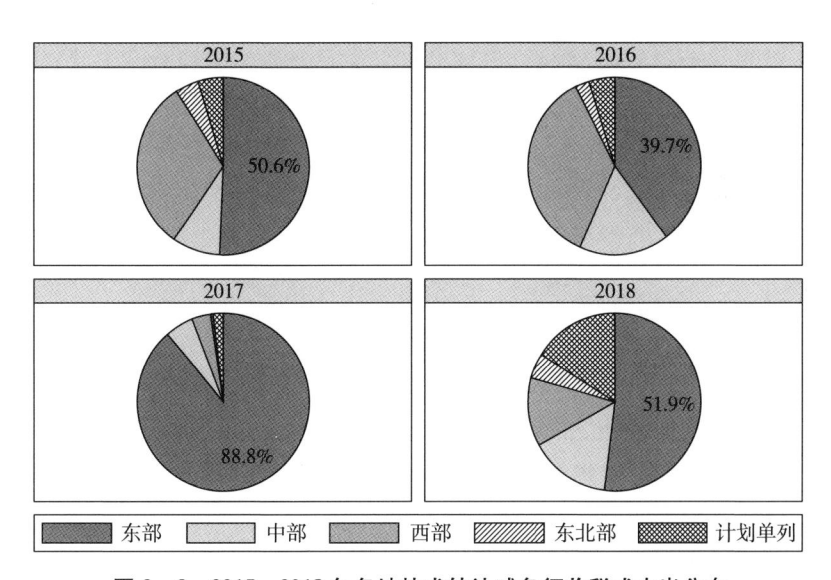

图 3—9 2015—2018 年各地技术转让减免征收税式支出分布

东部多、中西部少的分布情况,值得注意的是 2017 年东部地区出现异常增长,可能的原因是浙江省 2017 年支出额度大幅增长(由 2016 年 0.42 亿元增加到 2017 年 41.5 亿元),直接拉高了当年的总体分布。

五 2018 年研发激励税式支出分布情况

如图 3—10 所示,2018 年研发激励税式支出中,高新技术企业税率减免税式支出占比接近 50%,企业研发费用加计扣除税式支出占比约 30%,委托境外研发加计扣除占比不到 20%。三者合计占据了研发激励税式支出的 95% 以上,技术转让减免征收占比不到 1.5%,说明当前我国研发激励税式支出主要还是税率减免和加计扣除,产出激励的税式支出较少。当然,对产出激励的税式支出投入较少可能是由于技术转让发生频次相对较低,导致汇总额较低,也可能是当前对产出环节企业所得税的税收激励确立不足、重视不足。

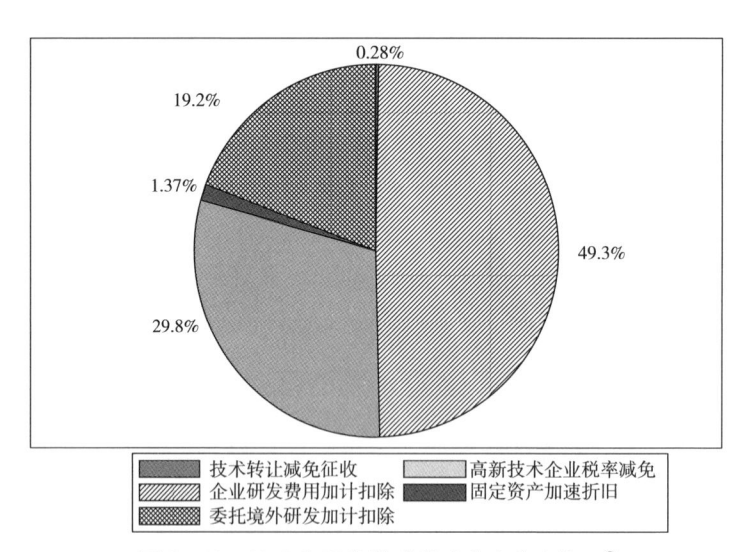

图 3—10 2018 年研发激励税式支出分布情况[①]

---

① 由于数据受限,2018 年固定资产加速折旧税式支出数据缺失,为便于比较计算,使用 2017 年数据予以替代。

第五节 完善研发激励税式支出的建议

本节从企业所得税视角，分析了激励企业研发的税式支出政策的现状，对其合理性进行论证，并结合国际经验对政策完善进行了若干探讨。最终得出如下结论与建议：

第一，继续完善激励研发的税式支出相关政策。当前我国主要科技指标和西方发达国家还有较大差距，而创新激励体系中税式支出的比重还不够高，未能充分发挥税收优惠的激励引导作用。

第二，探索建立地域性税式支出政策。仅就企业所得税税式支出规模而言，我国地区间存在较大的分布差异，体现为税式支出集中分布在东部地区、计划单列地区，而中部、西部和东北部地区分布较少。税式支出的分布差异虽然受地区间先天条件影响，但需要反思的是政策"一刀切"是否也加大了地域间分化程度，并进一步加剧了地区间税式支出的分布差异。能否探索基于地域的税式支出政策，以消解地区间差异的增长基础，这将是我国税式支出政策促进企业创新和平衡地区间差异的重要探索。

第三，建立跨期联动的税式支出产出评估体系。首先，我国税式支出激励在创新激励体系中占比逾50%，占经济体量接近0.1%，如此巨额的财政支出需要科学的绩效评估。其次，就所得税研发激励税式支出而言，排除高新技术企业税率减免优惠，对产出端的税收激励只占到所得税研发激励税式支出总额的1.3%，大量税式支出被投放到激励企业研发投入而非产出上，容易滋生税收支出资金的滥用和企业的低效利用。考虑到企业研发活动是长期进行的，研发产出短期内不可见、长期内不确定，建议设立跨期联动的税式支出评估体系。

第四，注重研发激励税式支出的税种间搭配与协调。以激励企业技术转让相关税式支出为例，本节着重探讨了对技术转让的企业所得税减免，并未探讨对技术转让过程中技术咨询、服务等增值税税式支出，而后者往往涉及企业技术转让众多环节，甚至能决定技术转让能否顺利进行。建立税种间税式支出协调机制，乃至建立财税、金融体系间协调互动的创新激励体系，是下一阶段深化服务型政府建设、打通研发激励税式支出政策落地"最后一公里"的关键一招。

第四章 推动基本公共服务均等化的财政支出政策

第一节 推动基本公共服务均等化的财政支出政策出台背景

作为社会主义的本质要求和中国式现代化的重要特征，共同富裕的实现对人民安居乐业、国家长治久安具有重要的意义。共同富裕并非"平均主义"，而是在国家宏观调控下实现国民经济的"均衡增长"。改革开放以来，我国实现了总量意义上的经济腾飞，但城乡之间、区域之间的发展水平和收入水平仍存在较大差异，保障社会公平愈加成为亟待解决的问题。

为了实现人民生活质量和幸福感的不断提升，促进经济社会长期向好发展，必须着力提升基本公共服务供给水平。党的十九届五中全会将基本公共服务均等化确定为实现共同富裕的重要内容，从顶层设计的角度回应了现实需求。

在社会主义市场经济条件下，财政具有调节收入分配、维护社会公正、优化资源配置、促进区域、城乡协调发展以及增进社会福利等重要作用，是实现基本公共服务均等化与共同富裕的重要手段。基本公共服务的提供与均等化水平与财政密切相关，不仅各项公共服务提供的目标与要求需要通过财政政策的制定和执行加以贯彻落实，基本公共服务均等化与共同富裕目标的实现同样需要相应的财力支撑。一方面，政府可以根据居民在公共服务方面的不同需求程度，通过财政一般公共预算安排基本公共服务项目支出，为居民提供相应的公共服务，让人民共享发展成果；另一方面，转移支付，尤其是纵向转移支付在平衡各地区间财力差距、调节城乡间、各层次群体间的基本公共服务差距等方面也发挥着重要作用，通过缩小差距促成更加合理的公共服务供给格局。

在实现共同富裕的道路上我们取得了许多阶段性成就，但在诸如公共教育、医疗卫生以及住房保障等方面的投入仍存在不均衡或不充分的问题，依旧是制约基本公共服务均等化与共同富裕目标实现的阻碍因素。本章后续侧重从这些领域的财政支出层面探讨提升基本公共服务均等化与推进共同富裕的优化路径。

第二节 财政推动基本公共服务均等化对实现共同富裕的作用

从具体实现上看，与民生相关的基本公共服务主要包括基本公共教育服务、基本医疗卫生服务、基本住房保障服务等，是典型的公共产品。为保障公共产品供给的可持续性、降低社会成本，基本公共服务的供给应当依靠中央和地方各级财政支持。以财政的力量推动基本公共服务供给的均等化，是在基本民生上实现共同富裕目标的重要途径。

从理论上看，共同富裕目标可以在微观个体收入和资产的层次上理解为全体公民财富积累（包括可支配收入和持有资产价值）的平均水平不断提高、极差缩小、各分位数之间的差值均衡下降，所有人的可支配收入和持有资产价值都超越自身实现"幸福生活"效用水平的最低要求。对每一位公民而言，与公共教育服务和医疗卫生服务供给紧密相关的受教育水平和健康水平，分别形成教育、健康两种最主要人力资本；住房作为一种产品，则具备必需品、耐用消费品、投资品的多重性质。因此，本研究分别考察财政推动公共教育均等化、医疗卫生均等化、住房保障均等化对实现"共同富裕"目标的作用与意义。

一 公共教育均等化积蓄共同富裕的长期驱动力

个人受教育水平与其进入劳动力市场后能获得的收入之间的关系长期受到关注,经济学理论和多数实证研究得到的共识是:个人受教育水平越高,其预期收入越高(Angrist and Krueger,1991)。从国内劳动力市场来看,要求应聘者受教育水平越高的岗位,对其技术水平要求越高,其薪资待遇和晋升前景往往更为优厚,这也使得受教育程度成为个体间收入不平等的重要影响因素。从个人的长期发展上看,教育水平与认知能力存在相互促进关系,而二者都有利于专业技术知识的积累和创新,因而更可能提高个人在生命周期内获得的总收入。此外,由于家庭对子女的影响,受教育水平还有可能在代际间形成传递和继承,也可能受到家庭收入水平的影响:受教育水平更高的父母具有更多成熟的经验可供孩子高效积累,因而更可能提高孩子的认知能力,继而促进其受教育水平的提高;受教育程度或收入更高的家庭,更有可能加大对孩子的教育投入,从而使其实现更高的受教育水平,继而获得更高的预期收入。总体而言,教育对个人收入有着一致的正向关系。

从区域发展的角度上看,平均受教育水平是当地人力资本水平的重要指标。根据 Romer(1986)和 Lucas(1988)提出的宏观经济内生增长模型,人力资本积累是实现经济增长的动力,而与劳动技术提升相关的人力资本积累又主要依靠教育完成。居民的平均受教育水平越高,意味着当地有更优越的技术研发知识基础,从而在长期上有更大潜力来实现生产技术水平和劳动生产率的提高。而教育的总投入水平和积累效率的差异,大大影响了区域发展的长期前景:教育总投入越低的地区,人力资本形成的上限越低,从而更难以实现技术进步和高水平劳动生产率;教育人力资本越高的地区,居民个人受教育水平越高，从而更容易继续提高自身或子代的受教育水平，进而使得该地区的人力资本积累效率越高，更有可能实现长期的经济增长。

包括义务教育在内的依靠财政资金支持的公共教育服务，是我国居民教育水平提升的重要来源，通过强制或激励的手段，保障公民最低受教育年限，为人力资本持续积累打下基础。实证研究表明，政府教育投入的差距影响了经济发展水平和人民收入。而均等化的公共教育服务则将"收入公平"作为重要目标，在普遍增加财政教育投入、提高整体教育服务水平、促进区域和全国人民整体受教育水平提升的前提下，缩小地域差异、城乡差异，让均衡性的教育投入弥补当地经济发展动力的不足，长期持续性地实现经济财富的共同积累。教育公共服务的均等化供给，是实现共同富裕的长期驱动力的积蓄。

二　医疗卫生均等化从风险控制上为共同富裕提供保障

健康是人从事一切生产活动的基础，与个人收入关系密切：健康水平越高，个人就更有能力保障工作效率，从而获得更高的收入；收入水平越高的个人，就越有能力投资于自身健康，并且越有意愿保持高的健康水平，从而使自己更加健康。根据 Grossman（2017）提出的健康函数，可以简单地将个人健康水平的影响因素分为出生时的初始健康、一生中对健康的投入以及疾病等原因导致的健康损失，而医疗卫生服务则是资金投入与健康之间的中介机制。针对妇幼保障、孕检等生育相关的医疗卫生服务投入能够提升个人在出生时的基础体质，即初始健康水平；疾病救治、预防、保健、营养等医疗卫生服务投入则能够直接提升健康水平、抵减或规避健康损失，改善个人健康状况。

基本公共医疗卫生服务是由财政资金负担的健康投入。根据现行规定，基本公共卫生服务项目包括 0—6 岁儿童、孕产妇、老年人、慢病患者等重点人群健康管理、中医药健康管理、居民健康档案管理、健康教育、预防接种、地方病防治、职业病防治、农村妇女"两癌"检查等。基本医疗卫生服务具有提高个人和公共健康水平的作用,具有基础性、普遍性和一定的强制性,能够有效地补充个人的健康投入。

推进医疗卫生服务均等化,就是以财政的力量保障居民普遍、均衡地实现更高的健康水平和更长的预期寿命,为个人分担疾病冲击带来的健康风险,并且为疾病救治提供保障,缓解健康损失导致收入减少或治疗费用导致财富损失的风险,是从风险控制上为共同富裕目标的实现提供保障。

三 住房保障均等化筑牢共同富裕的物质基础

"衣食住行"是人民生活的四大方面,而"居有所安"则是个人在一定区域从事生产工作、实现财富积累的重要先决条件。住房是建筑业的产品,从而具有产品的性质,并且是必需品、耐用品。商品性的住房还具有投资价值,是实物资产积累的重要方面,也可以为所有者带来一定的收入。

从区域经济发展的角度看,住房因素是汇聚人力资源、吸引外来人力资本的基础;对于迁移者而言,如果当地缺乏住房保障服务,则需要在商品房市场上选择购置房产或进行租赁,需要承担较大的支出压力,并且可能需要背负高额贷款,不利于收入公平的实现和财富积累。

因此,住房保障的重要意义在于,一方面,为有意愿在当地居住、纳税、生产的个人提供优惠和便利,使其安居乐业,并且减轻低收入群体的基础生活支出负担,促进社会公平;另一方面,住房保障降低了人口流动的门槛和壁垒,能够促进经济和社会资源的充分流动,从而提升资源利用效率、减少错配,进而实现高效发展。而均等化的住房保障服务,则要求区域间、城乡间实现住房保障的均衡匹配,弥补区域发展差异,平等获得发展机遇,公平竞争人才资源，实现宏观上的均衡发展，也在微观上促进市场主体的财富增长。以财政的力量促进住房保障均等化，是在物质准备上为实现共同富裕目标打牢基础。

第三节　新时代财政推动基本公共服务均等化的措施和成效

一　财政推动基础教育供给的措施和成效

本节分析财政在推动基础教育供给方面的措施与取得的成效。财政投入在基础教育领域持续增长，体现在国家整体财政教育支出、义务教育经费、生均预算内教育经费等方面均有显著提高。通过完善经费保障机制、实施"两免一补"、开展营养改善计划和寄宿生补助，财政有效促进了教育公平，缩小了城乡和地区间差距。同时，通过实施学前教育发展资金计划、中等职业教育资助和普通高中国家助学金政策，财政显著提高了教育资源供给水平。此外，财政对师资队伍的投入和结构优化也取得了积极效果。这些举措共同推动了教育公平与质量的提升，对缩小地域差距、提升人力资本水平以及实现共同富裕目标发挥了关键作用。

1. 财政推动基础教育供给的措施

（1）加大财政教育投入。加大财政教育投入是党中央、国务院高度重视的工作。"十三五"规划明确提出"一个不低于、两个只增不减"要求，即保证国家财政性教育经费支出一般不低于GDP的4%，财政和按在校学生人数平均的一般公共预算教育支出逐年只增不减。"十四五"规划中也提出继续坚持教育公益性原则，加大教育经费投入。

如图4—1所示，我国公共财政教育支出稳步增长，由2012年21242.1亿元逐步增长到2023年的41242.44亿元。各省份一般公共

第四章 推动基本公共服务均等化的财政支出政策

预算教育经费明显增长,如图4—2所示,2022年广东省一般公共预算教育经费增至超3000亿元。各级教育生均预算内教育事业费逐步增加,如图4—3所示,2022年全国普通初中生均预算内教育事业费较2012年增长逾一倍。

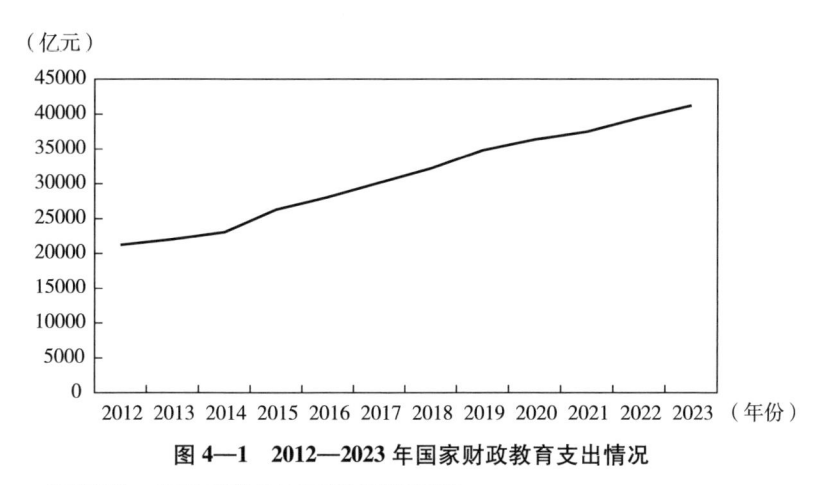

图4—1 2012—2023年国家财政教育支出情况

资料来源:根据国家统计局公开数据整理而得。

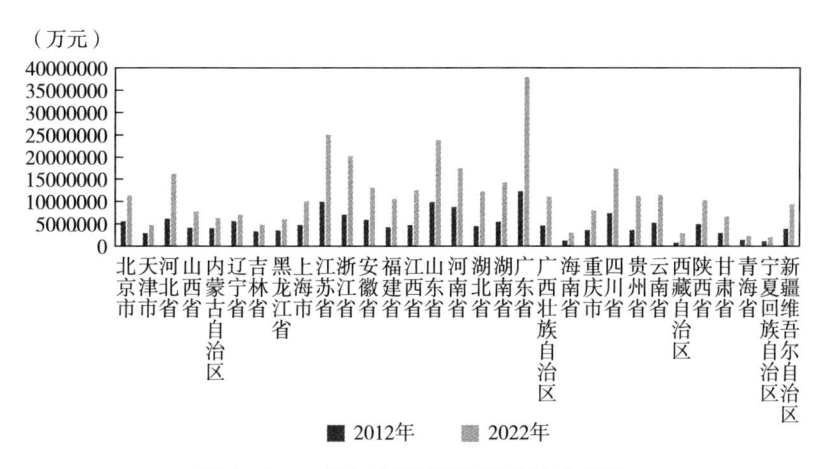

图4—2 一般公共预算教育经费变化情况

资料来源:根据国家统计局:《中国统计年鉴》公开数据整理而得。

81

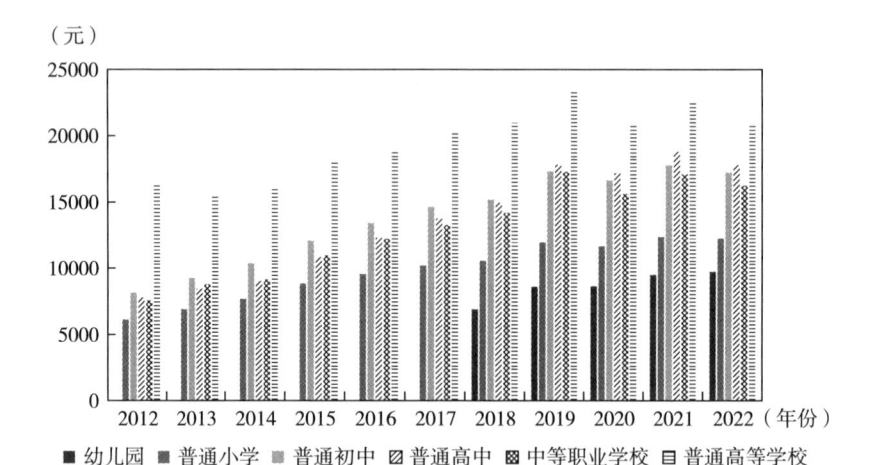

图 4—3　各级教育生均预算内教育事业费变化情况

资料来源：根据财政部全国教育经费执行情况统计公告公开数据整理而得。

（2）协助教育服务落实。"十三五"规划中指出，要推动基本公共教育服务体系基本确立，建成覆盖范围更广，城乡、地区间发展更加均衡的基本公共教育服务体系，补齐目前基本公共教育服务中存在的短板。在"十四五"规划中提出，要继续巩固义务教育体系基本均衡成果，构建高质量教育体系。

第一，义务教育领域。构建义务教育经费保障机制，义务教育阶段的学生的生均公用经费基准定额实现城乡统一。义务教育经费保障机制重点是保障农村义务教育经费，实现城乡义务教育经费保障机制统一。[①] 中央财政义务教育阶段支出不断增加，2021 年财政性义务教育经费增至 2.29 万亿元，义务教育阶段生均经费支出增加了近一倍。义务教育经费投入占国家财政性教育经费投入的一半以上。具体措施主要有以下几方面。

[①] 《国务院关于进一步完善城乡义务教育经费保障机制的通知》（国发〔2015〕67 号）。

第四章　推动基本公共服务均等化的财政支出政策

一是推动义务教育学校标准化建设，改善基本办学条件，缩小城乡、地区间办学条件差距，推进教育资源配置均衡发展。为缩小义务教育学校教育设施与教育条件在城乡、区域间的差距，解决边境、特困地区超大班额、校舍紧张等问题，中央财政通过投入4000多亿，带动了地方投入超过1万亿元，共计1.4万亿元参与实施了薄弱学校改造计划、初中工程等项目。为保障农村义务教育学校达到义务教育办学标准化要求，提高农村义务教育学校提供公共服务的水平，提升农村教师队伍整体素质，中央财政共投入710亿元，实行"特岗计划"，招聘特岗教师逾百万名；并通过将县镇、农村中小学的教职工编制标准提高到城市教职工编制标准维持乡村教师队伍稳定。

二是加大学生资助力度，推进"两免一补"落实。"两免一补"（免学杂费、免费提供教科书，发放生活补助给家庭经济困难学生）政策实现城乡家庭经济困难学生全覆盖。实施农村义务教育学生营养改善计划，每年3700万名农村学生受益，农村义务教育阶段学生长期膳食营养摄入不足情况得到改善。"十三五"规划中提出，农村义务教育学生营养改善项目要按照要求的供餐模式和形式，以安全、营养、卫生的标准落实。该计划实施以来，中央财政补助资金累计投入近两千亿元，每名学生每餐补助标准逐渐提高到5元。十年间监测评估数据显示，6—15岁学生的生长迟缓率由2012年的8%下降到2.3%。学生贫血率下降、膳食更为丰富营养，2021年，监测地区50.3%的中小学生吃畜禽鱼等肉类（包括猪肉、牛肉、羊肉、鸡肉、鱼虾等）的频率达到每周5次以上。每天喝牛奶等奶制品的中小学生由2014年的13.8%增长到近1/3。

三是不断提高寄宿生生活补助标准。寄宿生生活补助政策是帮助家庭经济困难学生接受义务教育、防止学生因贫失学辍学的一项重要措施。这一补助标准逐步提高，例如，甘南藏族自治州的农村义务教育阶段寄宿生生活补助标准最高可达约2000元；青海省农牧区的寄宿生补助标准每生每年提高到1500元左右。寄宿生生活补助范围扩大，寄宿生生活费补助资助范围于2017年起扩展到城市和农村家庭经济困难学生，基本实现资助全覆盖。截至2020年9月，全国义务教育阶段辍学的学生已经减少到2419人，基本解决因贫辍学的问题。[①]

第二，学前教育领域。中央财政通过"学前教育发展资金"支持和引导地方扩大普惠性学前教育资源，健全幼儿资助制度。[②] 2011—2021年间，"学前教育发展资金"共计受到中央财政1730亿元资金支持，并为规范和加强中央财政支持学前教育发展资金管理，提高资金使用效益，扩大学前教育资源，提高幼儿资助水平，并出台《中央财政支持学前教育发展资金管理办法》。[③]

第三，高中阶段与中等职业技术教育领域。一是供给中等职业教育国家助学金，扩大中职院校助学金覆盖面、提高补助标准。提供给中职院校的国家助学金的平均资助标准提高为每生每年2000元，所需资金由中央财政和地方财政按比例分担。2012—2021年间，中央财政共安排中职免学费、国家助学金资金1572亿元，其中，2021年资金安排相较2012年增长了超一半；2021年全国累计资助中等职业教育金额为332.70亿元，1796.69万中等职业教育学生受益。[④]

二是中等职业教育免除学杂费政策覆盖范围扩大。到2020年底，中职学校（包括技工学校）全日制在校生中免学费人数占比为94%，2020年免除学费范围新纳入了戏曲表演专业学生。

三是推动普通高中国家助学金工作，全面推进资助育人。提高

[①] 靳晓燕：《确保贫困地区义务教育有保障——改善教育面貌的格局之变》，《光明日报》2021年1月29日03版。

[②] 《中共中央 国务院关于学前教育深化改革规范发展的若干意见》（国务院公报2018年第33号）。

[③] 《支持学前教育发展中央财政10年间投入1730亿元》，《人民日报》（海外版）2022年5月13日。

[④] 全国学生资助管理中心：《2021年中国学生资助发展报告》，《人民日报》2022年8月28日06版。

确认资助对象工作的精确度,确保资助对象符合条件,做到需要资助的学生不遗漏。规范学生资助资金直达制度,加强资助资金管理监督,学生资助助学金通过学生资助卡发放。增加通过社会保障卡发放学生助学金渠道。全国学生资助管理信息系统更加健全,确保符合录入系统条件的家庭经济困难学生信息全部纳入,便利随迁子女享受教育服务。

四是免除公办普通高中原建档立卡等家庭经济困难学生的学杂费。2016年起,免除符合条件的家庭经济困难学生的学杂费。各省分别制定免学杂费标准,避免"一刀切",提高资助精确度。民办高中家庭经济困难学生也同样享受免学杂费政策。

(3)促进教育人才培养。中央财政通过加大对中央师范院校和师范专业的支持力度推动教师队伍建设和教师素质能力的提升。[1] 中央财政加大对中央师范院校、专业的支持投入力度,调整教师培养体系的经费支出结构。提高高校培养体系师范生的生均拨款标准,保障师范教育。通过到岗退费、公费培养等补贴方式,扩大教师队伍。

中央财政通过实施"国培计划""特岗计划"、银龄讲学计划、"三区"人才教师专项计划、乡村教师生活补助等项目和政策,支持地方持续加强农村教师队伍建设。中央财政累计投入超八百亿元支持实施"特岗计划",招募逾百万名"特岗教师"补充乡村教师队伍。"特岗教师"计划优化了乡村教师队伍在性别年龄学科等方面的不合理结构。中央财政累计投入28亿元,对"三区"人才教师专项计划[2]和银龄讲学计划[3]按人均2万元标准给予工作补助。乡村教师生活补助政策是稳定乡村教师队伍的重要措施。2013年以来,中央

---

[1] 《中共中央 国务院关于全面深化新时代教师队伍建设改革的意见》(国务院公报2018年第5号)。
[2] 自2013年开始,选择优秀教师到三区:边远贫困地区、边疆民族地区和革命老区支教一年。
[3] 自2018年开始,招募退休教师前往乡村、基层学校支教的计划。

财政共投入了约 300 亿元用于支持乡村教师的生活补助政策,每年有约 129 万名教师享受这一补助政策。

（4）优化财政教育支出结构。优化教育经费使用结构,科学规划教育经费支出安排。合理安排教育经费阶段性的目标和任务,合理布局学校规划和建设的经费支出。教育经费支出围绕立德树人和提高教育质量的目标,在重点保障义务教育经费支出的大前提下,经费安排向义务教育阶段前后延伸,着力构建全面的高质量教育体系,扩大普惠性学前、高中阶段、职业教育资源。教育经费支出重点放在家庭经济困难学生,实施教育脱贫攻坚行动。

完善教育经费投入机制,保障财政投入,扩大社会投入。通过完善教育财政领域内各级政府责任的划分,进一步完善教育领域转移支付制度,保障教育经费投入。[1] 到 2020 年,各区域内关于各级学校生均经费、财政拨款的基本标准和动态调整机制确立,进一步提高了教育经费支出的精准性。支持社会力量补充教育经费支出,通过完善政府补贴、税费减免等支持政策,积极引导社会力量加大对教育领域的投入,逐步提高社会投入比重。

2. 财政推动基础教育供给的成效

（1）缩小地域差距。各级政府秉持"大力推进教育公平"的原则,经过长期不懈努力,让我国基本公共教育服务不断向均等化发展,较大地缩小了地域间差距。党的十八大以来,我国义务教育阶段在实现全面普及的基础上实现了县域基本均衡发展。截至 2024 年 9 月,全国 2895 个县域完全实现义务教育均衡。人民群众"有学上"基本问题已经得到解决。[2] 有效缩小了县域内义务教育学校基本办学条件的校际差距与城乡差距。

---

[1] 《国务院办公厅关于进一步调整优化结构提高教育经费使用效益的意见》（国办发〔2018〕82 号）。

[2] 《教育部：全国 2895 个县域完全实现义务教育基本均衡》,央广网,https://news.cnr.cn/dj/20240926/t20240926_526918568.shtml,2024 年 9 月 26 日。

第四章　推动基本公共服务均等化的财政支出政策

财政在缩小教育成果的地域差距上有重大作用。财政通过财政资金投入，运用政府的手段进行公共资源配置，向全民提供基本公共教育这项公共产品，并能对低收入家庭和欠发达地区的儿童起到更大帮助作用。既有研究显示，生均公用经费在经济薄弱地区的农村对学生成绩的正向影响更为显著，且经费提高能够降低家庭经济收入对学生成绩影响，降低了教育结果不平等，展现出了教育财政投入对家庭教育支出的替代效应。

（2）提升人力资本。党的十八大以来，党和政府推动大量具有针对性的基本公共教育服务，有效提升了人力资本水平。在保障义务教育方面，全国九年义务教育巩固率不断提升，2023年，义务教育扩优提质进一步推进，九年义务教育巩固率95.7%。① 在提高个体健康水平方面，农村义务教育学生营养改善计划使儿童的营养状况逐步改善、膳食摄入更加丰富，体现为平均身高、体重逐步上升，生长迟缓或贫血的儿童逐步减少；校园供餐模式更为合理，健康教育更加普及，体现为农村学校食堂供餐率不断提高，软、硬件设施逐步完善，为促进均衡膳食奠定了良好基础。财政支出作为提供公共教育服务的重要抓手，为各项教育事业的贯彻实施提供了有力保障，对建设人力资源强国具有重大的意义。

（3）推动共同富裕。财政发挥支撑作用，保障教育服务的有效提供，较好助力公共教育促进共同富裕目标的实现。推动共同富裕意味着人民群众在物质生活与精神生活方面的全面富裕，教育的均等化发展是新时代下实现共同富裕的强大推动力量。巩固义务教育普及，提高高等教育入学率，全方面提高教育质量，是提高全民文化水平、丰富全民精神生活的重要途径。

---

① 《教育部：2023年九年义务教育巩固率再提升，达95.7%》，中国教育新闻网，http://www.moe.gov.cn/fbh/live/2024/55831/mtbd/202403/t20240301_1117764.html，2024年3月1日。

同时，实现共同富裕旨在针对城乡差距、地区差距、收入差距导致的贫富不均、社会分化等问题，而教育能够通过提升个人素质与技能水平缓解该问题。教育事业能够有效地阻断贫困代际传递，刘大伟（2020）研究指出，教育事业对改善绝对贫困以及相对贫困都具有显著正向效应，且教育对城镇地区相对贫困的改善能力明显高于农村地区。习近平总书记指出，"扶贫先扶志"①"扶贫必扶智"②。教育扶贫是脱贫攻坚的治本之策，推动教育事业稳步发展，对消除贫困，实现人民群众共同富裕有重大意义。

二 财政推动基本医疗卫生供给的措施和成效

1. 财政推动基本医疗卫生供给的具体措施

（1）加大补贴力度，支持"三医"改革。党的十八大以来，我国各地区各有关部门依照中央层面的决策部署，在提高基本医疗卫生服务供给、推动基本医疗卫生服务均等化的一贯目标下，进一步推进自2009年开始的新一轮医药卫生体制改革。根据《"十三五"深化医药卫生体制改革规划》③和《"十四五"国民健康规划》④等顶层设计的要求，各地各级财政对医疗、医保、医药"三医"联动的体制改革工作给予了基础性、强有力的支持，不仅加大了"三医"补贴力度，如图4—4所示，更在补贴的财政支出机制上进行了优化。

第一，在基本医疗卫生支出机制上，坚持和确立了市场在资源配置中的主体地位，建立和优化有效的医药和医疗服务价格调控机制。党的十八大后，我国逐步采取相应措施，统筹推进医疗卫生机构

---

① 习近平：《摆脱贫困》，福建人民出版社1992年版，第7页。
② 2015年10月16日，习近平主席在2015减贫与发展高层论坛上的主旨演讲。
③ 《国务院关于印发"十三五"深化医药卫生体制改革规划的通知》，《中华人民共和国国务院公报》2017年第3号。
④ 《国务院办公厅关于印发"十四五"国民健康规划的通知》，《中华人民共和国国务院公报》2022年第16号。

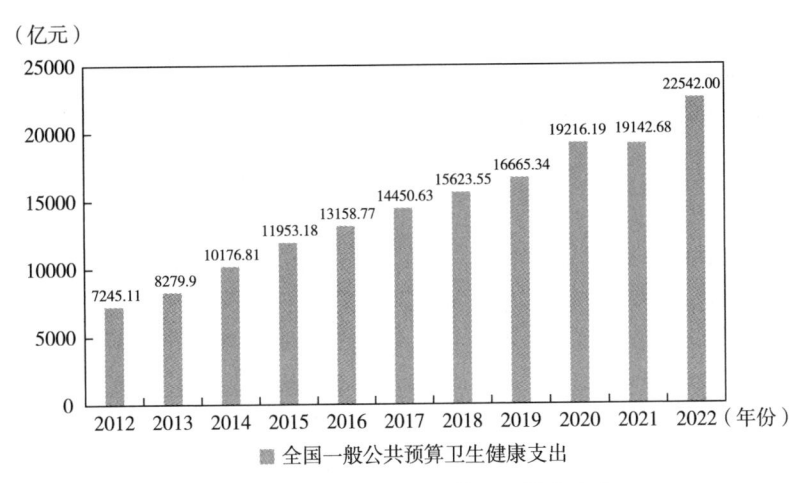

第四章　推动基本公共服务均等化的财政支出政策

（亿元）

图4—4　全国一般公共预算卫生健康支出

资料来源：根据中经网统计数据库公开数据整理而得。

综合改革，优化医药和医疗服务定价机制，建立有效的价格调控机制。第十八届中央委员会第三次全体会议进行的战略部署指出，健全网络化城乡基层医疗卫生服务运行机制，加快公立医院改革，建立健全人事薪酬制度，鼓励社会办医，社会资金可投向资源稀缺及满足多元需求服务领域。各级各地财政部门主要从三个方向优化"三医"支出：一是巩固完善基本药物制度和基层医疗卫生机构运行新机制，通过政府购买服务等方式鼓励非政府办基层医疗卫生机构实施基本药物制度，健全稳定长效的多渠道补偿机制；二是积极推进公立医院改革，控制医药费用不合理上涨，完善药品价格形成机制，督促落实医院财务会计制度，强化成本管理；三是支持和引导地方政府在相关领域改革方面给予社会资本办医优惠政策。

第二，在基础财政运行上，不断优化财政补贴的制度安排，与建立分级诊疗制度、县级公立医院综合改革等政策相配合。在"十三五"规划中，中央对健全基层医疗服务运行机制，提出以基层首诊为导向，构建"基层首诊、双向转诊、急慢分治、上下联动"的分级诊疗格局，并在2016年的重点工作安排中要求加快推进分级诊疗，通过政府购买服务等方式在70%左右的城市开展试点，推进家庭医生签约服务。① 为了进一步深化医改和推进分级诊疗格局，2017年，国务院发布《国务院办公厅关于推进医疗联合体建设和发展的指导意见》，提出开展医疗联合体建设，要求加大中央基建投资支持力度，加快补齐医联体发展短板，建立财政补助资金与绩效评价结果挂钩机制。党的十九大召开后，国务院强调了中央与地方财政事权和支出责任在医疗领域的划分，并在"十四五"中明确提出了地方项目按照东、中、西部地区30%、60%、80%的比例实行差别化补助政策。

第三，优化医保支付机制，与"去除以药补医"的"三医"改革目标相支撑。党的十八届三中全会指出，要取消以药补医，理顺医药价格，建立科学补偿机制，改革医保支付方式，健全全民医保体系。并在之后2013—2015年的工作安排中，提出巩固扩大医保覆盖面，城镇居民医保和新农合政府补助标准提高到每人每年360元以上，鼓励地方财政积极探索建立与经济发展水平相适应的筹资机制；深化医保支付制度改革，推行按人头付费和按病种付费的支付方式，并优化医保经办机构与医疗机构、药品供应商的付费机制，发展商业健康保险；将医保对医疗服务的监管延伸到对医疗人员服务的监管，建立健全考核评估和质量监督体系。"十三五"规划提出后，继续优化医保支付改革，健全医保筹资和报销比例调整机制，全面推行按病种付费为主、多种付费方式结合的改革制度和异地就医住院费用直接结算的城乡居民基本医疗保险制度。②

党的十九大以来，我国进一步深入医保改革，大力推进药品供应保障制度，并在2018—2022年的工作安排中提出，由财政部参与落实基本药物目录优化完善，持续推行按病种付费为主的多元复合

---

① 《深化医药卫生体制改革2016年重点工作任务》（国办发〔2016〕26号）。
② 《国务院关于整合城乡居民基本医疗保险制度的意见》（国发〔2016〕3号）。

式医保支付方式。

（2）健全和完善公共健康风险和突发事件应对支出机制。针对重大传染病等公共健康风险的防控，以及突发公共健康事件暴发后的应对机制，是党的十八大以来，尤其是新冠疫情暴发以来财政在医疗卫生支出上的重要工作。根据《"健康中国 2030"规划纲要》的要求，我国各地各级政府在中央的部署下，不断完善突发事件卫生应急体系，提高早期预防、及时发现、快速反应和有效处置能力。在 2020 年初新冠疫情暴发后，中央层面迅速建立了多部委协调工作机制平台"国务院应对新型冠状病毒感染的肺炎疫情联防联控工作机制"，统领全国的防疫政策，并进行财政、卫生系统的统一行动和调配。

在支出机制上，财政应对不断变化的公共健康形势，积极调整财政政策。2022 年 4 月 7 日，财政部、国家卫生健康委、国家医保局、国家中医药局、国家疾控局五部门联合印发了《关于修订基本公共卫生服务等 5 项补助资金管理办法的通知》，对财政应急支出机制进行了制度化的安排。其中，5 项补助资金管理办法包括：《基本公共卫生服务补助资金管理办法》《医疗服务与保障能力提升补助资金管理办法》《基本药物制度补助资金管理办法》《计划生育转移支付资金管理办法》和《重大传染病防控经费管理办法》。其中，《重大传染病防控经费管理办法》实施期限至 2023 年 12 月 31 日，提出了"合理规划，分级管理。按照健康中国战略和医改工作总体要求及相关规划，合理确定转移支付资金使用方向。具体任务由各级卫生健康、疾控部门分级负责落实"和"讲求绩效，量效挂钩。转移支付资金实施全过程预算绩效管理，建立绩效评价结果与资金分配挂钩机制，提高转移支付资金使用效益"的转移支付资金分配和管理原则。

在专项支出上，采取特殊的财政政策，包括应急政府采购、下达基本公共卫生服务和基层疫情防控补助资金等。2019 年 6 月 13 日，财政部、国家卫生健康委发布了《关于下达 2019 年重大传染病防控经费预算的通知》，要求各省、自治区、直辖市、计划单列市将财政预决算中原"公共卫生服务补助资金"项目拆分为"重大传染病防控经费"和"基本公共卫生服务补助资金"项目，以便实施扩大国家免疫规划。在抗击新冠疫情期间，中央财政不断加强对地方重大传染病防控经费的资金支持，采用提前下达的方式，努力保障地方疫情防控资金供给。其中，2020年1月，财政部、国家卫生健康委下达2020年基本公共卫生服务和基层疫情防控补助资金99.5亿元，加上已经提前下达的503.8亿元，中央财政安排基本公共卫生服务和基层疫情防控补助资金603.3亿元。[①] 按照要求，2020年新增的补助资金全部落实到乡村和城市社区，主要用于应对疫情防控工作，任何地方和部门不得擅自截留、挤占、挪用或改变资金使用用途。

（3）不断促进居民健康的提升。适应人口国情，配合生育政策，增强对妇幼健康保障体系的财政支持。对微观家庭而言，妇幼健康保障水平的提高，能够降低生育行为对孕妇造成的健康损失，并提高婴儿的初始健康水平。党的十八大后，我国坚持计划生育的基本国策，启动实施一方是独生子女的夫妇可生育两个孩子的"单独二孩"政策，逐步调整完善生育政策，促进人口长期均衡发展，并在2013—2015年的工作安排中提出，优化整合妇幼保健和计划生育技术服务资源，推进国家免费孕前优生健康检查项目，进一步强化出生缺陷综合防治，由财政部参与并落实。2016年1月1日，国家放开"二孩"政策，并在之后的工作安排中逐渐强调妇幼健康的重要性，投入资金加强儿科、助产等紧缺专业人才培养，提供从婚检、孕前检查到孕产期保健、儿童保健等覆盖生育全过程的基本医疗保健服务。

---

① 《国家卫生健康委2020年下达603.3亿元支持各地开展基本公共服务和基层疫情防控工作》，财政部官网，2020年1月27日。

第四章　推动基本公共服务均等化的财政支出政策

提高公共健康投入,在保障和提升居民健康水平的同时降低居民自行负担的医疗卫生支出。2016年,中共中央、国务院印发《"健康中国2030"规划纲要》,指出根据"健康优先、改革创新、科学发展、公平公正"的原则,提高公共健康投入,在保障和提升居民健康水平的同时降低居民负担的支出,落实到财政,要求健全支撑与保障,全面深化医药卫生体制改革,有效控制医药费用不合理增长;完善健康筹资机制,调整财政支出结构,加大健康领域投入力度,合理界定中央和地方支出责任;加强健康人才资源培训,创新人才使用评价激励机制;鼓励推动构建国家医药科技创新体系,并规范推动"互联网+健康医疗"服务改革。

2. 财政推动基本医疗卫生服务供给的成效

提高财政资金支出效率,一定程度上降低了居民的医疗卫生支出负担。党的十八大以来,我国医改取得初步成效,用于提供基本医疗卫生服务的财政资金支出效率也随之不断提升。根据《国务院深化医药卫生体制改革领导小组关于进一步推广深化医药卫生体制改革经验的若干意见》,直至2017年,全民医保制度基本建立,医保参保率稳定在95%以上,2016年城乡居民医保财政补助标准达到人均420元,全国1977个县(市)全面推开县级公立医院综合改革,公立医院综合改革试点城市扩大到200个,全国超过一半的县(市)开展了基层首诊试点,县域内就诊率达80%以上。根据2022年的工作安排,在医保支付方式改革方面,2022年将在全国40%以上的统筹地区开展按疾病诊断相关分组(DRG)付费或按病种分值(DIP)付费改革工作;在药品采购方面,预计2022年每个省份国家和地方采购药品通用名数合计超过350个;在推进医疗卫生行业综合监管制度建设方面,2022年力争覆盖所有二级及以上公立医疗机构和80%的政府办社区卫生服务中心、乡镇卫生院。"三医"联动的综合改革、医保报销比例的提升、医保支付机制的不断优化,在以制度改革提高财政资金支出效率的同时,也有效降低了居民自行承担的医疗费用。

  提高公共健康系统稳定性，保障了基本服务的持续供给。在"健康中国 2030"战略的指导下，中央和地方各级政府对重大传染病等公共健康风险和突发事件的应对能力不断加强，也极大地提高了我国公共健康系统面对传染病等冲击的抵御能力和自稳定性。在抗击新冠疫情期间，中央财政于 2020 年发行的抗疫特别国债资金 1 万亿元直达地方，有效缓解了公共健康服务需求快速增长对地方财政的冲击。此外，中央和各省级财政高度发挥了统筹职能，通过专项转移支付机制，灵活调拨财政资金，给予疫情形势严峻、财政支出压力大的地区以财力补助，有力地保障了各地基本公共服务的持续供给。总体而言，中央和各级地方财政共同提供的资金保障，是公立医院、疾控中心等机构得以在重大卫生事件冲击下，仍能持续履行维护公共健康职能，提供基本医疗卫生服务的基础。

  提高了居民健康投入和平均健康水平，降低健康类风险和疾病造成的健康损失。基于健康生产函数，财政通过完善妇幼健康保障，优化了调整健康筹资机制。我国扎实推进健康中国行动，确保完成阶段性计划任务，逐步落实覆盖城乡居民的中国特色基本医疗卫生制度，人民群众健康水平显著提升，人均预期寿命达到 77.93 岁，比 2010 年提高 3.1 岁，人民健康水平总体上优于中高收入国家平均水平[1]，圆满完成健康中国直至 2020 年的阶段性计划任务，预期在 2030 年达到 79 岁，婴儿死亡率、5 岁以下儿童死亡率、孕产妇死亡率分别从目前的 8.1%、10.7% 和 20.1/10 万，下降至 2030 年的 5.0%、6.0% 和 12/10 万，力争在 2030 年基本实现健康公平，主要健康水平进入高收入国家行列。[2]

---

  [1]《国务院深化医药卫生体制改革领导小组关于进一步推广深化医药卫生体制改革经验的若干意见》（国务院公报 2016 年第 33 号）。

  [2]《"健康中国 2030"规划纲要》（国务院公报 2016 年第 32 号）。

第四章　推动基本公共服务均等化的财政支出政策

三　财政推动基本住房保障的措施和成效

1. 财政推动基本住房保障的具体措施

（1）加大财政支持力度。第一，对于保障性住房建设，进一步完善补贴制度、扩大保障范围。"十三五"时期，2017年印发的《国务院关于印发"十三五"推进基本公共服务均等化规划的通知》对基本住房保障建设作出顶层设计，提出对公租房进行实物保障与租赁补贴并举，推进公租房货币化。同时，将支持保障对象通过市场租房，政府对其给予租赁补贴，租赁补贴的标准将结合市场租金水平和保障对象实际情况合理确定。公租房保障范围为符合条件的在城镇稳定就业的外来务工人员、新就业大学生和专业技术人员。财政资金对公租房的支持不仅在于建设，更在于完善基础设施，多方面满足人民群众的住房需求。2018年在下达中央财政城镇保障性安居工程专项资金的通知中，财政部明确提出支持公共租赁住房直接相关的道路、供电、供水、供气、供热等配套设施建设。截至2018年底，3700多万困难群众住进公租房，累计近2200万困难群众领取公租房租赁补贴，公租房发展取得了明显成效。然而仍存在公租房发展不平衡不充分的问题，部分大中城市公租房保障需求量大，但覆盖面较低。因此2019年颁布《关于进一步规范发展公租房的意见》，提出继续做好城镇中等偏下及以下收入住房困难家庭的保障工作、加大对新就业无房职工和城镇稳定就业外来务工人员的保障力度等。

进入"十四五"时期，《国家基本公共服务标准》（2021年版本）在公租房服务部分明确了将继续为符合条件的家庭提供公租房租赁补贴或实物保障，明确支出责任为市、县级人民政府负责，引导社会资金投入，省级人民政府给予资金支持，中央财政给予资金补助。2021年的《国务院办公厅关于加快发展保障性租赁住房的意见》进一步对保障性租赁住房发展做出规定，解决符合条件的新市民、青年人等群体的住房困难问题，指出保障性租赁住房由政府给予土地、财税、金融等政策支持，对其给予中央补助资金支持，同时也注重充分发挥市场机制的作用。

第二，对于城镇棚户区改造，各级政府通力合作，增加财政资金支持力度。"十三五"时期，城镇棚户区住房改造是建立健全基本住房保障制度的重点任务之一，2016年《关于进一步做好棚户区改造相关工作的通知》中提出，要多渠道筹集资金，加大对棚户区改造的支持力度，中央补助力度不低于前一年，省级财政也要增加投入，加大对财力困难市县棚户区改造工作的支持力度，地方政府债券筹集资金要继续向棚户区改造倾斜，各级财政部门要按照棚户区改造项目实施进度及时拨付资金。2017年提出要将棚户区改造与城市更新、产业转型升级更好地结合起来，加快推进集中成片棚户区和城中村改造，有序推进旧住宅小区综合整治、危旧住房和非成套住房改造，棚户区改造政策覆盖全国重点镇。完善配套基础设施，加强工程质量监管。[1] 2018年开始有序推进试点发行地方政府棚户区改造专项债券工作，探索建立棚户区改造专项债券与项目资产、收益相对应的制度，发挥政府规范适度举债改善群众住房条件的积极作用，为棚户区改造提供更多的资金支持。[2]

"十四五"时期，城镇棚户区住房改造仍是基本住房保障建设的重要环节之一，《国家基本公共服务标准》（2021年版本）中规定城镇棚户区住房改造的服务内容是提供实物安置或货币补偿，由中央给予资金补助，省级人民政府给予资金支持，市、县级人民政府负责并引导社会资金投入。2022年《中央财政城镇保障性安居工程补助资金管理办法》中提出部分中央财政城镇保障性安居工程补助资金将用于城市棚户区改造项目中的征收补偿、安置房建设（购买）和相关配套基

---

[1] 《国务院关于印发"十三五"推进基本公共服务均等化规划的通知》（国发〔2017〕9号）。

[2] 《试点发行地方政府棚户区改造专项债券管理办法》（财预〔2018〕28号）。

础设施建设等支出，资金规模由财政部会同住房城乡建设部根据财政收支形势、年度城镇保障性安居工程任务状况等因素确定。

第三，对于农村危房改造，补助重点突出，层次分明。"十三五"规划提出，农村危房改造需要合理确定农村危房改造补助对象和标准，优先帮助住房最危险、经济最贫困农户解决最基本的住房安全问题，按照精准扶贫、精准脱贫要求，重点解决建档立卡贫困户、低保户、农村分散供养特困人员、贫困残疾人家庭的基本住房安全问题。2022年相关政策提出在农村危房改造政策实施期内，中央财政设立用于支持地方开展农村危房改造的转移支付资金，补助资金实施期限至2025年底，随后根据绩效评估结果确定是否延续补助政策及期限[①]，资金用于农村低收入群体等重点对象农村危房改造、7度及以上抗震设防地区农房抗震改造以及其他符合政策规定的农村困难群众基本住房安全保障支出。

（2）税收减免与税费优惠。促进基本住房保障的稳步发展，除了增加财政资金支持力度，我国也采取了税收减免与税费优惠的措施。这些措施主要包括免收各项收费基金，免收土地出让收入、减免相关税收等，充分照顾保障性住房建设运营管理单位和低收入住房保障家庭。

第一，通过免税、减税政策支持公租房等保障性住房经营管理单位发展。财政部、税务总局于2019年发布有效期至2020年底的《关于公共租赁住房税收优惠政策的公告》，公告中明确，对公租房建设期间用地及公租房建成后占地免征城镇土地使用税，对公租房经营管理单位免征相关活动涉及的印花税、契税，对经营公租房所取得的租金收入免征增值税。这项公告是2014年《关于促进公共租赁住房发展有关税收优惠政策的通知》和2016年《关于公共租赁住房税收优惠政策的通知》的延续，我国对公租房建设的税收优惠政策已实施多年，为公租房的建设与发展作出了重要贡献。2021年印

---

① 《中央财政农村危房改造补助资金管理暂行办法》（财社〔2022〕42号）。

发《关于完善住房租赁有关税收政策的公告》，向个人出租符合规定的保障性租赁住房的住房租赁企业，增值税一般纳税人可以选择适用简易计税方法，按照5%的征收率减按1.5%计算缴纳增值税，小规模纳税人向个人出租住房，按照5%的征收率减按1.5%计算缴纳增值税。此外，企事业单位、社会团体以及其他组织向个人、专业化规模化住房租赁企业出租住房的，可减按4%的税率征收房产税。

第二，税收减免惠及受补贴个人、旧房捐赠者等多群体，多方位鼓励保障性租房蓬勃发展。对符合地方政府规定条件的城镇住房保障家庭从地方政府领取的住房租赁补贴免征个人所得税。捐赠、转让旧房作为公租房获得的收入也可享受税收优惠，企事业单位、社会团体等捐赠住房作为公租房，对其公益性捐赠支出在年度利润总额12%以内的部分，可以在计算应纳税所得额时扣除，超过年度利润总额12%的部分，可以结转以后三年内在计算应纳税所得额时扣除；个人捐赠住房作为公租房，对其公益性捐赠支出未超过其申报的应纳税所得额30%的部分，可以从其应纳税所得额中扣除。[①]

（3）规范相关财政资金使用。第一，专项资金和补助资金范围明确，有规可依。专项资金管理办法于2017年颁布[②]，城镇保障性安居工程专项资金由中央财政转移支付安排，用于支持各地发放租赁补贴、城市棚户区改造和公共租赁住房建设。2022年颁布了补助资金管理办法[③]，城镇保障性安居工程补助资金亦由中央财政转移支付安排，由财政部、住房城乡建设部按职责分工管理，补助范围为租赁住房保障、城镇老旧小区改造和城市棚户区改造，补助资金实施期限至2025年，期满后根据后续评估确定是否延续。

第二，专项资金和补助资金发放重视绩效评估、考虑特殊情况，

[①]《关于公共租赁住房税收优惠政策的公告》《财政部 税务总局关于公共租赁住房税收优惠政策的公告》。
[②]《中央财政城镇保障性安居工程专项资金管理办法》（财综〔2017〕2号）。
[③]《中央财政城镇保障性安居工程补助资金管理办法》（财综〔2022〕37号）。

充分发挥资金使用效率。专项资金向工作任务重、财政困难程度高和工作绩效好的地区倾斜，根据国家政策要求和城镇保障性安居工程需要，调整支出投向重点。专项资金管理办法中强调要注重绩效和强化监督，将绩效评价结果作为分配城镇保障性安居工程资金的参考依据，充分发挥财政部驻各地财政监察专员办事处财政预算监管优势，对专项资金管理实行全面监管。补助资金管理办法中规定了补助资金发放额的确定需要根据工作量大小、财政困难程度系数和年度绩效评价调节系数，并让补助资金向发生重大自然灾害等特殊情况的省份和需要重点支持或激励的项目与省份适当倾斜。

2. 财政推动基本住房保障的成效

党的十八大以来，我国以实现"全体人民住有所居"为目标，以财政资金方式在租、售、改、补等多种住房保障措施上发力，不断加大住房保障力度，拓宽支出范围，取得显著成效。

（1）住房保障支出规模扩大，中央支付力度逐步增大。自党的十八大以来，除极个别时期受疫情影响，规模有所缩减外，全国财政住房保障支出保持持续增长。2021年支出规模超过7000亿元，累计达58827.27亿元，除极个别时期受疫情影响规模有所缩减。2021年，中央在住房保障领域的本金支出超过600亿元，加上各类转移支付合计高达2328.42亿元，如图4—5所示。

（2）财政资金支出范围扩大，资金支持对象精准聚焦，住房保障形式呈现多样化。党的十八大以来，中央通过一般性转移支付、专项转移支付方式，支持保障性住房建设，关注重点从保障住房数量转变为提升住房质量，建设多种住房保障工程满足不同保障群体的住房需求。在一般性转移支付方面，设立中央财政城镇保障性安居工程专项资金，用于发放租赁补贴、建设公共租赁住房和实施棚户区改造、住房租赁市场发展等。在专项转移支付方面，设立中央预算内投资保障性安居工程专项，主要支持棚户区改造、公租房、老旧小区改造的配套基础设施建设。

（亿元）

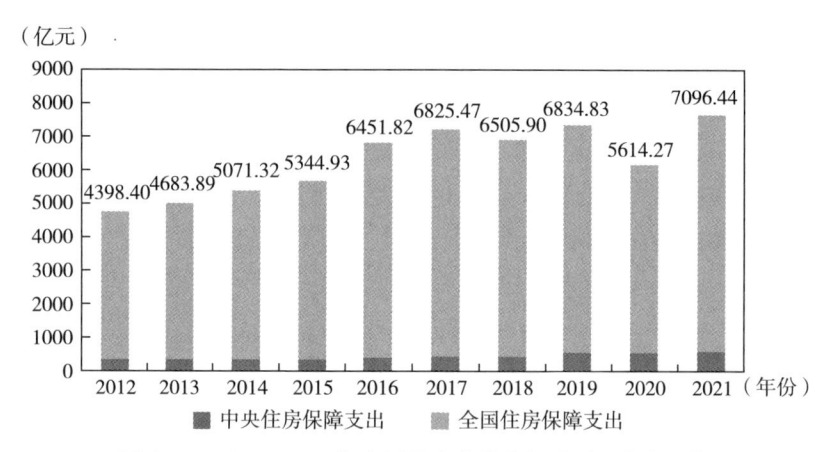

图4—5　2012—2021年全国及中央住房保障财政支出规模

资料来源：根据《中国财政年鉴》公开数据整理而得。

根据三年的住房保障支出结构变化显示，在老旧小区改造方面，自2019年城镇老旧小区改造工程实行以来，通过老旧小区改造试点扩大化、推广居民出资参与城镇老旧小区等方式，实现工程支出占比保持稳定且均超过45%的良好态势，累计改造老旧小区352万户、3.2亿平方米。在住房租赁市场发展方面，为解决符合条件无房新市民、青年人等群体的阶段性住房困难问题，在原有公租房保障和城市棚户区改造基础上发展住房租赁市场，试点城市从16个增加至24个。在棚户区改造方面，国家财政持续增加对棚户区的改造力度，在2016年至2020年间，地方公共财政支出用于保障性安居工程棚户区改造资金高达7062亿元，是"十二五"时期投资的1.78倍，有力地支撑了全国棚改累计开工超过2300万套，改善了5000多万住房困难群众的住房条件。① 此外，租赁补贴作为实物配租的过渡方向，提高住房配置效率。

（3）财政资金支付结构科学合理，支付节奏灵活有序，发挥再

---

① 王继源、胡国良：《发挥财政资金撬动作用，积极促进保障性租赁住房发展》，《中国发展观察》2021年第23期。

第四章　推动基本公共服务均等化的财政支出政策

分配作用。党的十八大以来，财政资金投入充分发挥引导性、保底性、撬动性作用，从图4—6、图4—7、图4—8可以看到中央拨付资

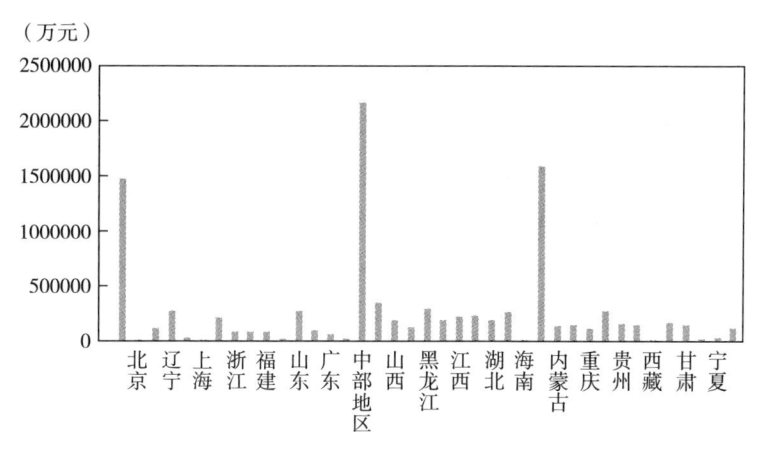

图4—6　2022年各地区中央财政城镇保障性安居
工程专项资金分配

资料来源：根据财政部公开数据整理而得。

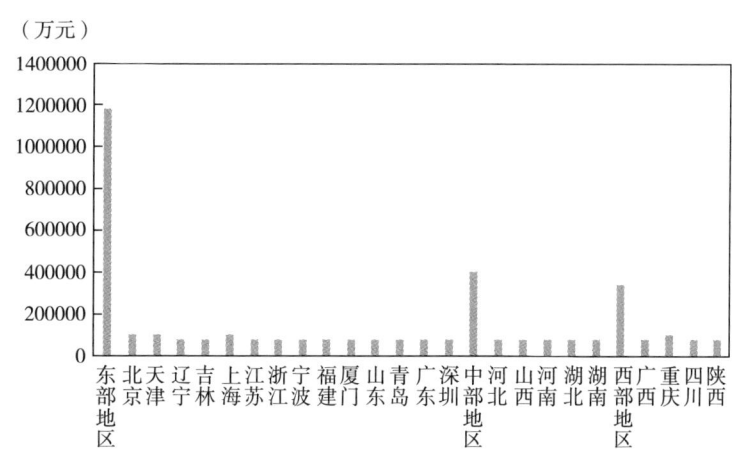

图4—7　2022年中央财政城镇保障性安居工程住房租赁
市场试点城市分布

资料来源：根据财政部公开数据整理而得。

（万元）

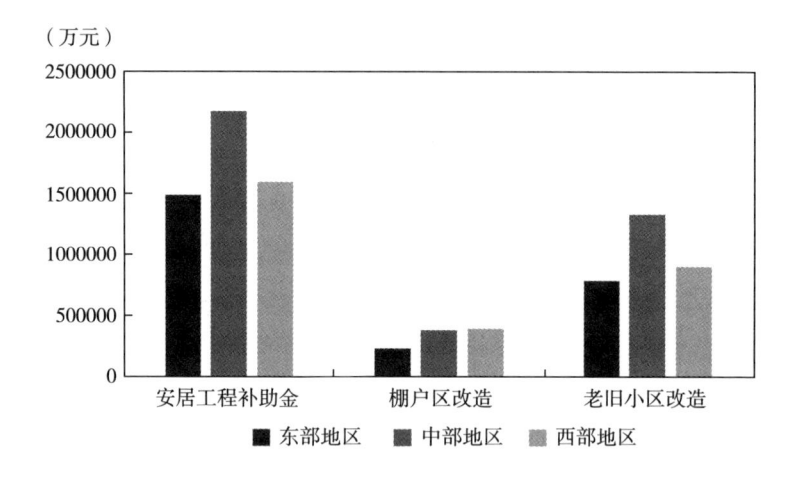

图4—8　2022年各地区中央财政城镇保障性安居工程专项资金分配

资料来源：根据财政部公开数据整理而得。

金在保证各地区合理发展基础上，在住房租赁市场发展中向经济发达地区倾斜，在棚户区、老旧小区改造工程中向中西部地区倾斜。

第四节　财政政策推动基本公共服务均等化的不足与优化建议

一　财政政策推动基本公共服务均等化的不足

1. 财政推动基本公共教育供给的不足

一是区域间、城乡间教育公平差异较大。目前我国教育质量仍然存在地域间差距。从区域上看，发达省份生均教育经费大幅高于欠发达地区。例如2021年全国普通小学生均一般公共预算教育经费为12380.73元，北京为35473.59元，大幅高于全国平均水平，而河南仅为7099.14元。从城乡上看，农村学校的初中生均公用经费低于中心城区学校，生均公用经费差异过大将使资源配置、师资水平、信息服务等方面形成差距，不利于教育公平。

二是学前教育保障不足，尚未形成"幼有所育"。2021年，全国学前教育毛入学率88.1%，普惠性幼儿园覆盖率为87.78%，尚有一定提升空间。学前教育服务提供不足将一定程度增加家庭的时间养育负担。同时，在金钱上，学前教育财政投入不足系列因素导致家庭分担成本过高，如2016年，家长承担的教育成本比例为47.8%，与同样属于非义务教育的普通高中阶段相比，学前教育阶段家长分担的教育成本比例是高中阶段的3.85倍（刘焱、郑孝玲，2020）。各级政府对学前教育的责任分担不明确，导致地方政府缺乏供给普惠性学前教育公共服务的能力与意愿。

三是教育财政投入的配置缺少对流动人口随迁儿童的把控。流动人口的随迁子女教育问题将会给流入地财政带来一定的支出负担，但目前流入地的地方财政经费负担加重尚无明确解决方式，例如2018年，地方财政实际承担随迁子女义务教育财政责任的比例在95%以上（吴开俊、周丽萍，2021），一定程度上促进政府采取系列措施阻碍随迁子女在当地就读，不利于随迁子女接受良好的义务教育服务。

2. 财政推动基本医疗卫生供给的不足

一是在公共健康保障体系上。对健康与收入的内生关系考量不足，应急保障体系不够完善，从"新型冠状病毒"防疫期间的经验看，仍然缺乏能够有效降低公共健康事件对公民个人造成的收入损失的财政支出机制。同时，财政应急支出体系不够公开，缺少群众和市场主体监督，防疫产品供给的市场化不足，也是可以继续改进的方面。

二是在居民健康保障体系上。生育保障体系仍存在不足，对生育的行为激励仍待改善；对老年人的基本健康服务水平亟待提升；在基本公共医疗卫生服务的提供上，对心理健康咨询、医疗检测、体检等基础性健康服务的重视程度不足。

3. 财政推动基本住房保障的不足

一是多方参与引导不足,建设资金筹措困难,主要依赖政府投入。目前,保障性住房资金供给主体主要为中央政府与地方政府,支出规模较大,给财政支出造成较大压力。作为服务供给主体,地方政府主要将资金直接用于工程建设和住房补贴,仅有杭州等部分城市将资金用于激励相关租赁企业。

二是相关配套基础设施供给投入不足,人居环境与居住质量有待提高。受到一、二线城市土地资源限制,保障性住房分布边缘,中低收入群体空间资源分配处于弱势地位,地铁等相关基础设施供给不足,尽管近年来基础设施供给得到一定保障,但保障性住房与商品房住户之间在基础设施使用方面仍存在使用、分配矛盾。

三是准入退出机制尚不完善,补助对象识别精度需提高。住房保障申请机制的监管水平需进一步提升,部分保障性住房申请者能提供伪造的申请材料获取保障性住房、享受税费优惠和其他补贴,导致财政资金、保障性住房资源利用不够充分。准入准退机制未能与住房保障建设紧密配合发挥合力作用。

四是受惠群体层次单一,"夹心层"家庭面临住房窘境。基本住房保障体系经过多年建设,已惠及低收入住房困难家庭等相对弱势群体,但是也有收入超出住房保障标准但又难以完全通过市场化渠道解决住房的"夹心层"家庭,受惠群体有待精准识别和扩大范围。

二 财政政策推动基本公共服务均等化的优化建议

1. 财政推动基本公共教育供给的优化建议

第一,继续加大教育财政资源向办学条件薄弱的地区倾斜投入。进一步降低区域之间与城乡之间的教育水平差距,制定公平、科学的财政投入政策,优化学校各类资源的分配比例,提高资源配置效率。优化在教育领域的财政管理水平,同步推进财政能力提高,推动现代教育财政制度建设。

第二，增强对中央财政专项转移支付的运用，发挥高层级政府在教育投入方面的带动作用。既有研究证实，教育服务的空间外溢性导致地方政府将本地自有财政收入投入教育领域的激励不足，而中央专项转移支付能带来更大的地方财政支出激励，有利于提高当地居民长期受教育水平。各级政府应在基本公共教育领域的事权和支出责任清晰划分的前提下，进一步完善财政转移支付制度对共同事权的激励作用。

第三，逐步推进将普惠性学前教育纳入基本公共服务范畴，统筹协调公办幼儿园和普惠性民办幼儿园一体化发展。当前财政在学前教育上的投入总量不足，使得生均财政拨款较低，普惠性学前教育的公共服务资源较为紧缺。今后可逐步加大政府对学前教育的财政投入，考虑逐步推进将普惠性学前教育纳入基本公共服务的范畴。在具体事项上，各级财政之间应注重厘清财政事权和支出责任，明确各级政府及不同职能部门在普惠性民办幼儿园财政补助、园舍改扩建等普惠性学前教育事权中的具体职责，为各级政府的事权划分与执行提供依据。用政府的力量提供较为公平、更加均等化的学前教育资源，逐步解决存在多年的"入园难""入园贵"的问题。

第四，加强对流动人口随迁子女义务教育财政责任的分配研究。保障流动人口随迁子女享受教育权利是政府应尽的责任。政府应进一步划分清中央和地方政府之间的财政支出责任边界，对随迁子女教育成本进行央地支出分摊比例的合理确定。基层政府应该将随迁子女的教育财政支出责任适度上移，避免基层政府财政支出负担过重，人口流入省应承担省级统筹职责，中央财政进行适当补贴。

2. 财政推动基本医疗卫生供给的优化建议

第一，加强医疗卫生保障体系建设。在总量上，仍然需要加大财政对人民医疗卫生支出的补贴和支持力度，为企业和家庭缓解支出压力。针对人口发展趋势，有取舍地调整医保报销范围和报销比例，在财政可持续运行的条件下，进一步探寻扩大医保报销药品目录、优化医药谈判机制的可行性，减轻市场主体的支出负担。

同时，重视医疗保障体系对财政造成的支出压力，对医保基金的收支规模进行短期、中期、长期的规划，设置增长目标，保证公共医疗服务体系的平稳运行。

在资金使用上，做到"开源节流"，探索和推进医保基金市场化运营的可能性，结合国家金融体系和社会资本的力量，提高医保基金的投资运营效率，促进省级统筹管理，减轻地方财政的补贴性支出压力。

在结构上，促进医疗服务市场化定价，降低财政支出对社会资本的挤出效应，进一步梳理央地财政关系，实现省级统筹，明确事权财权划分，完善省以下分担机制，将适宜由更高一级政府承担的基本医疗卫生服务支出责任上移，避免过多增加基层政府支出压力。

第二，进一步完善公共健康保障体系。在新冠疫情冲击之后，应当继续完善财政的应急保障体系，在基层建立较为完备的重大公共健康事件的联防联控机制，并确定相应财政支出的制度安排。深入总结疫情防控经验，完善财政应急支出机制，从微观角度改良制度设计，降低公共健康事件对市场主体造成的收入损失。

此外，还需要提高财政透明度，加强社会公众监督，贯彻应急防控机制下的财政支出公示制度，尤其是加强应急政府采购的公开性。在公共健康产品的供给中引入竞争机制，降低垄断、寻租等行为造成的制度成本。

第三，健全居民健康保障体系。加大对妇幼保健事业的投入，关注对孕产妇和婴幼儿的健康教育投入，立足于老龄化趋势现实，建立社区医疗等新型健康服务模式、提供公共心理健康服务，完善相关制度设计、探索公共提供全方面、全生命周期健康服务的可能性和机制。

3.财政推动基本住房保障的优化建议

第一,优化支出结构,引导多主体供给,明确政府提供基本保障定位。在"房住不炒"的定位下,调整支出结构,引导市场由购房逐步向租房转变,形成长期租赁市场,鼓励诸如住房租赁企业、非营利机构、农村集体组织、机构投资者以及个人等新兴主体参与租赁市场,保护租赁利益相关方合法权益,激励专业化、机构化住房租赁企业发展。

第二,优化支出范围,资金引导、衔接多层次住房需求相互适应,合理保障中低收入群体居住权利。在保障性住房集中区域加强对市政、交通、公共服务等配套设施规划、建设支持。鼓励商品房小区与保障房小区之间,在加强社区自治的前提下,实现部分类型设施共享,提高基础设施利用效率,实现不同住户的需求衔接。

第三,建立科学完善的准入退出机制,杜绝投机行为。需要建立严格科学的申请准入退出机制,保障住房资源的公平性和合理性。完善保障性住房分配准入与退出机制的法律规章和政策文件,严格明确保障性住房体系覆盖的家庭范围,引入信用评估指标体系,多方面取证申请人申请行为的合理性;严格防范准入与退出机制执行过程中的寻租和暗箱操作行为,准入与退出过程应公开透明,全程监督。

第四,针对不同收入群体分层施策、分类提供补贴与优惠。按照分层施策、分类提供的基本原则构建新时代新型住房供应体系,对于低收入住房困难家庭,由政府提供具有福利性的住房来保障其基本住房需求,如直接提供公共租赁住房、发放货币化租赁补贴等;对于中等收入家庭特别是收入超出住房保障标准但又难以完全通过市场化渠道解决住房的"夹心层"家庭,政府通过发展有效的住房租赁市场、政策支持合理自住购房等多种形式来支持其享有基本居住条件;对于高收入家庭,让其通过健康有序的住房市场解决住房问题,并逐步提升居住品质。

第五章　面向主体功能区战略的国土空间治理配套财税政策

第一节　我国国土空间规划治理背景

1978年改革开放之后，以区域效率优先模式代替区域均衡模式，我国不同区域进入差异化发展阶段，东西部地区经济差距拉大（刘秉镰等，2019）。东部地区作为对外开放的主要窗口区域，其资源承载能力显著增强，受益于先天的沿海位置优势和后天的国家重点工作扶持，快速成长起京津冀、长三角和珠三角三个中国经济发展的增长极。相对于中西部地区，东部地区开放型市场经济发展更加成熟，科技创新实力雄厚，是改革的"示范区"和"试验田"，走在经济发展的前列。但经济高速增长的同时也为东部地区带去很多城市发展弊病。第一，大量人口迁移到东部城市，以北上广深为典型代表，交通拥堵、住房困难、环境恶化、社会不稳定因素上升等大城市弊病在东部城市频繁上演，并对社会治理水平提出了更高的要求。第二，受传统粗放型生产方式的影响，过度的经济增长导致东部地区环境状况严重恶化，水资源、大气资源、土壤资源等污染严重，资源承载能力下降，同时传统的经济发展模式引发产能过剩与市场需求不匹配的矛盾，经济结构亟待转型。第三，过快的城镇化使得城市建设用地迅速扩张，加之地方政府的"土地财政"发展模式，推高城市房价，东部地区面临严重的土地使用矛盾。对于中西部地区而言，经济发展长期落后于东部地区，一方面，在资本、技

第五章 面向主体功能区战略的国土空间治理配套财税政策

术等要素向东部地区流动的发展背景下,中西部地区在人口、资本等要素禀赋中相对短缺,整体经济开发建设密度较低,仍存在较大的发展空间;另一方面,中西部地区拥有大片戈壁沙漠,并且是黄河、长江两大水系的重要水源涵养地,承担着重要的生态保护功能,生态恢复能力相对脆弱,而在追赶东部经济发展的过程中,受到重工业重点布局区位的区域规划影响,中西部地区面临着矿产资源乱开乱采、土地盲目开发等资源环境问题。

如图5—1所示,自2010年以来,中国基尼系数始终高于0.4的水平,处于收入分配差距较大的阶段,2015年有下降趋势,2022年再次上升,这与中国经济增长和区域发展不均衡密切相关。从各年年底总人口数据来看,如图5—2所示,东、中、西和东北四大区域人口比重未发生太大变化,东部地区是人口承载的主要区域。从区域生产总值的情况来看,如图5—3所示,东部地区是拉动GDP增长的主力军;如图5—4所示,区域人均纯收入比重结构与GDP结构存在区别,东北地区收入情况超过中、西部地区。从区域财政收支情况来看,如图5—5所示,四大地区均出现财政赤字,并存在持续

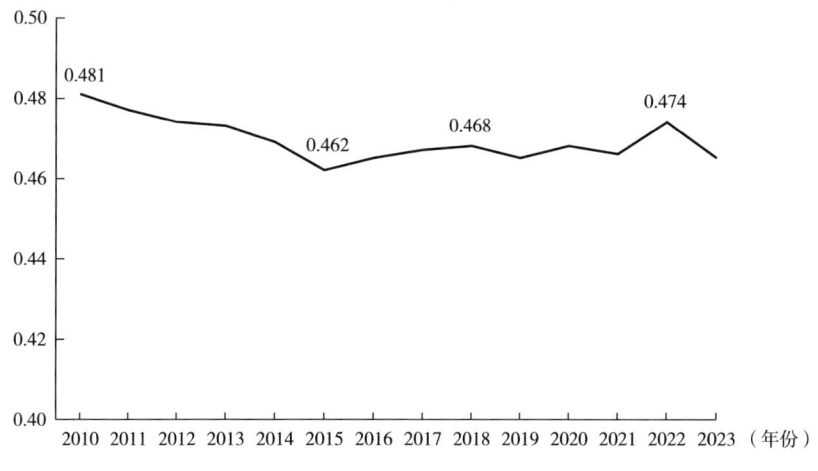

图5—1 2010—2023年中国基尼系数情况

(万人)

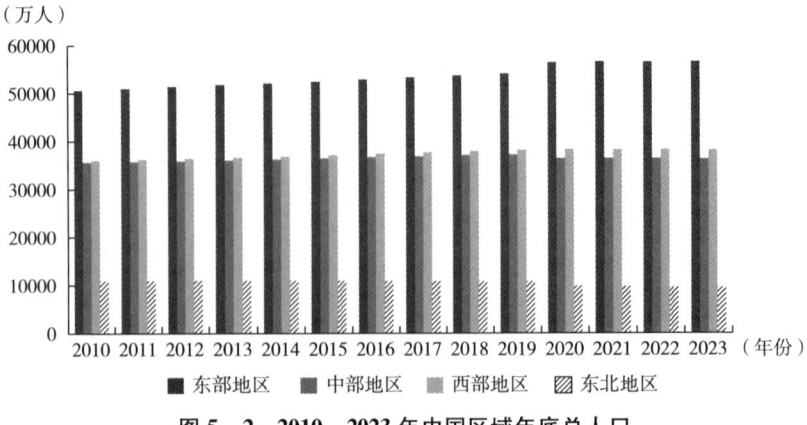

图 5—2 2010—2023 年中国区域年底总人口

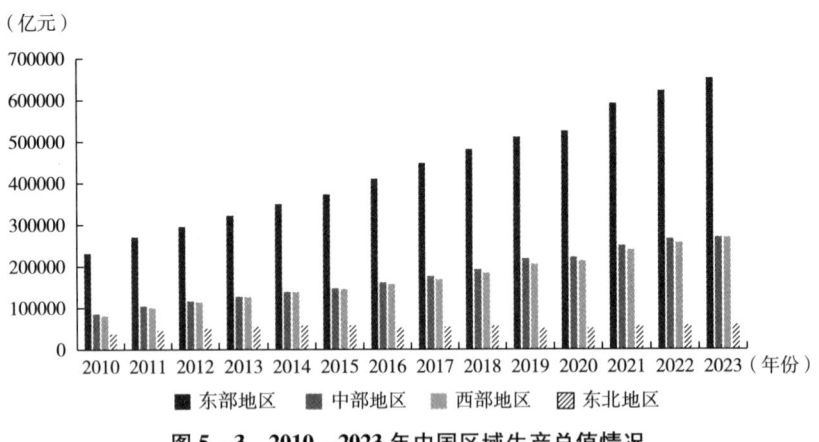

(亿元)

图 5—3 2010—2023 年中国区域生产总值情况

扩大的迹象，反映了地方政府目前较为紧张的财政局面；如图 5—6 所示，由于西部地区有大量重点生态功能区，生态环境比较脆弱，各区域接受的中央财政转移支付以其额度最高。本节用第三产业产值与第二产业产值之比代表区域产业结构，如图 5—7 所示，可以明显看出各区域内产业结构的优化中，西部地区和东北地区的优化效果最为明显。从教育的角度来看，如图 5—8 所示，各区域内普通高

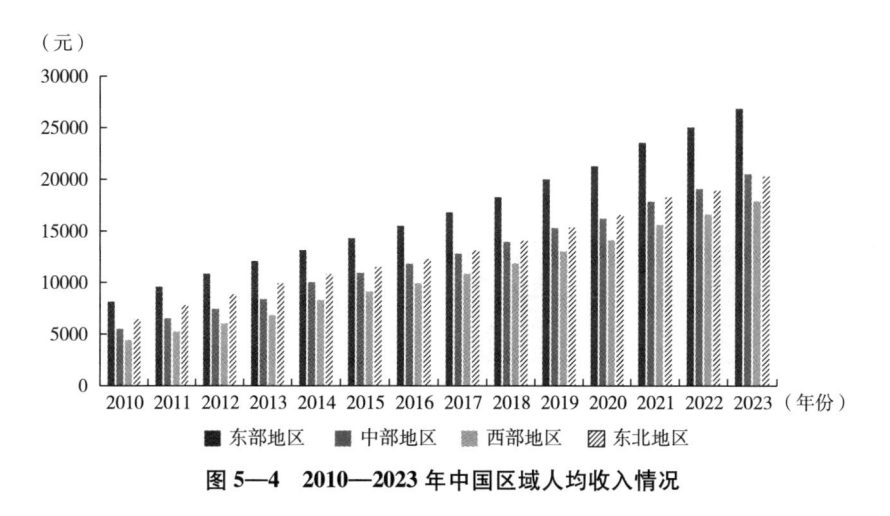

第五章　面向主体功能区战略的国土空间治理配套财税政策

图 5—4　2010—2023 年中国区域人均收入情况

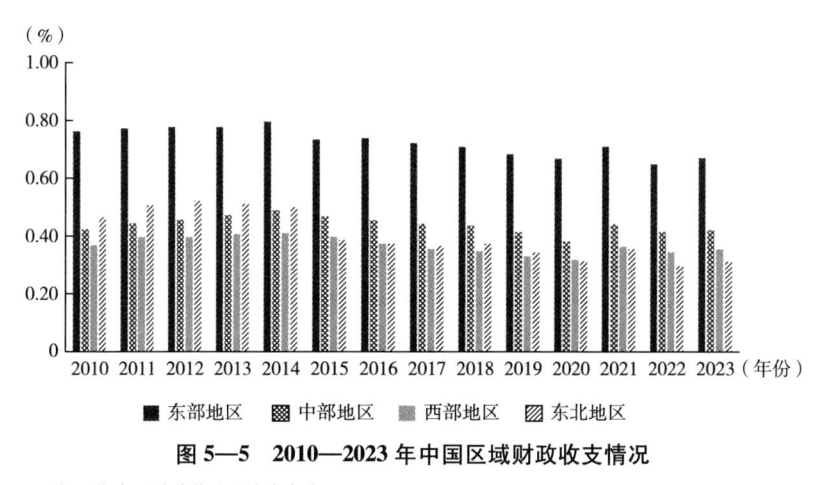

图 5—5　2010—2023 年中国区域财政收支情况

注：收支=财政收入/财政支出。

等学校数量较为稳定，但区域间教育资源差距较大。从环境的角度来看，如图 5—9 所示，虽然十年间中国二氧化硫排放量大幅下降，但西部地区二氧化硫排放量一直居于首位。

在这种发展背景下，如何实现区域平衡发展并提高发展质量是新时代下的重要课题。东部城市发展逐渐饱和、环境污染突出、城市

中国特色财政理论与政策研究

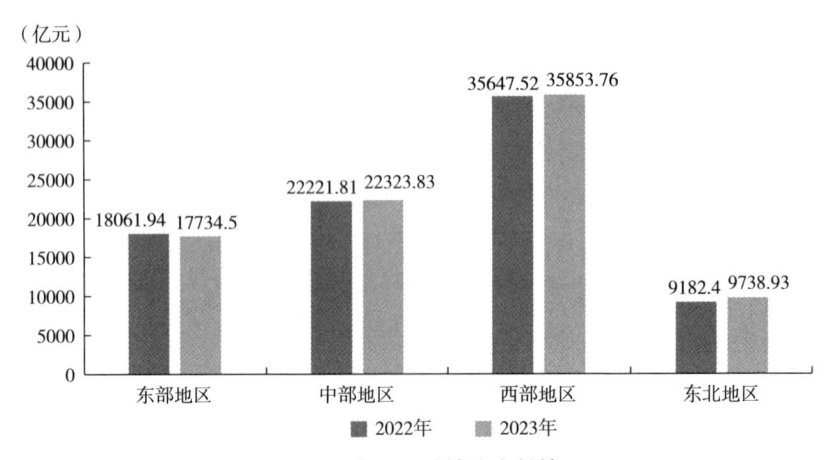

图 5—6 中国区域转移支付情况

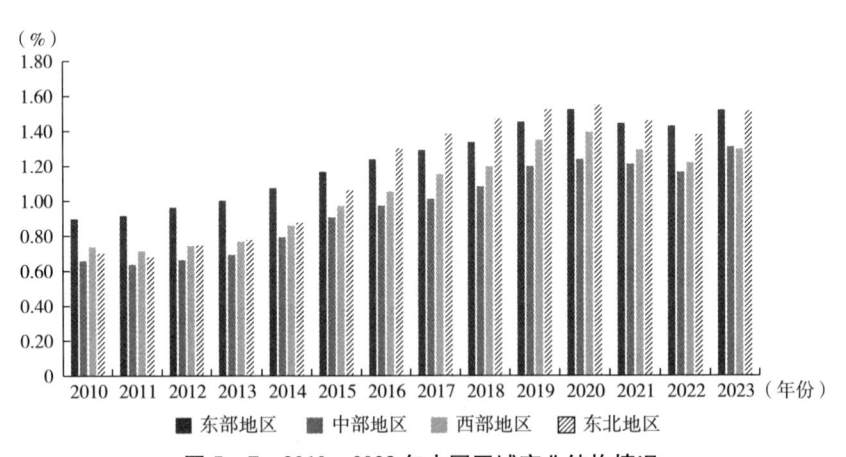

图 5—7 2010—2023 年中国区域产业结构情况

注：产业结构＝第三产业产值/第二产业产值。

病凸显，中西部城市发展潜力尚大、生态功能脆弱，除此之外，经济高质量发展对空间特点的要求更加精细。区域内部发展不平衡的问题要求对空间规划进行更加细致的划分，以行政关系作为空间规划依据的传统方式不再适应时代发展新要求。党的二十大明确提出"促进区域协调发展，深入实施区域协调发展战略、区域重大战略、主体功能区战略、新型城镇化战略，优化重大生产力布局，构建优势

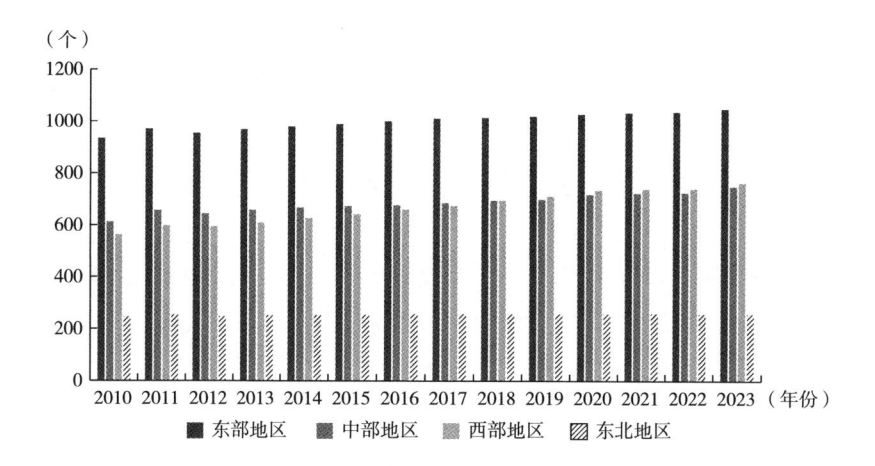

第五章　面向主体功能区战略的国土空间治理配套财税政策

图 5—8　2010—2023 年中国区域普通高等学校数

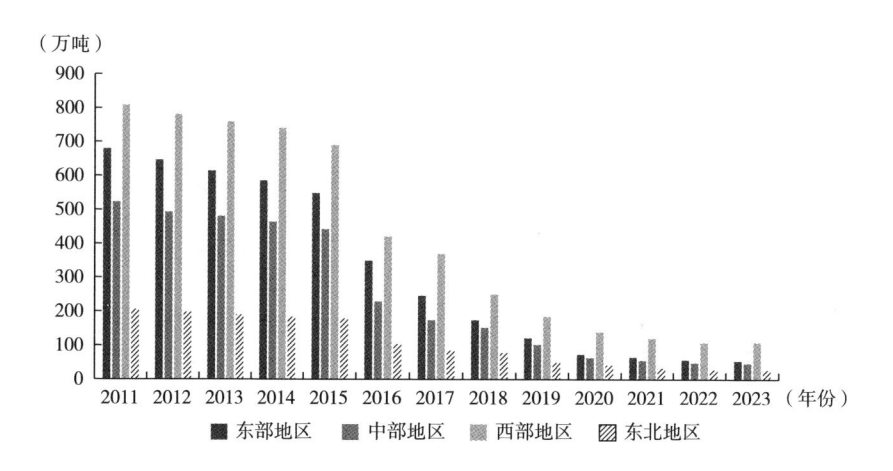

图 5—9　2011—2023 年中国区域二氧化硫排放情况

互补、高质量发展的区域经济布局和国土空间体系"。《中共中央关于进一步全面深化改革 推进中国式现代化的决定》则提出"健全主体功能区制度体系，强化国土空间优化发展保障机制。"可见，以主体功能区对国土空间进行重新布局，突破了行政单元的束缚，综合考量资源承载、开发密度、建设潜力等多元因素，是解决国家层面资源要素、经济发展所面临的结构性矛盾的重要路径。

第二节 我国主体功能区战略实施历程

2006年，在国家"十一五"规划中，"主体功能区"的概念被首次提出，结合地理学、经济学、生物学等多学科理念，基于不同区域的资源承载能力、现有开发程度以及未来发展潜力，将我国国土空间划分为优先开发、重点开发、限制开发和禁止开发四类主体功能区。2011年，《全国主体功能区规划》（以下简称《规划》）正式对外公布，是中华人民共和国成立以来我国第一份全国性国土空间开发规划，是国土空间规划管理工作的重大创新，也标志着我国国土空间规划工作进入新的发展阶段。如表5—1所示，《规划》系统全面地总结了我国地形、气候、植被等自然状况、综合性国土空间特点以及目前面临的突出问题和发展趋势，对主体功能区的相关概念进行了界定。在一定的国土资源空间范围内通常拥有多种功能，但必有一种主体功能。主体功能区所代表的主要是各地区的核心功能，核心功能不同使得地区之间相互分工，承担起国家高质量发展的不同任务，有负责支撑经济发展的经济功能，有负责保障粮食安全的农业功能，有负责保护生态环境质量的生态功能。根据《规划》，按开发方式将国土空间分为优化开发区域、重点开发区域、限制开发区域和禁止开发区域；按开发内容，则分为城市化地区、农产品主产区和重点生态功能区。前者主要基于不同区域的资源环境承载能力、现有开发强度和未来发展潜力，以及如何进行大规模、高强度、工业化、城镇化开发为基准进行划分；后者则主要依据提供主体产品的类型进行划分。《规划》中提出了6项全国陆地国土空间开发的规划指标，分别包括开发强度、城市空间、农村居民点、耕地保有量、林地保有量、森林覆盖率等，制定了以2020年为主要

第五章 面向主体功能区战略的国土空间治理配套财税政策

目标时间的具体发展规划。

表 5—1　《全国主体功能区规划》重点概念解析

	按开发方式划分		按开发内容划分
优化开发区域	经济比较发达、人口比较密集、开发强度较高、资源环境问题更加突出的地区。	城市化地区	以提供工业品和服务产品为主体功能的地区，也提供农产品和生态产品。
重点开发区域	有一定经济基础、资源环境承载能力较强、发展潜力较大、集聚人口和经济条件较好的地区。	农产品主产区	以提供农产品为主体功能的地区，也提供生态产品、服务产品和部分工业品。
限制开发区域	分为两类：一是农产品主产区，即耕地较多、农业发展条件较好，以增强农业生产为核心任务；二是重点生态功能区，即生态系统脆弱或生态功能重要、资源环境承载能力较低，必须把增强生态产品生产能力作为首要任务。	重点生态功能区	以提供生态产品为主体功能的地区，也提供一定的农产品、服务产品和工业品。
禁止开发区域	依法设立的各级各类自然文化资源保护区域，以及其他禁止进行工业化城镇化开发、需要特殊保护的重点生态功能区，包括国家级自然保护区、世界自然文化遗产等。		

2012 年，党的十八大报告中明确将主体功能区规划上升为主体功能区战略。2013 年，国家发展改革委印发《贯彻落实主体功能区战略推进主体功能区建设若干政策的意见》（以下简称《意见》），为进一步深入实施主体功能区战略，完善相关配套政策，提出引导优化开发区域提升国际竞争力，促进重点开发区域加快新型工业化城镇化进程，提高农产品主产区农产品供给能力，增强重点生态功

能区生态服务功能，加强禁止开发区域监管，合力推进主体功能区建设。2015年，国务院印发《全国海洋主体功能区规划》，作为《全国主体功能区规划》的重要组成部分，主要为我国内水和领海、专属经济区和大陆架及其他管辖海域（不包括港澳台地区）提供基础性和约束性规划。2017年，国务院印发《全国国土规划纲要（2016—2030年）》（以下简称《纲要》），其中体现了《规划》中6项指标在2015年的中期评估情况，各项指标整体进展良好但完成进度不一，相较于开发强度和农民居住点两个指标，剩下4个指标的完成度更加客观。另外，在《规划》的基础上，《纲要》增加了用水总量、草原综合植被盖度、湿地面积、公路与铁路密度、全国七大重点流域水质优良比例、重要江河湖泊水功能区水质达标率和新增治理水土流失面积7个指标，将未来工作规划延长至2030年。在全国国土空间规划的指引下，省级层面依据"三区三线"划定市县级主体功能定位，市县级层面一方面精细化落实上级主体功能区战略规划；另一方面精细化部分乡级区域规划，完善配套政策，实现主体功能目标精准落地。北京市立足《全国主体功能区规划》确定的整体功能定位，对全市功能区进行优化、细化和完善，将全市国土空间划分为首都功能核心区、城市功能拓展区、城市发展新区、生态涵养发展区四类功能区域和禁止开发区域。天津市根据国家对其划定的城市定位和主体功能区要求，基本形成优化发展区域、重点开发区域、生态涵养区域和禁止开发区域四类区域，旨在优化市级层面空间结构。此外，河南省、吉林省、青海省等省份相继结合地区发展特色和全国功能定位制订本省主体功能区规划。如表5—2所示，"十一五"时期，我国提出推动形成主体功能区；"十二五"时期，提出实施主体功能区战略；"十三五"时期，提出加快建设主体功能区；"十四五"时期，深入实施主体功能区战略，健全主体功能区制度，优化国土空间发展格局。经过十余年的发展，主体功能区建设从空间规划上升为空间战略的高度，成为我国国土空间规划的

第五章 面向主体功能区战略的国土空间治理配套财税政策

重要指导原则。随着 2018 年国土空间规划改革，主体功能区规划被整合进国土空间规划，国土空间规划成为落实主体功能区的主要抓手。

表 5—2　　　　　　　　　主体功能区战略演变历程

时期	实施战略	划分区域	政策重点
"十一五"	推动形成主体功能区	将国土空间划分为优化开发区域、重点开发区域、限制开发区域和禁止开发区域。	配套实施分类管理的财政政策、投资政策、产业政策、土地政策、人口管理政策。
"十二五"	实施主体功能区战略	构建"两横三纵"城市化战略布局，主体功能区发展方向为城市化地区、农产品主产区和重点生态功能区。	基本形成适应主体功能区要求的法律法规和相关政策，完善利益补偿机制，进一步细化实施分类管理的区域政策。
"十三五"	加快建设主体功能区	推动形成以"两横三纵"为主体的城市化战略格局，以"七区二十三带"为主体的农业战略格局，以"两屏三带"为主体的生态安全战略格局，以及可持续的海洋空间开发格局。	健全差别化的财政、产业、投资、人口流动、土地、资源开发、环境保护等相关政策，实行分类考核的绩效评价办法；以主体功能区规划为基础统筹各类空间性规划，推进"多规合一"。
"十四五"	深入实施主体功能区战略	逐步形成城市化地区、农产品主产区、生态功能区三大空间格局。	细化主体功能区划分，按照主体功能定位划分政策单元，对重点开发地区、生态脆弱地区、能源资源富集地区等制定差异化政策，分类精准施策。

主体功能区战略提出后，中央和地方出台了系列配套政策以支持主体功能区落地，如图 5—10 所示。2011 年，财政部印发《国家重点生态功能区转移支付办法》，通过财政手段引导地方加大生态保

117

护力度，保障重点生态功能区当地政府基本公共服务提供能力，明确资金分配、监督考评、激励约束等方式手段。2022年，财政部印发《中央对地方重点生态功能区转移支付办法》，提出重点生态功能区转移支付包括重点补助、禁止开发区补助、引导性补助以及考核评价奖惩资金。环境政策方面，为了解决区域内环境保护和生态恢复问题，2015年，环境保护部和发展改革委印发《关于贯彻实施国家主体功能区环境政策的若干意见》。各地结合地方实际情况细化落实国家层面的相关要求，广东省建立了水资源管理制度，加强水污染、大气污染和土壤污染防治；广西壮族自治区建立了环境质量监测评估制度、实施排污许可制度。产业政策方面，重点要使我国经济布局更加均衡，建立起完善的产业准入—退出机制，实现整体经济的区域性结构转变。2015年，国家发展改革委发布《关于建立国家重点生态功能区产业准入负面清单制度的通知》，紧接着次年印发《重点生态功能区产业准入负面清单编制实施办法》，广东省随之响应号召构建市场准入负面清单。投资政策方面，着重加强政府的投资引导作用，引导资本在国土空间内合理流动。2015年，为响应中央在落实市场准入负面清单、政府权力清单和责任清单的要求，广东省人民政府办公厅印发《广东省企业投资项目负面清单管理试点工作方案》，规范各类企业投资秩序。2017年，国家发展改革委印发《关于落实和完善主体功能区投资政策的实施意见》。土地政策方面，在主体功能区建设过程中，科学合理的土地规划可以使国土空间规划更加精细科学。在此背景下，上海市探索了大都市区耕地保护机制，广东、上海、江苏、深圳、南京等地在节约集约用地、差别化配置资源等方面积累了诸多经验。人口政策方面，重点解决主体功能区建设中涉及的人口迁移问题。2017年，广西、辽宁、河北等省份均发布未来十五年的人口发展规划，为宏观经济社会运行提供支撑，广东、南京等地率先探索实施人口差别化调节政策。

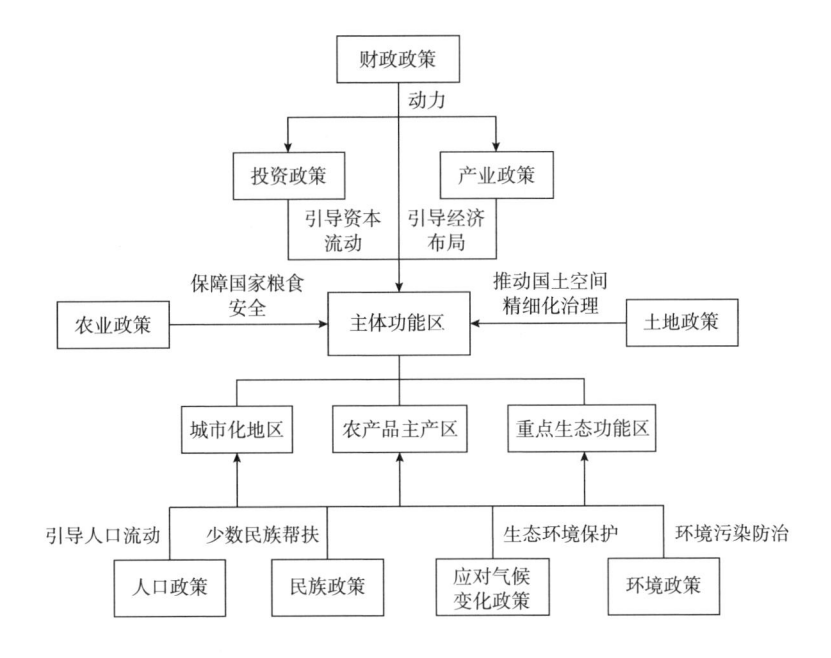

第五章　面向主体功能区战略的国土空间治理配套财税政策

图 5—10　主体功能区配套政策体系

经过十余年的探索发展,我国主体功能区战略格局已经基本形成,包括"两横三纵"城市化战略格局、"两屏三带"生态安全战略格局、"七区二十三带"农业战略格局,形成优化、重点、限制和禁止4个区域,覆盖全国、省级,陆地、海洋,经济、社会、生态等全方位、多层次、宽领域的空间分布,政策制度不断完善,提出"9+1"政策体系,充分发挥财政、产业、绩效考核等政策配套的积极作用。

第三节　财税政策与主体功能区战略实施的内在机理

一　主体功能区战略实施中的财税政策

主体功能区战略对于我国国土空间规划工作来说,一方面是推动国土空间范围内要素资源的合理流动；另一方面是经济和生态协调发展背景下发展权和区域责任的重新分配。财税政策是财政政策和税收政策的结合，从广义上来说，税收政策也是财政政策的一种。财政政策是政府干预宏观经济运行的重要手段，也是推动区域协调发展的重要政策措施，资源配置职能是财政政策功能的重要体现，优化人力、物力、财力在不同地区内的分布规模和流动方向，以实现区域内最佳的结构状态。其作用发挥思路应是前瞻性地谋划我国未来人口、产品在国土空间上的分布，引导经济、人口与自然环境相适应，有效协调国土空间的有效性与需求无限性之间的矛盾（贾康，2009）。

在主体功能区建设的背景下，财税政策的首要目标是使各类主体功能区的功能定位和发展要求相契合，使不同区域的居民可以均等地享受基本公共服务，尤其是在限制开发区域和禁止开发区域；其次是引导资源要素合理地在功能区之间流动，实现目标功能区的资源高效集聚；再次是引导各市场主体和群众重视环境保护，实现经济和生态协调建设，促进国土空间开发的可持续发展；最后是实现区域间经济发展权和区域责任的转移，将限制开发区和禁止开发区的部分经济发展权转移到优化开发区和重点开发区，而优化开发区和重点开发区部分生态环境建设的责任则转移到限制开发区和禁止开发区，这要求政府建立完善的纵向和横向转移支付制度和对口援助机制（杜黎明，2010）。在此基础上，如图5—11所示，本节提出财税政策与主体功能区战略的内在机理：

中央和地方财政的关系主要体现在预算下达和税收上缴两个方面，中央根据不同区域的发展现状进行财政再分配，通过转移支付等手段平衡地方间发展差距；地方财政则通过财政预算支持当地经济发展，帮助社会经济价值实现，并在不同发展阶段进行动力循环。在已有研究基础上，本节提出"五级循环"模型。在第一级循环中，经济发展尚处于初级阶段，经济增长引擎主要在于工业消费品的生产，

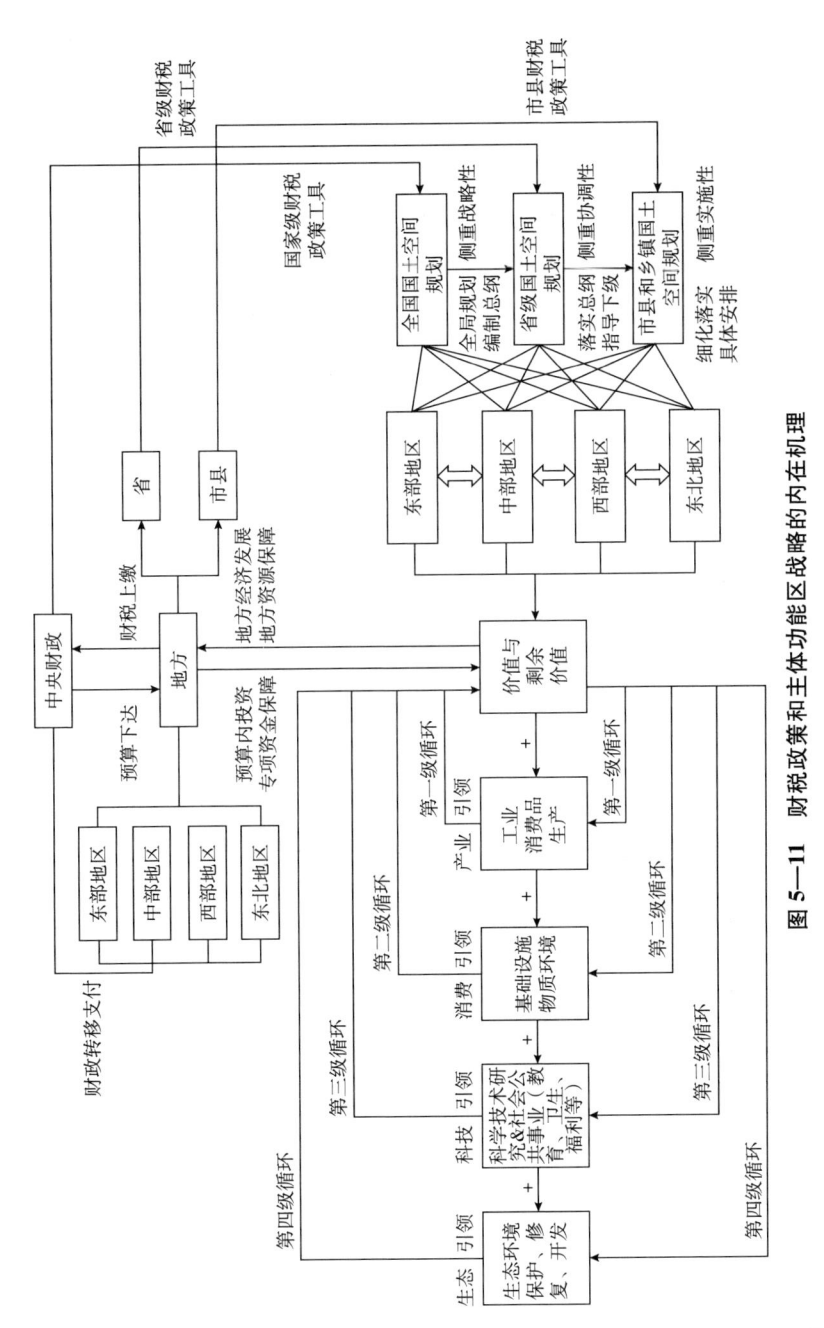

第五章 面向主体功能区战略的国土空间治理配套财税政策

图 5—11 财税政策和主体功能区战略的内在机理

市场经济处于卖方市场,国家重视发挥产业引领作用。在第二级循环中,市场经济由卖方市场转向买方市场,消费者开始追求品质和服务,在城市层面,居民需要宜居宜业的硬件环境,财政开始重点关注基础设施建设和更新,提高居民的生活幸福感,优化公共服务体验的同时释放居民需求活力,拉动国内经济增长。在第三级循环中,科技创新是决定经济社会发展的关键因素,财政需要着重支持研发,并且重视提高社会福利,完善医疗卫生、多级教育等公共福利体系。在第四级循环中,强调生态在人类经济发展过程中的重要作用,财政引导资源流向生态的保护、修复和开发方向,实现经济与生态协调发展。以上四级循环不具有刚性的时间顺序也没有完全的排斥性,可以理解为它们是嵌套发展的,以体现不同阶段财政迎合时代发展所作出的贡献。不同级循环会分别在城市化地区、农产品主产区、重点生态功能区内部以及区域之间进行嵌套发展,财税政策则落实为具体的政策工具,如财政补贴、政府基金、税收优惠、政府采购、转移支付等手段,依据全国国土空间规划、省级国土空间规划以及市县和乡镇级国土空间规划,因地制宜,进行合理的主体功能区建设,实现政策目标,如图5—11所示。

二 运用财税工具保障主体功能区建设的基本思路

1. 激励型财政政策:面向城市化地区

城市化地区包括优化开发区域和重点开发区域,是人口和经济规模集中、资源环境承载压力较大的区域。长期作为经济发展增长极的优先开发区域,面临进一步发展的瓶颈,主要由于开发力度接近饱和,资源环境承载能力走下坡路,经济增长方式亟待转型。财政政策的重点是鼓励创新,培育新质生产力,加快发展方式转变升级的同时解决环境问题。一方面加大科研创新投入,利用已有的人才优势、经济优势建设新一批科研机构,培育自主创新能力,为新质生产力的发展提供坚实的技术和人才支撑;另一方面对技术研发、

第五章　面向主体功能区战略的国土空间治理配套财税政策

专利申请进行相应的财政补贴,激发企业创新积极性,提高区域创新水平,推动新质生产力的形成与发展。在产业结构方面,通过延期纳税、出口退税、加速折旧等税收优惠政策促进传统产业向高端制造业、高新技术产业转型发展,助力新质生产力在产业升级中发挥核心作用,率先形成数字产业化和产业数字化优势,推动生产方式由粗放型向集约型、绿色型转变。在政府公共支出方面,若想推动政府转型,预算工作务须做好"加减法",一方面减少行政支出,打造节约型政府;另一方面充分利用政策导向性的特点,引导区域循环经济发展,缓解资源环境承载压力。高经济增长也意味着高污染风险,优化开发区域的财税政策重点之一是消除经济发展带来的环境污染负外部性,利用税收调节负外部性,建立健全排污权交易机制,引导地区经济向高级化、绿色化、数字化方向发展。

城市化地区中的重点开发区域具备良好的发展基础,相对于优化开发区域,拥有较大的经济发展潜力,是未来一段时间重要的产业和人口承接地。财政政策的重点是鼓励发展,释放地区经济发展优势。对落户在重点开发区域的企业实行税费减免、技术补贴、政策补贴等优惠手段,特别针对布局的高新技术产业、先进制造业、高端服务业等进行优先扶持,壮大区域产业集群,同时鼓励传统产业进一步提升,新兴产业加速培养,提高产业发展的综合能力。发展自身的同时,利用税收优惠政策承接和吸收优先发展地区的产业转移,完善当地产业配套设施。此外,加大对重点发展地区的基础设施投资,择优利用政府信用担保和财政贴息等政策鼓励多渠道资金投资,在能源、交通、水利、教育、医疗、绿色节能等领域完善相关设施建设,同时利用人工智能、大数据、云计算等新型信息技术发展新基建,对原有基础设施进行适时更新,为城镇化工业化下一阶段发展创造有利的硬件条件。在政府支出结构方面,调整预算工作重点,实现基本公共服务水平均等化,加大在基本医疗服务、社会保障、住房、教育培训等领域的财政投入,以增量投资激发企业、社会组织等多主体的发展潜能。

2. 兼容型财政政策：面向限制开发区域

农产品主产区一般具备较好的水热条件，适合农产品生产，是我国经济作物、粮食作物以及水产品等生产的核心区域，也是我国粮食安全的重要保障区域。农产品主产区主要包括限制开发区域，具备一定的城镇化工业化发展基础，但经济发展功能需要让步于粮食安全和生态保护，财政政策的重点在于处理好建设开发和资源环境保护之间的矛盾。首先，限制开发不等于限制发展，可以立足地区已有的资源禀赋，通过税收减免政策等扶持当地特色产业发展，在农业主产区可以选择将农业和旅游业结合，发展特色采摘、生态旅游等产业，完善税收惠农政策。其次，建立起生态补偿机制，设立专门的生态补偿基金，解决提供方、开发方和受益方的生态利益纠纷问题，帮助当地的生态修复和环境保护工作。最后，鼓励转变农产品传统种养模式，发展农业循环经济，科学规划种植业、畜牧业和养殖业的空间布局，充分利用新兴生物科学技术手段，促进农业绿色转型并推动第一、第二、第三产业融合发展（南锡康、靳利飞，2020）。在政府支出结构方面，重视对资源环境修复方面的资金投入，加大污水治理、绿色能源综合利用体系、绿色化基础设施建设投资，开展农用地整治，鼓励绿色化利用秸秆，防控农田污染，并通过技术补贴、税负减免等政策鼓励绿色生产技术改造，创造良好的绿色农业发展环境。

3. 补偿型财政政策：面向重点生态功能保护区

重点生态功能区具有重要的生态服务功能，包括水土保持、水源涵养、生物保护和防风固沙等，生态保障能力突出，但生态环境脆弱性明显。重点生态功能区主要是禁止开发区域和限制开发区域，不允许有额外形式的城镇化工业化开发形式，财政政策的重点在于保障和补偿，通过转移支付等手段保障地方政府提供基本公共服务的财力，补偿因禁止进行经济开发而丧失的机会成本（樊继达，

2011）。在政府财政支出方面，加大开发区生态保护重大项目的直接投入，建立自然保护区、国家公园、世界文化遗产等所需管理体制，为涉及的有关人员、管理费用设立专门的预算科目，进而保证长期稳定的经费投入。同时有必要关注基本公共服务投资，让当地居民享受到社会保障、医疗服务、文化教育等均等化公共服务。由于需要长期保护动植物资源以及自然遗产并进行持续性生态修复工作，重点生态功能区要求一套完善的生态转移支付机制，探索实施生态环境建设专项转移支付、生态移民专项基金、扩大资源税征收范围等资金获取渠道，在收入形式单一的情况下实现生态功能。此外，在生态承载能力范围内，财政政策可以为当地经济发展提供一定助力，推动同生态保护相结合的生态产业链发展。

综上所述，主体功能区的差异化财政政策如图5—12所示。

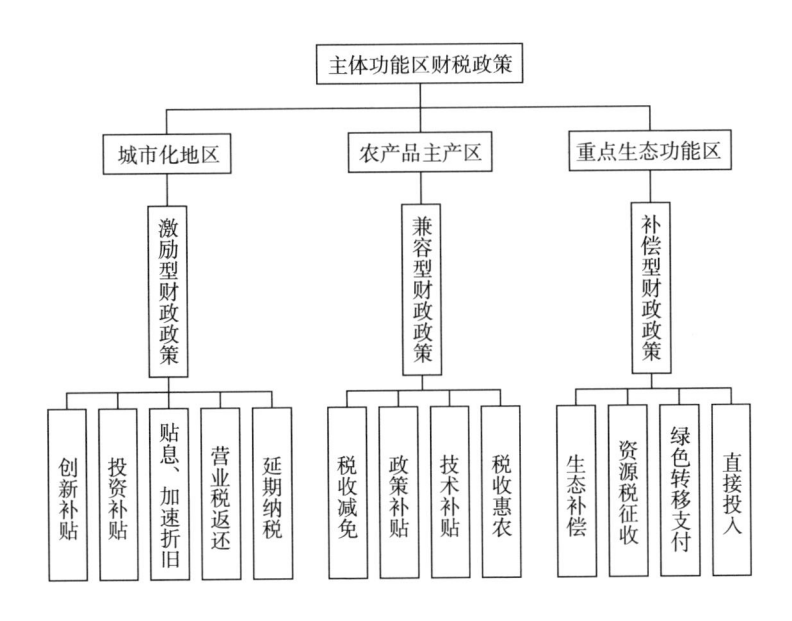

图5—12 主体功能区差异化财政政策

第四节　国土空间治理的财税政策国际经验借鉴

相比于国内，美国、日本、欧盟等国家和地区在空间规划方面有着更加悠久的历史。早在第二次世界大战结束后，日本与德国等西方国家进行战后城市重建，伴随着发达国家快速的城市化发展进程，空间规划不断得到发展并日渐成熟，国家空间规划向战略性、综合性方向演进。空间政策分区是发达国家空间规划所采用的主流形式，包括德国联邦空间秩序规划、"美国2050"空间战略规划、日本全国综合国土开发规划等，这些空间规划战略为中国主体功能区战略的形成提供了丰富的国际经验。

一　德国

德国国土空间规划工作起步较早，也是现有国土空间规划体系最成熟系统的国家之一，为许多国家进行空间规划提供了经验借鉴。在德国，国土空间规划一般被称为空间秩序发展规划，是国家或地区运用综合手段和管理方式进行目标实现的整体战略（林锦屏等，2022）。不同于其他国家单中心的空间发展特点，德国在城镇化起步时期便制定了多中心的城市发展战略，涌现出数十个中心城市，直接导致了德国相对分散和均衡的国土空间布局。"均衡"也是德国进行国土空间规划工作中坚持的传统思路和一贯原则。在工业化时期和第一次世界大战结束后，德国开始了真正意义上的全国范围内的国土空间规划工作，首先是对大柏林和鲁尔区进行区域规划，通过协调多个大小城镇发展，促成德国两大经济发展重点区域的崛起；其次着重解决土地发展和城镇规划的问题，助推工业化发展。第二次世界大战结束后，德国分裂为"东德"和"西德"，德国国土空间规划的重点在于战后恢复生产力，逐步形成联邦、州、区域及地方四级规划体系（林锦屏等，2022），1960年通过《联邦建设法》，

第五章　面向主体功能区战略的国土空间治理配套财税政策

后续相继通过《联邦空间规划法》和《空间秩序法》，多级国土空间规划法规不断出台，完善了德国国土空间规划体系。20世纪70年代后，伴随欧洲一体化程度加深，经济全球化纵深发展，生态环境恶化导致公众生活质量下降，该阶段的国土空间开发重点在于推进区域协作和可持续发展，《德意志民主共和国国土整治法》《建设法典》《空间秩序规划报告》《空间秩序规划政策措施框架》等文件出台，回应解决时代背景下的各项矛盾和挑战。德国国土开发的战略理念与措施是促进增长与创新、保障公共服务和保护资源与塑造景观（谢敏、张丽君，2011）。除了完善的法律体系，财政措施是德国进行宏观调控保障国土开发计划顺利实施的主要杠杆。2018年，德国财政预算中的近200亿欧元用于国土开发相关领域（李露凝等，2018）。目前，德国形成了一套完整的欧洲—联邦—联邦州—市镇的规划体系，综合规划、专项规划以及非正式规划相辅相成，不同层面的规划既可以从整体考虑，又能够在不同级别中考虑其利益协调，其国土空间规划体系的系统性、完整性、科学性值得各国学习借鉴。

二　美国

"美国2050"空间战略规划是美国历史上第一个综合性的全国国土空间规划方案，由联邦政府提出，为美国未来40年社会发展和空间规划提供了蓝图。"美国2050"不是提供一个单一的国家发展方向，而是将环境、人口、经济纳入同一个研究框架，追求三者一体化发展。美国作为世界上最大的经济体，长期保持头部经济增长态势的同时，在社会运行中出现了诸多问题。首先，在区域发展方面，美国区域之间存在较大的发展差距，东、中、西部以及南、北之间均存在不同的发展态势，许多大都市区面临着社会承载饱和的困境，基础设施存量达到上限，而正因为大都市区的扩张发展，越来越多的自然和人文资源互联互通导致巨型都市区的出现。其次，巨型都市区给区域内人口居住、交通运行、生态循环造成较大压力。

最后，从全球化视角来看，第二次世界大战后由美国决定的世界经济格局逐渐被打破，经济全球化、国际力量多极化趋势正在重塑国际政治格局，全球气候变暖、自然灾害频发、能源危机等事件让美国未来的发展面临更多的不确定性。

在此背景下，"美国2050"是指导未来美国各方面发展的功能性、综合性规划，其内容主要包括以下四个方面：一是基础设施规划，包括互联网布局规划、能源安全使用规划、交通建设规划和水资源使用规划等；二是巨型都市区域规划，包括五大湖地区、东北地区等11个巨型都市区域的发展方案；三是发展滞后地区规划；四是大型景观保护规划。针对不同的空间分区，联邦政府制定了多种财政政策进行支持。在关乎国计民生的大型基础设施建设方面，政府会按照年份，根据不同区域的财力、设施现状等进行直接投资，保障基本公共服务迭代升级。针对发展滞后地区规划，政府提出国家投资战略和经济发展空间战略（刘慧等，2013），一方面，通过提供失业补助、医疗服务、公共援助、减免税费等补助政策减轻地方财政压力；另一方面，州政府因地制宜，通过建立贫困开发基金支持落后地区基础设施建设，并资助当地企业和开发商进行商业经营，将国家主动干预和挖掘开发潜力相结合，利用综合性财政政策保证落后地区经济增长率。大型景观保护区是"美国2050"战略中的关键组成部分，鼓励区域发展地区特色，政府启动竞争性国家资助计划，支持发展前景良好的区域计划；同时，政府会提供相关政策工具，提供多渠道、多形式、连续性的资金补助以更好地保护大型生态景观（刘慧等，2013）。

三　日本

日本国土空间规划被叫作"全国综合开发规划"，是日本关于区域开发的基本政策。第二次世界大战结束后，日本将精力投入战后重建工作中，经过十余年的产业发展，日本很快进入了经济高速发

第五章　面向主体功能区战略的国土空间治理配套财税政策

展时期。在此背景下，日本社会人口—空间—环境的问题显现出来，1962年，根据《国土综合开发法》，日本制定出台第一次《全国综合开发规划》（简称"一全综"），关注的问题在于合理配置各项资源，缩小地区间发展差距（蔡玉梅等，2008）。"一全综"之后三年，日本公布实施了《第二次全国综合开发规划》（简称"二全综"），大规模修建基础设施进行区域开发，仍处于国家主导投资的阶段。"二全综"后日本政府基本每隔十年公布一套新的全国综合开发规划，2015年日本通过了第七次国土规划，也是日本战后最新一轮国土开发规划。"三全综"提出建设良好的人居环境，"定居圈"概念被提出。"四全综"旨在分散东京城市压力，构建多级分散型国土开发布局，该时期主要以地方政府为主要开发主体，凸显地方特色。"五全综"出台恰逢日本20世纪90年代经济萧条时期，此时大规模的国土开发工作基本完成，进入吸引多社会主体参与空间开发的阶段，提出四项战略，分别是建设多样化自然环境的居住地区、大城市地区进行再开发、建立区域间协助轴以及构建广域国际交流圈。"六全综"提出"新公众"的概念，推动国土开发由政府单一主体向市场多主体、由国家主导决策到公众参与协商转变。最新一轮规划"七全综"立足信息时代以及日本社会发展面临的新老问题，包括老龄化、少子化趋势明显，基础设施老化，全球范围内竞争激烈以及所面临的气候、环境危机等。利用"紧凑型+互联网"战略实现空间价值最大化，六次产业化推动产业向高端先进型产业转型升级，通过发展旅游、完善GPS系统、发掘文化多样性等打造经济增长新引擎，打造世界第一超级区域联合体，在立体国土空间规划中加入虚拟空间建设形成四维规划空间，进一步完善了国家开发体系。综合来看，日本国土规划基于对未来发展形势的判断，分层细化，利用互联网信息技术，强调人与自然协调发展，重点在于实现区域间均衡发展，解决城市过密过疏现象。从财税政策与区域经济发展来看，转移支付是日本财政政策中最重要的手段，此外还会通过对"过疏"地区提供税收减免、价格优惠等措施刺激其经济发展。在投资建设中,一方面国家制定投资计划,对基础设施建设提供资金的直接和间接补助;另一方面鼓励私人主体参与到国家建设中,提供税收和贷款方面的优惠政策(潘海霞,2006)。

第五节　新时期我国国土空间治理面临的挑战和趋势

一　新时期主体功能区战略实施的要求

党的二十大报告中提出,要深入实施区域协调发展战略、区域重大战略、主体功能区战略、新型城镇化战略,优化重大生产力布局,构建优势互补、高质量发展的区域经济布局和国土空间体系。新时期下的主体功能区建设需要围绕实现"两个一百年"奋斗目标,针对国土空间开发中的突出问题,加强顶层设计和统筹规划,提高我国国土开发的科学性、规范性、绿色性,构建高效、协调、可持续的国土空间开发格局。

一是推动实现各类功能区居民享受均等化的公共服务。目前,我国存在城乡和区域间发展不协调、地区间公共服务水平差距过大的问题,实现基本公共服务均等化是到2035年我国发展的总体目标之一,新时期下主体功能区建设应当立足区域发展现状,提升功能区尤其是限制开发区和禁止开发区内的医疗、教育、社会保障等基本公共服务水平,完善基础设施建设,提高人民群众获得感、幸福感、安全感。

二是推动实现人与自然和谐发展。主体功能区提出的重要背景是我国适宜开发的国土空间面积较少,自然资源分布不均且开发强度过大,耕地减少过多过快导致粮食安全得不到保证,生态损害严重、生态功能退化明显等一系列环境问题突出。主体功能区建设要求根据自然条件适宜性开发的理念,考虑区域资源承载能力,确定区域的主体功能和控制其开发强度,将生态保护放在国土空间开发的重要位置。

三是推动实现区域高质量发展。我国已由追求经济高速发展转变为追求经济高质量发展,伴随着人民生活水平提高、城市化进程加快和经济多极化发展,对多重空间需求提出了新的挑战。当前空间利用率低下的问题凸显,新时期下主体功能区建设要求重整土地利用空间,扩大绿色生态空间与集约利用工业建设和城市建设空间,淘汰落后产能,推动布局高新技术产业、绿色制造产业。这一系列举措的核心在于培育和发展新质生产力,以新质生产力优化国土空间规划,提升空间利用效率,促进区域高质量发展。

二 财税工具与主体功能区战略实施之间的矛盾挑战

首先,主体功能区基本公共服务均等化与转移支付方式不匹配之间存在矛盾。一方面,长期的非平衡发展使得区域之间存在较大的发展差异,主体功能区的规划一定程度上将区域划分得更加细致,各自有不同的核心功能,意味着不同区域之间存在较大的经济体量差异,这种税源空间分布的不平衡导致地方政府的财政能力不平衡(冯海波,2011)。根据学者对广东省不同主体功能区的财政能力测算,优先开发区域的财政能力是重点开发区域的13—15倍,是限制开发区域和禁止开发区域财政能力的25—30倍。财政能力代表着区域公共基础设施建设能力,也代表着当地居民所能享受到的基本公共服务水平,要想实现不同主体功能区的基本公共服务均等化,需要进行相应的配套设施建设,尤其对于限制开发区域和禁止开发区域,其工业化城镇化开发规模受到严格限制进而造成税源单一,保持基本公共服务离不开中央和地方的财政补助。另一方面,目前国家财政转移支付手段存在诸多问题。在转移支付结构方面,一般性转移支付占比有待进一步优化,无法充分满足限制开发区域和禁止开发区域在公共服务供给方面对资金的刚性需求。专项转移支付项目设置繁杂,且部分项目在立项时缺乏充分的科学论证,导致资金使用效率低下。同时,资金分配过程中存在一定程度的主观性和随意性,未能完全基于各主体功能区的实际需求和发展状况进行精准分配。在资金落实环节,由于缺乏有效的监督和评估机制,部分转移支付资金被截留、挪用,真正用于提升基本公共服务水平的资金大打折扣。而且,资金拨付流程烦琐,存在延迟现象,使得一些急需资金开展的公共服务项目无法及时推进,严重影响了基本公共服务均等化的进程。

其次,主体功能区生态保护功能与生态补偿机制落实不到位之间仍存在矛盾。主体功能区的划分将区域内部的生态环境问题提升到战略位置,而针对不同区域功能的生态补偿机制并未被成熟地建立起来。尤其对于限制开发区域和禁止开发区域,生态保护功能高于经济发展功能,对重点生态环境的保护工作、对自然遗产的维护工作牺牲了城镇化工业化开发建设的机会成本,持续的生态环境修复工作挤出了财政收入。加之以农产品生产功能、生态保护功能为主要功能定位的地区本身税源基础薄弱,财政资金紧张,甚至无法保证基本公共服务供给。

再次,主体功能区划分与传统财政政策改革落实之间存在错位。我国现有多样化财政政策措施,包括预算政策、税收政策、政府公债、财政补贴、政府投资等,针对不同的经济问题使用不同的财政工具,但传统的差别化财政政策以东、中、西和东北四大标尺进行划分,这种划分相对粗糙,难以将生产要素配置与更小的区域经济发展现状结合起来(王琪,2008)。相比于四大板块,主体功能区的划分尺度仍处在弱势地位,多尺度下的配套政策以服务于四大板块为主,而使得主体功能区建设缺乏政策配套,难以发挥出真正的国土空间规划价值。

最后,主体功能区建设同财税政策落地间的配套措施存在缺位。从人口角度而言,人口是技术、创新、资本等多种要素的载体,地区间人口流动在很大程度上影响着功能区定位，重点开发区域需要人口流入，而限制开发区域和禁止开发区域需要人口流出疏解地区发展压力，其中缺乏相应的人才补贴、落户保障等相关政策支持。在投资、产业、环境等方面均存在政策缺位导致主体功能区财税工具设计面临客观难度，无法落实到位。

综上所述，财政视角下主体功能区的建设矛盾如图 5—13 所示。

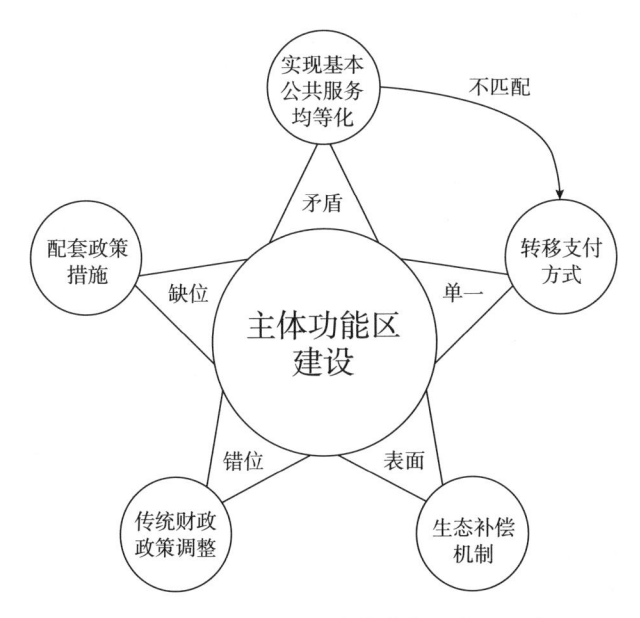

图 5—13　财政视角下主体功能区建设矛盾

三　主体功能区战略实施与财税政策配套趋势

1. 完善法律法规条例，筑牢战略性顶层设计

法律法规是主体功能区战略长期实施的重要保障。主体功能区建设需要在法律法规层面，设计并落实相关配套措施。通过对政策行为进行法律认定、规范功能区建设过程和约束开发过程中的不正当

行为等一系列措施来加强中央顶层引领。此外，建议构建主体功能区开发范围内的征信体系，将政府、社会机构、企业、个人关乎功能区发展的行为纳入信用体系，尤其将企业开发行为同信贷评分挂钩，进而激发企业在地区建设中的社会责任感。

2. 健全区域生态补偿，弥补功能区机会成本

一方面，生态补偿机制中的权责主体应进一步得到明确，明确界定中央和地方的责任划分，同时增强区域在生态建设工作中的能动性和自主权。在技术迅速发展的背景下，越来越多的科学手段应用到测算生态补偿标准和规模中。另一方面，依据党的二十大增进民生福祉的要求，强调生态补偿要更加注重保障居民生活质量，确保生态补偿资金真正惠及当地居民，同时创新补偿手段，进而推动市场化生态补偿机制的形成，同时探索市场化投融资机制，在政府主导生态补偿工作的基础上丰富生态补偿资金来源，提升居民参与生态保护的积极性，提高生态治理效率。

3. 政策设计因地制宜，税制改革尝试不断

要求从主体功能区的核心功能和发展特点规范财税工具的使用，运用财税政策构建财税收入归属—财税政策扶持—财税争端解决机制（贾康，2009）。在优化开发区域和重点开发区域实行鼓励科技创新、产业结构升级调整、推动开放型经济的税收优惠政策，包括税基式、税额式减免等。在限制开发区域和禁止开发区域实行以加大生态修复保护项目投入、基础设施建设投资为主的财政转移支付手段，保证地方政府提供基本公共服务的基础财力。经济发展高质量、空间规划精细化要求完善地方税制结构设计，探索新型税种落地情况，扩大地方财政收入，并对未来区域功能发展提供约束性引导。

4. 完善各级转移支付方式，实现基本公共服务均等化

在顶层设计和现实问题的碰撞下，财政转移支付方式会进一步得到完善。探索纵向转移支付与横向转移支付相结合的方式，扩大一般性转移支付规模、提高专项转移支付资源利用效率。同时调整

第五章 面向主体功能区战略的国土空间治理配套财税政策

转移支付结构，优化转移支付资金分配方式，在限制开发区域和禁止开发区域增设特色转移支付方式，探索绿色转移支付。基于上述两点，还需加强转移支付管理监督，通过制定法律法规提高转移支付手段的权威性和规范性，将财政资金落到实处，切实实现主体功能区的基本公共服务均等化，成为共同富裕路上的助力之一。

综上所述，主体功能区战略与财税政策配套的趋势如图5—14所示。

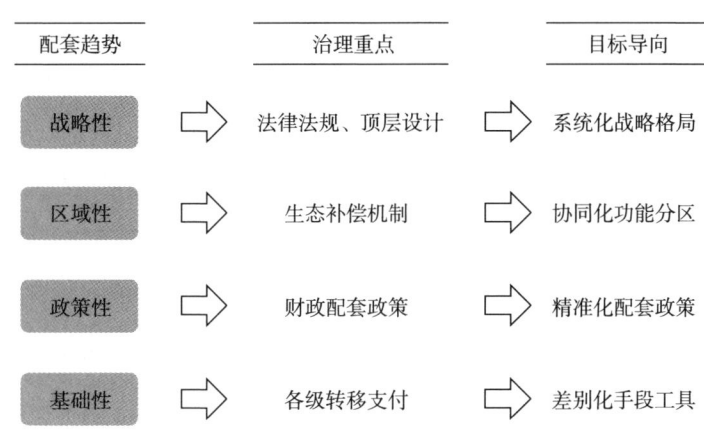

配套趋势	治理重点	目标导向
战略性	⇨ 法律法规、顶层设计	⇨ 系统化战略格局
区域性	⇨ 生态补偿机制	⇨ 协同化功能分区
政策性	⇨ 财政配套政策	⇨ 精准化配套政策
基础性	⇨ 各级转移支付	⇨ 差别化手段工具

图5—14 主体功能区战略与财税政策配套趋势

第六节 构建新时期与主体功能区建设相协调的财税政策体系

主体功能区的本质是空间政策分区，由空间分区和各项专项政策配套构成，政策单元有国家、省、市县、乡镇等不同尺度的区域。主体功能不等于唯一功能，仍需与地区其他功能相互融合，在区域划分方面，许多功能区存在交叉，比如西安都市圈与西部大开发战略、黄河流域的重合，北部湾城市群和东部开放战略、粤港澳大湾区的重合，长株潭都市圈与中部崛起战略、长江中游城市群的重合等。下文将分析国家、区域、流域、省域（市域）等层面同主体功能区建设相关的文件，进而提取不同级别下的重点政策内容和常用财税工具。

一 国家：构建高水平社会主义市场经济体制，区域活力差别化释放

近年来，国家陆续印发关于推动市场经济发展和城乡区域统筹协调的文件，包括建设全国统一大市场、构建要素市场化配置、城乡融合发展等内容。在市场经济发展方面，国家重视空间范围内体系标准的统一、空间差别化功能的体现以及区域间的协调发展。通过完善市场基础制度，国家构建市场负面清单准入制度，以实现区域间市场经济规则统一和鼓励产业的差别化入驻；通过建设现代化流通网络，国家层面完善市场信息交互渠道，实现设施平台的互联互通，减少区域间的"时间差"；通过户籍制度改革、人才引进、土地制度改革、金融市场升级、鼓励科技创新等措施，促进要素资源的自由流动。国家还建立了区域协调发展机制，重视区域战略统筹、区域合作互助、区域间利益补偿以及区域政策调控，利用差别化的财政、产业、土地、环保、人才等政策，发挥区域比较优势，其市场一体化的思路同构建全国市场经济体系核心内容一致。在城乡区域统筹方面，国家则尤其重视城乡融合发展，助力缩小城乡发展差距，切实保障农村农民的发展权益；在国家层面上完善市场体系建立、区域协调发展和城乡融合发展，三者目标从本质上来看是一脉相承的。对于国家规划中所提到的重点区域，如重点开发区域、生态脆弱地区和能源资源富集地区需进行差别化精准施策，扬长避短，挖掘地区潜在发展价值；积极将人才、资源向西部和艰苦边远地区流动，以推动资源枯竭城市培育接续替代产业；对革命老区、高海拔贫困地区、边境地区、少数民族聚集地区进行重点支持，以达到兴边富民、稳固周边的战略目标；继续完善基础设施建设，鼓励发展边境贸易，因地制宜发展特色产业，加强东西部对口支援和协作。国家层面始终坚持陆海统筹，建立健全海洋产业发展体系和海域综合治理体系，形成陆海协同的区域发展格局。

二 区域：四大板块协同推进，区域实现协调发展

为促进区域协调发展，中央先后于2000年、2003年和2005年分别提出了"西部大开发""振兴东北地区等老工业基地""促进中部地区崛起"的战略，这三项战略与之前的东部地区率先发展战略，被称为"四大板块战略"。2004年《政府工作报告》明确提出："要坚持推进西部大开发，振兴东北地区等老工业基地，促进中部地区崛起，鼓励东部地区加快发展，形成东中西互动、优势互补、相互促进、共同发展的新格局"。区域发展战略服务于区域总体矛盾，中部地区应重视夯实粮食生产基地以及能源原材料基地的地位，鼓励长江中游三省协同合作，发挥内地交通枢纽的重要作用；落实涉农贷款税收优惠、农村金融机构定向费用补贴、县域金融机构涉农贷款增量奖励等优惠政策；积极推动将煤炭、部分金属矿产品等纳入资源税改革试点；鼓励地方性金融机构流入，建设地方规范性融资平台。西部地区需筑牢生态安全屏障，完善基础设施，实现基本公共服务均等化；国家对西部地区进行差别化补助，加大倾斜支持力度，加大中央财政在一般性转移支付和各领域专项转移支付分配中的资金分配系数，提高补助标准；考虑重点生态功能区在西部地区占据很大比重，继续研究修订《西部地区鼓励类产业目录》，通过地方政府债券，对鼓励类产业企业所得税进行税收优惠等手段切实推动西部大开发。东北地区则着力振兴老工业基地，探索政策性金融和商业性金融，推动产业结构转型升级，实现资源依赖型城市转型；加大对东北地区支农再贷款和支小再贷款支持力度，全面提升产业竞争力，推进哈长沈大科技创新走廊建设；利用中央预算内投资专

项对东北地区城区内涵盖的老工业区和独立工矿区进行搬迁改造，推进重大基础设施建设，切实保障和改善民生。区域战略实施过程中，均需要财政、产业、用地、人才、投资等相应配套政策的支持，加大转移支付对落后地区发展的支持力度，为区域发展注入资金和人才力量。

三 流域：长江经济带一体化建设，黄河流域高质量保护发展

长江流域和黄河流域是我国重要的生态保护地区，关系着中国的生态安全、粮食安全和居民日常生产生活等重要方面。长江具有较强的经济价值，滋养了流域内诸多城市发展，国家高度重视长江经济带，利用一般性转移支付、专项资金投入和横向生态补偿机制，加大对长江经济带生态补偿和保护的财政资金投入力度，为长江经济带生态文明建设和区域协调发展提供重要的财力支撑和制度保障。相比之下，黄河的生态价值和文化价值更高。国家在对黄河流域项目进行资金扶持的基础上，重视推进重大生态建设工程，并发动人民群众，协同区域城市群建设，完善综合交通网络，挖掘文化价值和生态产品实现机制。在流域治理中，重点探索流域上下游间生态补偿效益，发挥上下联动、多元主体参与的治理格局，推动出台生态保护补偿条例，鼓励生态保护地和受益地、流域上下合作发展，开展市场化、多元化生态补偿。同时研究建立区域合作利益分享机制，鼓励区域间共建产业园区。

四 省域：地方级主体功能落地，国土空间规划精细化

省市级是我国主体功能区战略落实的基本单位，在全国国土空间规划的战略引导下进行省（市）域国土空间规划。省级主体功能区划分基本沿用全国主体功能区规划的思路，将全省划分为优化开发区域、重点开发区域、限制开发区域和禁止开发区域，其中北京市和上海市的主体功能区划有所不同。北京市将全市划分为首都功

能核心区、城市功能拓展区、城市发展新区和生态涵养发展区；上海市将全市划分为都市功能优化区、都市发展新区、新型城镇化地区和综合生态发展区。作为全国政治中心和经济中心，北京市和上海市拥有更加细致的主体功能区划，并赋予更加精细化的功能定位。在地方主体功能落地过程中，省（市）级政府会在中央统一预算下，完善一般性转移支付，优化财力分配重点，并根据地方实际发展特点，探索相关利益补偿机制，以促进主体功能和其他功能的融合。

五 城市群/都市圈：打造区域新增长极，城市功能互补形成

城市群和都市圈的打造是新时期支撑区域协调高质量发展、对标国际一流城市建设格局的关键一环。相对于四大板块和流域，城市群/都市圈更加看重较小范围内相邻区域的合作和功能互补，并发挥积极的嵌套作用。从我国长三角一体化、京津冀协同发展、粤港澳大湾区建设的相关纲要中可以明确，城市群首先应明确其发展定位，进而在产业布局、对外开放、基础设施建设以及生态文明建设等方面进行不同深度的侧重以实现发展目标。在"十四五"规划中，国家规划了19个城市群，优化提升京津冀、长三角、珠三角、成渝、长江中游等城市群，发展壮大山东半岛、粤闽浙沿海、中原、关中平原、北部湾等城市群，培育发展哈长、辽中南、山西中部、黔中、滇中、呼包鄂榆、兰州—西宁、宁夏沿黄、天山北坡等城市群，旨在在城市群发展过程中形成一套成本共担、利益共享机制，优化城市群内外部结构，牢牢牵住北京非首都功能疏解这个"牛鼻子"推动京津冀协同发展；高标准高质量建设雄安新区进而引领带动环渤海地区和北方腹地高质量发展；打好长江保护修复攻坚战和黄河生态保护治理攻坚战的同时，推进长江经济带和黄河流域发展；以关键城市为平台推动粤港澳大湾区、长三角等区域发展。相比于城市群，都市圈以更小的尺度布局城市之间的协调发展、优势互补，都市圈既应服务于城市群的目标定位，又应着眼自身集群特点，鼓励内部资源共享和产学研共建，做好上下级之间的衔接。以成渝双城都市圈为例，一方面需要同长江经济带、西部大开发、"一带一路"建设等战略相承接；另一方面应把握区域发展"第四极点"的战略定位。

六　市域：多线程工作同步，城市内外结构优化

城市是国家治理中重要的治理单元，城市从属于主体功能区，也是区域主体功能的落脚点。城市内部也有相应结构，包括市郊结构、城乡结构、增量与存量间的结构、人文与自然生态环境之间的结构等。从城市层面看，地方财政应有偏重地满足多项工作内容，设计针对性财税政策，助力形成良性运营生态。城市发展一般会形成1—2个中心地带，其他县城、城镇则围绕其分布，这也是卫星城的由来。上海市是辐射带动周边城镇的典型，嘉定、松江、青浦、闵行等城市分布在上海市周边，获得主城区带去的要素资源，通过产业转移、产业集聚等形成了以上海为中心的城市集群。城乡统筹发展和乡村振兴是城市发展的另一个重要任务，出台扶持"三农"经济的税收优惠政策，提高乡村基本公共服务的普惠性，缩小城乡发展差距。伴随中国经济步入新常态，城市内部基础设施建设接近饱和，土地供应愈加紧张，增量空间减少而面临更多的存量经济更新。1958年我国首次提出"城市更新"，2021年，住房和城乡建设部开启第一批城市更新工作试点，将城市更新推向高潮，鼓励将建设宜居、韧性、智慧城市与城市更新工作相结合。在资源节约型和环境友好型社会的倡导下，生态保护是城市内部产业转移、城市更新、乡村发展等工作的关键目标之一，社会治理工作趋向复杂，新的治理理念、治理工具应得到重视，包括市内外生态补偿机制、绿色金融工具、PPP模式和全域整治等。

专题二 政策体系与政策机制研究

本专题聚焦于财政政策体系的构建与政策机制的运作，深入分析财政政策与货币政策的协同效应以及宏观政策的沟通协调机制。通过探讨政策间的互动关系与传导路径，本专题旨在揭示如何通过科学的政策设计与执行，实现经济稳定增长、有效控制风险，并提升财政政策的综合效能。

第六章 财政政策和货币政策协调配合的实践探索

第一节 财政政策和货币政策协调配合的国际经验

一 美国

在财政政策方面,美国财政部经历了从需求管理型(如罗斯福新政)到供给管理型(如里根减税)的演变,并在21世纪推行结构性调整,如应对金融危机和疫情的财政刺激。在货币政策方面,美联储经历了从货币主义(沃尔克抗通胀)到泰勒规则(调控利率),再到量化宽松(金融危机和疫情应对)的变化,体现出政策工具的多样化。美国的财政和货币政策虽各自独立,但在关键时刻相互配合,如金融危机后美联储通过量化宽松政策支持财政刺激,模糊了二者的边界。2008年金融危机后,美联储独立性有所削弱,货币政策逐渐向财政政策靠拢,形成了以低利率和资产购买为主的长期经济干预模式。

1. 财政政策

美国的财政实践根据对象和政策调控思路的不同,可划分为如下三种类型:

(1)需求管理型财政政策。该类型的财政政策是政府干预经济运行以熨平经济波动的主要手段,20世纪30年代到70年代末在美国得到了广泛的运用,具体包括:"罗斯福新政"时期的汲水财政政策、杜鲁门（Harry S. Truman）和艾森豪威尔（Dwight D. Eisenhower）两届政府采取的补偿性财政政策和肯尼迪（John Fitzgerald Kennedy）和约翰逊（Lyndon Baines Johnson）政府采用的新古典综合派学者托宾（James Tobin）提出的增长性财政政策。

（2）供给管理型财政政策。到20世纪70年代初，美国经济的滞胀局面已初露端倪，尼克松（Richard Milhous Nixon）执政后，延续了肯尼迪和约翰逊的提高经济增速、以充分就业为目标的财政政策，但发现单独长期过度使用凯恩斯主义扩张性财政政策并不能够有效刺激经济持续增长。面对美国经济中出现的滞胀问题，里根（Ronald Wilson Reagan）政府在新自由主义经济思想的影响下实行了以减税和简化税制为特征的财政政策，为美国经济在20世纪80年代的复苏和繁荣做出了贡献。布什（George Walker Bush）政府高举减税大旗，重新采取了里根经济政策，推行供给侧政策，到2008年共通过4次减税法案。2017年特朗普（Donald Trump）总统上台后，美国的经济政策继续向供给侧的自由化改革发展，放松了对金融、医保、能源等方面的管制。这种财政政策与美国从2012年开始实施结构性财政转型不同，给美国经济在中长期带来的影响仍具有很多的不确定性。

（3）结构性财政政策。美国政府在2001年的财政盈余高达2362亿美元。"9·11"事件后，小布什政府发动了阿富汗和伊拉克战争，导致军事和国土安全领域的财政支出大幅增加。2002年，"支出上限"和"现收现支"规则到期。2003年，小布什政府实施了新一轮的大规模减税，并主导通过了将部分处方药纳入医疗保险范围的立法。由于小布什政府推行这种扩张性保守主义财政政策，联邦财政赤字在2006年达到了5373亿美元。

2009年，在金融危机背景下上台的美国民主党总统奥巴马（Barack Hussein Obama）推行了一系列经济刺激计划，绕开"现收现支"规则增加政府支出，当年联邦赤字攀升至1.67万亿美元。

第六章 财政政策和货币政策协调配合的实践探索

2010年2月21日,奥巴马政府重新实施"现收现支"规则,有效期持续至2011年底。美国国会的"现收现支"规则及拨款制度的改革并未有效削减联邦政府财政赤字。美国国会预算办公室估计,包括2020财年在内,未来10年的年度财政赤字将持续超过1万亿美元。

拜登(Joseph Robinette Biden Jr.)总统上台后,为应对新冠疫情,美国财政部和税务局发放了多轮直接支付给家庭和个人的救济金。同时,出台了小企业税收抵免计划(SBTCP)、小企业工薪保护计划(PPP)、紧急资本投资计划(ECIP)等一系列援助小微企业的财政支持计划。此外,美国财政部还向各州和符合条件的地方政府提供救助基金和资本项目基金(CPF)。这一系列的财政刺激政策,伴随着大量国债的发行,使得美国财政赤字规模和赤字率达到历史高点。

2. 货币政策

美联储对货币政策的调整与美国经济的运行状况密切相关,通过调整短期利率与影响信贷供给水平来调整实际与预期就业之间的差距,以及通胀水平与美联储政策目标之间的差距。美联储主要运用的货币政策工具包括传统的货币政策工具和非常规的货币政策工具,如前瞻性预期引导和大规模资产购买计划等。

(1)货币主义主导的货币政策。20世纪70年代后期,美国经济陷入严重的滞胀状态,通货膨胀高达两位数,与此同时,以弗里德曼(Milton Friedmann)为代表的货币主义成为政府宏观调控的重要工具。美联储主席保罗·沃尔克(Paul Adolph Volcker, Jr.)上任后,美联储开始坚定并有前瞻性地出台紧缩政策。1978年8月6日,保罗·沃尔克提倡改变维持联邦基金利率的目标而进行对货币供应的控制,努力控制货币供应在一个水平之内,并采取控制通货膨胀和稳定货币作为主要经济目标,不管经济发展对资金的需求和可能的利率大幅上升的后果。

(2) 泰勒规则主导的货币政策。20 世纪 90 年代，由于严重的财政赤字，货币政策成为宏观调控的主要工具。1987 年，美联储停止了对货币供应量的跟踪，以真实利率作为货币政策中介目标。在这一时期，美国货币政策体现了"只做不说"的特征，尽可能保持最大的灵活性和最小的约束。也就是说，货币政策的目标是使利率水平对美国经济既没有抑制作用，也没有刺激作用。

从 1994 年开始，泰勒规则代替货币主义成为货币政策制定的理论依据。1995 年 7 月至 1999 年 6 月，美联储对货币政策调整的频率相对较低。在 1999 年 7 月至 2000 年 12 月，美联储提高了货币政策操作频率，在一年内连续多次加息，弥补总需求增长率与潜在供给之间的不平衡，并降低通货膨胀率上升的风险。

2001 年 1 月至 2004 年 6 月，美联储实行了长期的宽松货币政策，大幅降低了联邦基金目标利率。一部分美国学者认为，美联储在此期间把利率压得过低，而低利率是房产泡沫产生的最主要原因。也有学者认为并没有系统性证据表明宽松的货币政策和金融泡沫间有必然联系。然而另一部分美国学者认为，美联储对抵押贷款市场的监管不严，以及对商业银行资产负债表中所显现的风险视而不见，是导致次贷危机更重要的因素。

(3) 通货膨胀目标制主导的货币政策。在这期间，货币政策的中间目标是通货膨胀目标制，美联储希望通过量化通货膨胀目标制来降低货币政策的不确定性。2006 年 2 月至 2007 年 8 月，伯南克（Ben Shalom Bernanke）延续了格林斯潘（Alan Greenspan）时期紧缩的货币政策，实施了稳健的加息措施。2007 年 9 月至 2008 年 12 月，美国房地产市场的衰退逐渐传导到信贷等其他市场，导致美国经济陷入衰退，美国次贷危机逐渐演变为国际金融危机。美联储迅速降低了联邦基金目标利率，并运用非常规货币政策工具向金融市场注入短期流动性，从而扩大信贷供应。

(4) "后金融危机"时期的货币政策。2008 年国际金融危机后，在传统利率政策接近零点的情况下,美联储启动了以"量化宽松"为代表的非常规政策。随后美联储实施了"扭转操作",即出售短期债券而购买长期债券,以此降低长期国债的收益率。2008 年国际金融危机的教训表明,当美国国债发行量占 GDP 的比例下降时,其货币性需求会增加,导致国债与同等信用评级的企业债券之间的溢价扩大。如果国债发行不足,投资者会转向其他具有较高安全保证的投资目标,如有资产支持的商业票据以及回购债券等。然而,过度依赖这些非政府债券可能会增加金融危机发生的风险。因此,金融危机后,美国监管机构要求银行持有更多的流动性缓冲资金,尤其是政府债券。激增的美国国债为私人投资者和金融机构提供了充足的"准货币"(quasi-money),满足了他们对安全性和流动性的需求。

随着失业率的稳步下降,美联储于 2014 年 10 月宣布停止资产购置计划,退出量化宽松政策。2015 年 12 月至 2018 年 1 月,美国经济发展势头良好,就业状况逐步改善。在量化宽松政策结束后,美联储也开始加息并启动"缩表",逐步使货币政策回归正常化。然而,为应对新冠疫情冲击,2020 年 6 月开始,美联储重新开始增加对美国国债和机构抵押贷款支持证券的购买。2021 年 1 月,美联储宣布将对物价稳定关注目标改为长期物价稳定目标。此外,为缓解流动性压力,美联储创设了紧急贷款便利、一级交易商信贷便利、货币市场共同基金流动性便利、薪资保护计划流动性便利等贷款工具,以及商业票据融资工具、一级(二级)市场企业信贷工具、定期资产抵押证券贷款工具等特殊目的工具。

(5)美联储货币政策实践的规律。整体上,美联储的货币政策实践显示出以下规律:一是逐渐降低法定存款准备金率,而且逐渐减少对这一工具的运用。同时,美联储逐渐减少对贴现窗口的使用,贴现窗口主要充当着最后贷款人的角色。二是公开市场操作已经成为美联储至今为止最重要、最常用的货币政策工具。公开市场操作因其主动性、灵活性和微调性成为货币政策的主要工具。由于国债具有安全性高、收益稳定的优势，特别是短期国债期限短、变现强，符合公开市场操作要求，因此成为美联储公开市场操作的主流工具。美国国债利率是无风险利率，具有完整的利率期限结构曲线，可以用于预测和反映经济发展状况，也可作为金融市场中风险证券定价基础，是美国金融市场的基准利率。三是在后金融危机时代，前瞻指引已经成为美联储重要的政策工具。在接近零利率下限的情况下，前瞻性指引在影响长期利率方面效果显著。据统计，在美联储的大部分前瞻性指引宣布时点，长期国债收益率均有所下降。此外，带有承诺性质的前瞻性指引有助于减小市场对未来利率的预期与央行政策利率的差异。

3. 财政政策和货币政策的协调配合

总结美国财政政策和货币政策的协调配合经验，可以发现以下特点：

第一，货币政策和财政政策不可能完全独立，两者都受到美国政府预算的约束。同时，尽管美联储具有高度独立性，但仍然难以确保其能够顺利实施稳定物价的相关货币政策。货币政策可以决定在一段时间内的平均通胀率，而财政政策则可以决定通货膨胀的具体时间路径（波动特征）。

第二，政策配合优化经济结构的重点在调整财政支出结构，而货币政策则辅助控制通货膨胀率。20世纪80年代以来，美国的财政支出政策的微观化是根据政策要求变动支出结构，促进产业结构的变化并增加技术开发投入。2008年金融危机后，美联储出台的货币政策主要旨在短期内平抑市场波动、提升市场信心，而财政部的相关举措则侧重于解决经济基本面或者经济长期结构性问题以及引发金融危机的深层次原因，包括金融创新的过度扩张与风险管理缺失、金融监管缺位等因素，试图从中长期角度推进经济结构调整。

第三，2008年金融危机的爆发成为美联储独立性转变的一个重要节点。美联储从有限度配合到完全跟随,参与和支持了美国政府为应对金融危机所采取的资产救助计划。在财政部的要求下,美联储提供贷款帮助摩根大通对贝尔斯登进行并购,随后又购买了美国国际集团住房抵押贷款支持债券和其信用违约掉期合约债券、1000亿美元联邦住房机构发行债券及5000亿美元担保抵押贷款支持债券。

第四,量化宽松货币政策进一步模糊了货币政策和财政政策的边界。金融危机后,美联储开启了史无前例的量化宽松货币政策,在利率触及零下限后,通过创新公开市场操作工具,从有限注入无限制流动性支持承诺,从有资产抵押到无抵押,直接向交易商、企业和主要信贷市场提供流动性支持。量化宽松货币政策已远超原有中央银行传统职能,模糊了货币政策和财政政策的边界。

可见,2008年金融危机后,美国的财政政策逐渐渗透到货币政策中。面对美联储丧失独立性的质疑,时任美联储主席伯南克解释道:"当经济因为政府的过度举债而面临通货膨胀时,独立性精神将要求中央银行拒绝政府债务的货币化行为;但当流动性陷阱出现时,政府过度举债以及由此产生的货币创造都不再是问题,而中央银行的独立性也将更富弹性。一旦经济跌入流动性陷阱,财政政策和货币政策的紧密合作将超越中央银行独立性本身。"由此可见,在金融危机期间,美联储被迫重新审视了独立性原则和货币政策有效性之间的关系,并将政策有效性置于首位。

二 英国

第二次世界大战后,英国财政政策从凯恩斯主义主导的高福利、高赤字模式,逐步转向财政紧缩与市场化改革,以应对通胀和债务压力。货币政策经历了从廉价货币、货币供应量目标制到通胀目标制的演变,1997年英格兰银行获得独立权后,政策透明度和稳定性提升。英国的财政与货币政策的协调机制不断调整,金融危机后实行大规模财政刺激与量化宽松，并强化金融监管框架。面对经济周期活动与结构性挑战，英国的财政与货币政策在自由市场与政府干预之间持续调整。

1. 财政政策

从第二次世界大战结束后到 1979 年撒切尔（Margaret Hilda Thatcher）执政之前，英国工党政府深受凯恩斯主义的影响，一方面通过财政赤字政策刺激消费和投资，以实现充分就业目标；另一方面推行"国有化"并建设"福利国家"。在 1975 财年，社会福利费用开支已经占政府开支的 57%，其中仅社会保障一项就占了 25%。伴随着财政赤字的急剧扩大，英国政府实行"廉价货币政策"，以协助财政当局发行公债，使得公债具有较大的流动性。在 20 世纪 70 年代，英国经济的动荡加剧，失业率上升，通货膨胀加速，国际收支状况继续恶化，政府开始实施自由主义政策，试图通过削减公共开支和财政支出来限制国家的干预力度，然而，始终未能找到有效的政策工具来遏制通货膨胀和促进生产。英国经济在 1974—1979 年间年均增长 1.4%，同时通货膨胀率除个别年份外均保持在两位数，在 1975 年甚至达到 24.1%。这被视为是长期实行凯恩斯主义政策所带来的不良后果。

自撒切尔夫人出任英国首相以来，进行了税制改革，缩减了个人所得税分级，并采取了降低投资收入附加税税率的政策，一定程度上实现了鼓励私人投资、促进经济发展的目的。政府控制财政开支的主要目的在于削减财政赤字，通过缩小国有化规模、削减福利性转移支付，使财政收支更加符合紧缩性货币政策的要求。1997 年布莱尔（Anthony Charles Lynton Blair）出任工党领袖之后，基本延续了保守党政府放松市场管制、减轻企业负担的政策，并针对保守党"市场原教旨主义"的弊端，对经济进行了适度干预。

2008 年金融危机之后，英国公共财政的状况急剧恶化，连续出现巨额财政赤字，公共债务占 GDP 的比例在短短几年间翻了一番。

为应对公共债务问题，卡梅伦（David William Donald Cameron）政府设定了财政紧缩目标，大幅度削减公共开支，并将改革重点放在福利制度上。为应对新冠疫情冲击，2020年3月，英国财政部公布的预算案承诺未来5年在公路、铁路、宽带、住房等方面投入6400亿英镑，约占英国GDP的28.9%。此外，为支持企业摆脱疫情冲击，英国财政部采取了3500亿英镑的资金援助计划。

2. 货币政策

在第二次世界大战后的1946—1951年间，需求管控的货币政策占据核心地位。英国政府债台高筑，经济复苏压力巨大，工党政府奉行"廉价货币"政策。银行利率调整是一个重要的监管信号，对银行贷款的直接控制和对租赁和购买条款的资本限制的质量要求也普遍存在。20世纪60年代，随着英国金融体系的规模和复杂性不断扩大，英格兰银行在1971年发布了《竞争与信贷监管》，提出赋予利率更大的调动空间，并且允许在少数情况下实施"特别存款计划"。与此同时，为应对失业率上升，英国政府采取了赤字财政政策和扩张性货币政策，但通货膨胀压力增大。1972年，英国政府通过抑制银行业重组的温和财政政策限制了货币量的增加，货币流通速度恢复到原来的水平。为了控制广义货币供给，1976年，英国央行公开宣布把M3作为控制目标，以顾及广义货币的表现和英镑危机。

1979年，英国继续奉行以货币供应量为目标的货币政策，并在接下来的3年内施行"双紧"政策搭配。但是，英国金融自由化的快速步伐使得仅通过货币政策来控制利率变得越来越困难。20世纪80年代末，通货膨胀率再次飙升，政府难以控制货币政策的有效施行，最终决定实行固定汇率制，将英镑与德国马克挂钩。由于英国在1990年后的货币政策与德国步调不一致，加之经济不景气，英国在1992年退出了欧盟的汇率体系。自1992年以来，英国逐步通过提高政策的可信性和透明度来增加公众的信心。1992年10月，英国财政大臣宣布将利用利率工具，采用通货膨胀目标制的货币政策，并将进行机构改革提高货币决策过程的透明度、公开度、可信度。

自 1997 年英国工党政府执政以来，英国的货币政策执行经历了显著的变化，英格兰银行被赋予独立实施货币政策的权力，并成立了货币政策委员会。英国政府负责制定通货膨胀目标，而在货币政策操作上的技术细节，则由英格兰银行独立负责，货币政策决策更加透明和公开，建立起了稳定的公众预期。1998 年的《英格兰银行法》赋予了英格兰银行制定和实施货币政策的独立权力。英格兰银行的货币政策目标是在维持价格稳定的基础上，促进经济增长和就业。新的货币政策框架取得了良好效果，实际通货膨胀率与通货膨胀目标非常接近，并且较好地支持了英国政府的经济增长和就业目标。

英国在国际金融危机以来的货币政策总体包括两个方面：第一个方面是调低利率，2009 年第一季度下调基准利率至 0.5%，比 2008 年底基准利率低 50 个基点，并且在 2016 年又一次下调至 0.25%。第二个方面是采取量化宽松政策。英格兰银行于 2009 年启动了第一轮量化宽松政策，全年一共释放了 2000 亿英镑。而后又在 2011 年和 2012 年进行第二轮、第三轮量化宽松计划，并在 2016 年购买了 600 亿英镑国债，资产购买规模达到 4350 英镑。同时，英格兰银行推出 1000 亿英镑定期融资计划（Term Funding Scheme，TFS）。银行可以通过抵押物从央行获得为期 4 年的低成本资金，用于向家庭和企业发放贷款。为了应对新冠疫情的冲击，英格兰银行迅速下调了其基准利率，并将逆周期资本缓冲率从 1% 降至 0%。此外，英格兰银行决定增加政府和企业债券的规模，扩大央行资产购买量。同时，英格兰银行还推出了全新的中小企业定期融资工具。

3. 财政政策和货币政策的协调配合

20 世纪 90 年代，英国货币政策框架的核心是单一规则的通胀目标制度，以维持物价稳定；在财政政策方面以两条财政规则为基础，实施积极的财政政策，并不断提升经济框架的透明度。在 2001—2004 年时间段内，经济政策提出新的"长期投资"目标，显著增加

第六章　财政政策和货币政策协调配合的实践探索

集体公共服务的公共开支。经济政策也在当时背景下出现了新的目标——削减政府管制预算。在 2004 年后的三年里，英国的物价和利率水平维持了自 1997 年以来的最低点。从 2007 年开始，英国政府采取了维持低通货膨胀率的灵活性经济政策。为了应对金融危机，英国政府将 2010—2011 年度 30 亿英镑的财政资金预支到前两个财年，同时政府开始转移税收负担；货币政策方面则是配以调低利率和实行量化宽松政策。

2008 年金融危机之前，金融服务管理局在英国的财政政策和货币政策协调中起着极为重要的作用。《金融服务与市场法》明确了金融服务管理局和被监管者的权力责任及义务，统一了监管标准，规范了金融市场的运作。在吸取了金融危机的教训后，英国政府出台了《英国金融服务法案 2012》，撤销了原来负责金融监管的金融服务管理局，在英格兰银行内部成立了金融政策委员会，并实施了包括审慎监管局和金融行为监管局的"双峰监管"模式。

改革后的英格兰银行将货币政策制定与执行、宏观审慎管理和微观审慎监管集于一身，在金融监管体系中占据核心位置，与财政部在金融危机管理中有密切的协作。在金融危机管理中，英格兰银行将承担更大的危机处理职责，与财政部之间的职责划分也将更加明确。所有涉及公共资金的决定最终仍将由财政大臣负责做出，但英格兰银行必须及时向前者提供决策所需的信息。除此之外，英格兰银行还将对具有系统重要性的金融市场基础设施直接进行审慎监管。

三　德国

20 世纪 60 年代中期，德国财政政策从收支平衡转向凯恩斯主义的全面干预，但因赤字上升，80 年代初恢复谨慎保守政策，以市场调节为主。货币政策始终坚持通胀控制优先，德意志联邦银行享有高度独立性，并通过调整货币供给目标维持金融稳定。德国的财政与货币政策的协调经历了从干预性扩张到稳定性收缩的调整，并在危机时期实施灵活应对措施。德国经验表明，稳定的货币政策、谨慎的汇率管理、实体经济支持和完善的法律体系是经济长期稳定的关键。

1. 财政政策

从20世纪60年代中期开始，德国政府放弃了谨慎收支平衡的财政政策，引进凯恩斯主义理论，对经济进行全面干预与总体调节。在"总体调节"的政策实施中，扩张性财政支出将近773亿马克投入基础设施建设、私人投资补贴以及各种减税项目；紧缩措施花费了约391亿德国马克，通过建立储备基金来平衡经济，增加税收等来削减和冻结开支。在总体调节政策没有达到预期效果，经济增长速度下降，同时财政赤字占国民生产总值的比重上升的情况下，1982年，新政府重新启用谨慎、保守的财政政策，放弃了一贯使用的凯恩斯主义，减少了政府对经济的干预，强化了市场的资源配置功能。具体包括：进行税制改革，三次减税，并调整了直接税和间接税的比重；控制财政支出的增加；减少财政赤字及政府债券的发行。该举措使得德国的通货膨胀率得到抑制，国际收支保持着大额的顺差。联邦德国经济在1983—1989年间的平均增长达到2.6%。

在1990年两德统一后，因为经济社会发展融合的需要，德国政府开始利用财政手段支持东部地区的基础设施建设和工业化进程，导致政府预算赤字和债务水平大幅增加。2001年，受"9·11"事件影响，德国政府实施"逆风干预"，持续扩大财政支出，增加转移支付，刺激有效内需。财政赤字最终突破了《稳定公约》规定的3%的上限，使德国成为第二个违约的欧盟国家。德国政府从2001年初开始实施减税计划，并免除向公司出售股票所得的资本收益征税，并配以"节支计划"压缩政府开支水平。2004年，德国政府陆续推出多项"财政重建"的调控措施削减赤字。2006年，默克尔政府通过以增税来稳定财政预算的"税收改革法"，德国的财政赤字迅速降至GDP的1.6%。2007年,德国政府首度出现自两德统一以来的财政盈余,为政府运用财政政策创造空间,增强政府运用财政政策的主导力量。2008年,德国政府实施扩张性财政政策,先后向市场注入320亿欧元和500亿欧元,德国财政重返赤字状态。2020年3月,新冠疫情使得德国推出历史最大规模的7500亿欧元财政刺激计划,约占GDP总量的21.83%。计划中包含1560亿欧元的联邦政府补充预算,这笔款项将通过发行新债来筹集,这也是德国政府自2013年以来首次发行新债。2020年6月,德国执政联盟通过了一揽子总金额1300亿欧元的经济刺激方案,内容涵盖促进消费、企业支持与民众补贴多个方面。

2. 货币政策

1957年的《德意志联邦银行法》规定:"德国货币政策的首要目标是捍卫马克的稳定,即要求德国每年的通货膨胀率保持在2%以内。"因此,德国央行控制通货膨胀的货币政策的主要目标是将其维持在最低水平。德国央行选择银行同业拆放利率作为货币政策宏观调控的中介变量,该利率反映了德国金融资本市场的供求关系。《德意志联邦银行法》还明确规定,不允许德意志联邦银行向联邦政府或州政府提供贷款,从法律上确保了其"信贷独立性"。因此,中央银行不应因政府为达到某种目的而被迫从事某些贷款业务,如军备等贷款。央行应不断排除各种干预来实施自己的货币政策,有效控制市场的货币供应量。

德国中央银行在欧洲中央银行成立后,作为欧洲中央银行的一个组成部分,德国中央银行的货币政策目标与欧洲中央银行保持一致,即维持物价基本稳定。德国央行认为货币总量能够较好地反映经济中总水平的变动,通过公布年度货币增长目标,公众可以了解政策意图,确保货币政策的稳定性,同时获得国际社会的信任。在1973年之前,德国货币政策的中介目标是控制商业银行的流动性,即自由流动准备金。1974年以后,货币政策的中介目标开始向货币供给转移。1988年，由于德国央行在确定和监控货币量目标的实践中发现中央银行的货币量不能充分反映可以随时转为现金的国内非银行单位的短期存款，央行货币中现金占比较大，便又将中介目标转变为M3。目前，德国央行仍将货币增长目标视为最有价值的货币政策指示器。

3. 财政政策和货币政策的协调配合

从战后初期到20世纪60年代中期，财政政策侧重于维护市场经济的运行环境，并以保持币值稳定和财政收支平衡为基本原则，基本采取收紧的货币政策。从20世纪60年代中期到20世纪80年代初，由于当局政府采取全面的干预市场经济措施方针，该阶段的政策具有明显的反周期性质，以促进经济增长和维持高就业率为主要目标。20世纪80年代初期之后，德国进入了恢复政府有限干预的社会市场经济体制时期。政府限制对社会市场经济的干预，重点保持国际收支平衡和物价稳定。面对2008年的金融危机，德国政府采取了积极宽松的财政政策和货币政策。2008年10月，德国推出了5000亿欧元救市计划，稳定金融市场；德国政府通过"以促进增长保障就业"的振兴经济方案，采取15项措施，批准310亿欧元经济激励计划防止经济滑入深度衰退。根据德国政府推出的金融市场稳定方案，政府将为德国银行之间的贷款提供总额为4000亿欧元的担保。

总体上，德国主要遵循以经济增长为核心的财政政策与以价格稳定为核心的货币政策的搭配。德国的经验启示可以概括为以下四点：（1）实行稳定的货币政策：德国在20世纪80年代供给侧结构性改革的阶段转换期取得成功的一个重要原因是实施了稳定的货币政策。（2）实行谨慎的汇率政策：无论是在凯恩斯主义盛行的时代，还是在供给侧结构性改革的阶段，德国始终坚持物价稳定优先的货币政策取向。（3）支持实体产业与制造业，杜绝泡沫：德国金融以全能银行为主导，支持实体经济发展，严控追逐高利润的金融及房地产业。（4）严格遵守健全完善的法律体系：德国制定的《德意志

第六章　财政政策和货币政策协调配合的实践探索

联邦共和国基本法》中对德国联邦、德国的全部州以及各级市政府的财政政策制定进行了细致明确的规定，包括财政补贴、财政管理、税收分配、税收立法权与公共开支，并且各级联邦政府严格按照基本法的规定执行。完善的法律与严格的落实保证了德国的财政运行平稳。应对危机，德国也制定了完善的互助机制，保证可以平稳渡过危机。在央行的严格管控下，货币政策也保持稳健。此外，德国央行对各类经济指标也有非常严格的定义，深刻影响了欧洲央行的条款制定。

四　日本

日本战后长期实施凯恩斯主义政策，通过财政扩张和公共投资推动经济增长，并在不同阶段调整财政与货币政策以应对经济挑战。20世纪90年代"泡沫经济"破裂后，日本陷入长期通缩，政府先后采取零利率、量化宽松及"超量化宽松"等非常规货币政策，同时财政政策在扩张与紧缩间反复调整，未能有效提振经济。财政与货币政策的协调经历了从财政主导向货币宽松过渡的过程，但高债务和低增长仍是长期困境。近年来，日本持续采取大规模财政刺激和货币宽松措施，以应对经济停滞和全球性冲击，但政策效果受限，财政可持续性问题凸显。

1. 财政政策

20世纪30年代经济大危机后，日本作为亚洲唯一的发达国家，在第二次世界大战后的经济重建和发展阶段，一直奉行凯恩斯主义经济学的宏观调控战略。财政政策不断经历着扩张、紧缩交替运用的过程，但在总体上以扩张性政策为主，通过加大政府支出、增加公共投资力度、减少税收进而刺激消费。战后初期，日本推行以生产作为第一主义的积极政策，给产业发展提供资金保障，优先给重点产业发放贷款，日本钢铁业、煤炭业和电力工业得到迅速的恢复。面对紧接到来的通货膨胀，日本转向"道奇路线"，通过过度平衡预

157

算实现财政盈余和抑制通胀，使日本经济迅速恢复到战前水平。

在1955年后近20年中，凯恩斯主义一直是日本经济政策的指导思想。20世纪50年代末，经济增长快于财政增长，在平衡预算原则下，财政的增加支出和减税促进经济增长作用明显。20世纪60年代早期，政府支出以及减税的规模加大了对总需求的刺激。60年代后期，日本转而采取发行国债的政策，财政政策刺激总需求的灵活性进一步增强。

1973年经济危机爆发，面对通货膨胀、财政赤字扩大等结构性经济问题，以及日本对石油的强依赖性，危机使得日本当时的物价水平上涨了20%。面对"滞胀"问题，日本同大多数国家一样采取了严格的紧缩财政政策，逐步下调政府的经济增长目标，削减政府的开支。从20世纪80年代开始，财政政策的目标从以往的调节总量开始向改革经济结构、促进区域经济均衡发展、缓解国际贸易不平衡、使国民生活更加富足等多方面调整的方向转变。财政支出的重点也从促进经济发展向扩大社会福利改变。

到了20世纪90年代，日本经济陷入一种长期通货紧缩的状态，日本政府开始连续采取扩张性财政政策。此时的财政政策主要分为三个阶段：第一阶段是扩张性财政政策（1991—1996年）。日本政府前后共投入资金64万亿日元用来加大基础设施投资，并且实施两次"特别减税"政策。1996年，日本GDP增长率大幅跃升至5%。第二阶段是紧缩性财政政策（1996—1997年）。由于日本政府误判经济进入自律增长阶段，以及前期财政扩张导致赤字，日本政府决定实行紧缩性财政政策改善财政状况，但是这打断了脆弱的经济复苏进程，对日本国内需求产生了严重的冲击。第三阶段是重新转向扩张性财政政策（1997—2000年）。1997年日本经济增速下降到1.6%，到了1998年甚至出现负增长，促使日本政府转向实施扩张性财政政策以刺激经济。1998年4月至2000年10月，日本政府先后推出4次扩张性财政政策，导致日本债务水平大幅上升，却并没

第六章　财政政策和货币政策协调配合的实践探索

有使经济复苏。

安倍内阁上台后,安倍振兴经济的"三支箭"刺激方案包括扩大财政预算规模、增加对基础设施建设的投资、向市场注入流动性以减弱政府投资产生的挤出效应等。在此影响下,政策虽然达到了短期目标,带动国内各项经济活动的反弹提升,但日本财政风险迅速上升,赤字率和政府债务都出现了不断攀升的现象。

为缓解疫情冲击,日本政府于 2020 年 4 月推出了总规模为 108.2 万亿日元(其中财政支出 48.4 万亿日元)的紧急救市计划,占日本 GDP 的 20% 左右,是日本历史上规模最大的经济刺激计划。2020 年 12 月和 2021 年 11 月又分别推出了总规模为 73.6 万亿日元(其中财政支出 40 万亿日元)和 78.9 万亿日元(其中财政支出 55.7 万亿日元)的一揽子经济政策计划。2020 财年日本政府财政赤字达到 GDP 的 10% 左右。

2. 货币政策

20 世纪 90 年代初,日本发生"泡沫经济"。货币当局自 1991 年以来,为了抵消扩张性财政政策所造成的"挤出效应",屡次下调利率。1992 年,日本银行把拆借利率下调至 0.03%,这意味着日本的实际利率已经降到零下限。然而,日本国内经济仍处于生产萎缩、经济低迷时期,国债规模却已经累积到 40 万亿日元。自 1997 年起,日本政府逐渐放弃了扩张型财政政策,转而实施零利率和量化宽松的货币政策。持续两年的零利率政策在短暂提振经济后效果渐微,日本经济徘徊在流动性陷阱的边缘。2001 年 3 月,日本央行决定采取更加宽松的货币政策并在此后实施了多轮量化宽松货币政策。

2001 年 3 月 19 日,日本银行正式开启了第一轮量化宽松货币政策。这是世界各国历史上,中央银行第一次运用这种非常规的方式解决流动性陷阱问题,主要做法包括:银行向公众承诺将继续向市场提供流动性,从而引发通胀预期;更换货币市场中介目标和操作工具,将新的中介目标转向货币供给量;必要时期加大长期政府债券购买力度。这一阶段的量化宽松政策起到一定成效，日本经济得到一定程度的恢复。在此背景下，日本政府在2006年3月决定退出量化宽松，逐步从金融体系中抽走过剩资金，同时转变货币市场操作目标为无担保的隔夜贷款利率，但将基准利率保持在0%。2006年7月，零利率政策暂时停止。

2008年下半年金融危机加剧，日本经济再次陷入严重的衰退状态。日本央行推出大规模的货币政策予以救助，旨在稳定金融市场，防止实体经济的进一步衰退。2010年10月，日本再度实行零利率政策。此外，日本央行还进行了101万亿日元的资产购置计划。2013年1月，日本央行引入了通货膨胀目标制，目标是将核心CPI年增长率提升至2%。

日本在2013年4月推出了安倍经济学下的"超量化宽松政策"。总体而言，"超量化宽松政策"有五个特征：第一，加强目标预测和承诺；第二，增大基础货币规模；第三，扩展上一轮的资产购置计划规模，调整所购资产特别是债券的结构；第四，暂停实施"银行券原则"，央行无限购买国债；第五，实行负利率政策，刺激银行放贷，并对银行存在央行的超额资产收取罚金。

2016年9月，随着政策重心由货币数量调整转变为利率，日本"超量化宽松政策"进行了重大改革，转变为"质化量化宽松政策"，具体包含五个方面内容：一是通过负利率政策与国债购买相结合来控制长期利率；为了调整国债收益率曲线，政府还制定了一个长短期利率调控相结合的方针。二是继续实施日本银行短期存款-0.1%的负利率政策。三是日本银行对国债的购买规模在每年80万亿日元的小范围内浮动。四是实施扩大基础货币供应和增加市场流动性的措施，使物价水平提高到2%以上。五是央行与政府形成合力推进经济结构的调整与改革。

3. 财政政策和货币政策的协调配合

日本第二次世界大战后在一定程度上是政府主导型的市场经济。

在制定经济政策时，日本重视"确立产业政策为主导地位、财政政策和货币政策协调配合"的政策理念。在第二次世界大战后的30年里，凯恩斯主义的需求管理政策被大部分西方国家奉为圭臬时，日本却基本上是从"促进经济高速发展"的角度，以"财政和金融服务围绕经济的高速建设"的理念来运用财政政策和货币政策。不可否认，这一时期的日本政府也寻求需求管理政策进行宏观调控，但其更依赖财政政策在扩大内需、刺激经济增长和减少失业方面的作用。在传统四大宏观经济目标的基础上，日本政府还提出资源合理配置和收入均等化这两个目标。

在"广场协议"后，经济政策把稳定物价放在了重要位置，而财政政策拘泥于均衡目标并没有收到良好的效果，反而限制了货币政策发挥作用的余地。20世纪90年代，日本经济正式迈入大萧条时期后，日本政府实施了第二次世界大战后规模最大的经济刺激计划。这一时期的政策灵活性有了显著的加强。面对2008年全球性的金融危机，日本在下调利率方面与国外发达国家的步伐基本一致，通过渐进式下调的方式，为市场注入流动性；同时，配以零利率政策、量化宽松等非常规货币政策，大大提升了货币政策的有效性，并为货币政策研究掀开了新的篇章。

第二节 财政政策和货币政策协调配合的新探索

一 新宏观经济共识与货币化融资

新冠疫情危机造成的巨大破坏以及超大规模财政救助计划造成的财政赤字飙升，导致最近重新出现这样一种观点——货币化融资（monetary financing）应该被视为政府的融资选择之一（Galí，2020；Yashiv，2020）。与在中央银行独立革命中占主导地位的永远不应使用货币化融资的观点相比，这是一个戏剧性的转变。

Galí（2020）提出的主要想法是使用"货币化融资的财政刺激政策"（money-financed fiscal stimulus）来应对疫情冲击①。作者认为与其提高税收或增加政府债务来为财政支出融资，不如使用"直升机撒钱"，即中央银行直接对财政转移支付提供无偿资金。通过对这项政策与传统的债务融资政策在经典的新凯恩斯动态随机一般均衡模型中进行比较分析，结果表明当经济不存在零利率下限约束时，货币化融资的财政刺激比债务融资的财政刺激具有更大的乘数效应。在经济受到零利率下限约束下，货币化融资的财政刺激与债务融资的财政刺激之间的差异仍然存在，尽管在政府支出增加的情况下差异较小。Yashiv（2020）则进一步提出了打破货币化融资禁忌的一系列制度安排②。

20世纪的通货膨胀经历导致了针对政府使用货币化融资的制度性障碍的建立。这些障碍主要以新宏观经济共识下的通货膨胀目标制和中央银行独立性的形式被确立下来。自20世纪90年代以来，高度强调理性预期的通货膨胀目标制已成为货币政策超越其他宏观经济目标的主要焦点（Woodford, 1995; Bernanke and Mishkin, 1997）。这种新宏观经济共识方法有三个关键要素（Arestis and Sawyer, 2008）：(1) 中央银行的主要任务应该是维持物价稳定；(2) 为了实现这一目标，央行应该在操作和制度上独立于政府或财政部；(3) 与赤字或货币化融资、信贷控制或指导等更直接的方法相比，间接的货币政策方法（特别是利率调整）更为合适。

这一政策框架起源于新凯恩斯动态随机一般均衡模型，其中当期望储蓄与投资需求一致时，经济系统以"自然利率"达到均衡。劳动力市场的名义刚性和摩擦限制了短期均衡的实现；央行的关键

---

① Galí, Jordi, "The effects of a money-financed fiscal stimulus", *Journal of Monetary Economics*, Vol. 115, 2020.

② Yashiv, Eran, "Breaking the taboo: The political economy of COVID-motivated helicopter drops", *Europe in the Time of Covid-19*, 2020.

第六章　财政政策和货币政策协调配合的实践探索

作用是通过调整政策利率，引导经济向自然利率靠拢。通过设定通胀目标，理论上央行可以自动保证最低的产出缺口，或者在没有名义刚性的情况下保持相同的产出水平（Blanchard and Galí, 2007）。政策利率实现这一目标的能力依赖于这样一个假设：重要的是价格和利率，而不是基础货币、信贷总量或流动性。此外，模型假设运转良好的金融市场可以将货币政策刺激传导至整个经济系统。相比之下，财政政策需要谨慎管理，以免扭曲自然利率。由央行而不是私人部门为政府预算赤字融资，将导致私营部门的"挤出"，迫使储蓄率上升，进而抑制资本的有效配置（Roubini and Sala-I-Martin, 1995）。此外，与债券融资相比，货币化融资具有通货膨胀性（Sargent and Wallace, 1973）。新宏观经济共识中的财政政策主要被视为管理短期商业周期的反周期工具。长期GDP增长取决于供给侧，例如通过技术和人力资本的改善。

自20世纪90年代以来，新宏观经济共识框架通过宪法和操作上的变化，在制度上嵌入了中央银行的独立性对政府的特定作用。国际金融监管机构，如国际货币基金组织、世界银行和国际清算银行完全赞同这种方法。1992年签署的《马斯特里赫特条约》禁止任何国家的中央银行直接为政府支出提供融资。

各国央行对2008年金融危机的反应，对新宏观经济共识中关于财政政策和货币政策相互分离的观点提出了挑战。金融危机发生后，各国央行迅速增持政府债务，以至于到2017年，采用量化宽松政策的六家央行平均持有政府债务总额的1/5。最引人注目的案例是英国和日本，自2008年以来，这两个国家的主权债务持有量增加了25%左右。当时，许多经济学家认为，量化宽松政策将使各国货币贬值，并导致高水平的通货膨胀，甚至可能导致恶性通货膨胀。事实上，相反的情况发生了——在大多数采用量化宽松政策的国家，通胀在政策推出后的几乎整个十年里都低于目标水平。尽管经济体转向充分就业水平，但通胀仍保持在低位，这表明垂直的长期菲利普斯曲

163

线关系不再适用（Borio et al., 2018）。此外，尽管最初几轮量化宽松在防止严重萧条方面起到了作用，但在短期利率接近零的情况下，之后几轮更侧重于提振需求的量化宽松并不成功，实际上可能导致了过度的资产价格泡沫。

二 对新宏观经济共识观点的批判

首先，虽然新宏观经济共识承认由外部冲击引起的非均衡状况可能会因金融体系而加剧，即所谓的"金融加速器"效应（Bernanke, 1999），但从长期来看，货币政策仍被视为中性的。实际上，新宏观经济共识保留了中性货币本体论，货币仅仅被看作是物物交换之上的面纱。银行贷款被看作是购买力从储蓄者向借款人的转移，对实际活动没有影响。在这种观点下，通胀被视为纯粹的货币问题，央行可以通过隔夜政策利率直接影响通胀。价格稳定被视为足以确保宏观经济稳定。因此，直到2008年国际金融危机之前，金融稳定都不是央行所关注的问题（Dow, 2017）。相比之下，一批后凯恩斯主义经济学家更加注重研究"货币生产的经济"（monetary production economies），即对实体经济的投资需要在储蓄存在之前进行融资（Moore, 1983）。在货币生产的经济中，商业银行部门发挥着关键作用，因为它能够在不依赖现有储蓄的情况下，通过贷款创造存款，为信誉良好的借款人提供新的融资。

其次，新宏观经济共识通常假设银行贷款主要流向非金融企业和用于生产。事实上，银行信贷也为购买现有的实物和金融资产提供资金，这可能导致资产价格通胀。研究表明，在过去几十年里，发达经济体的银行信贷已转向资产市场，特别是房地产市场。即使不会产生消费价格通胀，却导致经济增长下降和金融不稳定性增加（Werner, 2005）。在这种情况下，财政政策和货币政策可能会在长期支持可持续增长和总需求方面发挥重要作用。

再次，新宏观经济共识坚持地将货币化融资限制在可忽略不计水

第六章　财政政策和货币政策协调配合的实践探索

平的观点，正受到相当多的审视和挑战。实际上，只要央行能够在二级市场上无限量地购买政府债务，货币化融资对债务可持续性就不会造成影响。在这种情况下，中央银行成为政府债券的"做市商"，可以确保主权债务不存在违约风险，且政府债券的价格完全由货币政策决定。政府债券和央行货币的唯一区别是不能用来直接进行结算支付。类似地，由于不断上升的赤字可能会推高利率，以特定政策利率为目标的中央银行可能实际上被迫将政府赤字货币化以达到政策利率目标。这种"两步式"货币化融资过程在最近的文献中通常被忽视，但是它在财政政策和货币政策协调的历史实践上发挥了重要作用。

最后，央行独立性与低通胀之间的实证关系，尽管已被政策制定者广泛接受，但也受到了实证研究的广泛质疑（Crowe and Meade，2007）。一项对56个恶性通货膨胀案例进行的最全面的研究发现，绝大多数恶性通货膨胀发生在重大战争或其他外生冲击期间或之后（Hank and Krus，2013）。

三　货币化融资和量化宽松政策的联系和区别

为了应对量化宽松在推动增长率恢复到危机前水平方面的明显失败，一些新凯恩斯主义经济学家认为，经济已经进入了"流动性陷阱"，因此需要扩张性的财政政策（Eggertsson and Krugman，2012；Summers，2015）。一些经济学家则认为此时需要明确的财政政策和货币政策协调，中央银行应当将一定比例的政府债务货币化，以促进通货膨胀和需求（Woodford，2012；McCulley and Pozsar，2013；Turner，2015）。货币化融资的核心思想是由央行创造出基础货币的永久性增长，并通过多种方式传递给经济体各部门。Friedman and Bordo（1969）用"直升机撒钱"做类比，提供了最生动的例证。[1] 在

---

[1] Friedman, Milton, and Michael Bordo, *The Optimum Quantity of Money and Other Essays*, Chicago: Aldine Publishing Company, 1969.

实践中，货币化融资通常是通过政府的财政刺激来实现。例如，财政部可以暂时减税或增加支出，同时央行将现金转移到财政部以支付相关成本。或者财政部可以通过发行由央行无限期购买和持有的债券来为财政刺激计划提供资金。由于债券由央行永久持有，因此它们是否计息并不重要，这是因为央行将以央行利润的形式将全部利息返还给财政部。

货币化融资和量化宽松政策在技术上有一个重要的相似之处，即两者都是通过创造新的基础货币来购买政府债券。两者之间的主要区别在于：在量化宽松政策下，央行只能购买二级市场的政府债券；而在货币化融资下，央行可以直接购买新发行的政府债券并无限期持有，为财政赤字提供直接融资。由于货币化融资涉及创造无利息和不可兑换的货币，因此与标准的债券融资的借款增加或央行资产负债表的临时扩张（如量化宽松政策）相比，货币化融资直接增加了企业和家庭部门的净值（net worth），从而更容易导致名义支出和需求的增加（Buiter，2004）。

此外，与央行通过资金转移方式实现的货币化融资相比，央行通过扩大量化宽松计划，直接购买新发行的政府债务并不会阻止政府债务比率的上升，因而有可能使一些国家的公共财政走上不可持续的道路。相反，如果央行将转移的资金直接计入政府的账户，相当于从央行向政府转移资金。从会计的角度来看，它可以通过央行资本的减少来体现。因此，它本身不会对央行定期转移给政府的利润产生影响。这种从央行向政府的资金转移相当于央行购买政府债务，然后立即注销，因此不会对政府的债务存量产生影响（Galí，2020）。

四 货币化融资的不同实现形式

货币化融资可以划分为三个主要类别：（1）旨在削减公共债务的间接货币化融资，通常取决于央行和财政部之间的一定程度的合作；(2) 旨在满足特定的经济目标（如工业发展、重建或战争）的直接货币化融资，具体包括债务货币化、央行对政府的预付款和商业银行对政府的贷款；(3) 转移的货币化融资，即央行在为具有特殊财政目标的公共金融机构（通常是国家开发银行）提供融资方面发挥作用。

1. 间接货币化融资

间接货币化融资被定义为央行在二级市场上大规模且持续地购买政府债券。央行的公开市场操作主要指，央行通过在二级市场买卖政府债券，增加或抽走金融市场的流动性，并试图确保它们向商业银行收取的利率（短期或政策利率）传导到商业银行向私人部门提供的贷款利率。公开市场操作通常不会被定义为直接货币化融资，因为债券是在二级市场而不是一级市场上购买的。然而，历史上经常有利用公开市场操作达到债务管理的目的。Reinhart and Sbrancia (2011) 将中央银行或商业银行持续多年进行的大规模政府债务购买（商业银行的债务购买通常被要求作为更广泛的金融部门监管的一部分）归类为一种"金融抑制"形式，因为它涉及将利率永久压低至市场利率以下，使政府能够大幅减少公共赤字，最终降低债务与GDP 的比率。[①] 其研究发现，这是1945—1970 年间发达经济体和新兴市场经济体的一个特征。战后主要央行资产负债表大规模扩张的例子中，有2/3 的情况伴随着公共债务水平的增加。而且，在近一半的情况下，中央银行持有的政府债务增加额超过了公共赤字的50%。因此，在大多数情况下，公共债务的增加主要是由央行间接融资的。

可以认为，在20 世纪90 年代央行独立之前，央行（暂时）为政府赤字融资是一种惯例。2008 年国际金融危机之后的量化宽松政

[①] Reinhart, Carmen M., and M. Belen Sbrancia, "The Liquidation of Government Debt", *Economic Policy*, Vol. 30, No. 82, 2011.

策，也可以被归类为以债务管理为导向的货币政策。后危机时期，央行从二级市场购买债务的既定目标通常集中在货币政策目标上——达到通胀目标——而不是公共债务可持续性。所有从事此类活动的央行都认为，在未来的某个时候，这些证券将被卖回市场，以保持价格稳定。然而在现实中，所涉及的政府债券购买规模，在中长期内降低了政府成本和债务。以英国为例，Goodhart and Ashworth（2012）的研究表明，英格兰银行的量化宽松政策为政府带来的潜在储蓄总计达550亿英镑（截至2012年）[1]。在所有量化宽松的案例中，央行产生的铸币税利润（政府对未偿债券支付的利息）都返还给了财政部。

2. 直接货币化融资

（1）直接货币化融资：政府债务货币化。与所谓的"金融抑制"或通过二级市场购买政府债券不同，央行直接从政府购买新发行的政府债券是最典型的直接货币化融资方式。政府债务货币化最成功的案例之一是20世纪30年代的日本。在1931年放弃金本位制并导致日元贬值之后，日本政府开始了大规模的财政扩张。这种扩张的资金主要来自央行的货币创造。1932年11月，日本政府开始直接向日本银行而不是私人机构出售全部发行的政府债券。通货膨胀和过剩的流动性随后由日本银行在公开市场上出售政府债券来控制。

（2）直接货币化融资：央行对政府的预付款。长期以来，由央行向政府提供短期流动性一直被许多国家所广泛采用。然而，此类贷款的数量和期限通常都有严格的限制（Jácome et al., 2012）。例如，1936年的《储备银行修正法案》将新西兰储备银行完全国有化，并允许其向政府及其代理机构提供信贷。在1936年至1939年间，新西兰储备银行创造了约3000万新西兰元的信贷来支持大规模

---

[1] Goodhart, Charles A. E., and Jonathan P. Ashworth, "QE: A Successful Start May be Running into Diminishing Returns", *Oxford Review of Economic Policy*, Vol. 28, No. 4, 2012.

的财政扩张。比如，新西兰储备银行被用来担保农产品价格。市场价格和担保价格之间的缺口完全由央行的预付款来弥补。

（3）直接货币化融资：商业银行对政府的贷款。在短期内，政府也可以通过以低于市场利率的利率直接从商业银行借款来实现债务货币化。这种货币化融资可以为各国政府提供更大的财政自主权，且在大多数国家都没有法律或宪法障碍（Werner，2014）。这种直接货币化融资的方式与私人部门的做法大致相同。值得一提的是，与债券化融资相比，通过商业银行进行货币化融资不仅具有扩大总购买力的优势，而且还具有在金融风险加剧时期改善商业银行资产负债表的好处，因为政府通常被认为是最安全的借款人。例如，现行的《巴塞尔协议Ⅲ》中规定，向政府发放的贷款将被归类为风险加权资产的最高类别。因此，商业银行的货币化融资可以帮助其满足更高的资本充足率。Werner（2005）建议，作为一种筹集债务的手段，欧元区各国政府可以使用固定利率的不可交易贷款合同，直接从商业银行借款，而不会增加主权债务风险。[①]

3. 转移的货币化融资

转移的货币化融资是指中央银行和商业银行直接为政策性金融部门融资。政策性金融部门是一个天然的财政政策和货币政策合作的特殊目的平台。中国国家开发银行（以下简称"国开行"）就是一个依靠特殊目的平台进行货币化融资的典型例子。1994年国开行成立时，中国人民银行要求其他商业银行购买国开行的债券，借此为国开行在债券市场筹集了大部分资金。然而，随着国开行资产负债表上不良贷款数量的增长，商业银行要求更高的利率，最终这一强制性安排被撤销。近年来，国开行也获得了央行的直接融资。2014年，中国人民银行通过"抵押补充贷款"（PSL）渠道开始直接

[①] Werner, Richard, *New Paradigm in Macroeconomics: Solving the Riddle of Japanese Macroeconomic Performance*, Basingstoke: Palgrave Macmillan, 2005.

向国开行提供长期贷款,用于支持棚户区改造、保障房安居工程、"三农"和小微企业发展。

第三节 国债市场——传导财政政策和货币政策的重要纽带

财政政策和货币政策的执行效果共同决定了宏观经济政策目标是否实现。在政策制定和操作上,两者是密不可分的,特别是在国债现金管理和国债发行领域,两者的协调更加有必要。国债的发行和管理将独立的财政政策和货币政策联系起来,成为连接财政政策和货币政策的桥梁。

20世纪90年代末,美国联邦预算出现盈余,财政部开始在市场上净额清偿国债,导致国债余额减少。这种减少对金融市场的稳定和货币政策的执行的挑战。美国国债以高信用、强流动性和税收减免优势,成为金融机构流动性储备的核心资产,也是美联储公开市场操作的主要工具,同时为其他固定收益证券提供基准定价。然而,国债余额快速下降导致金融机构流动性不足,削弱了公开市场操作和基准定价功能。从美国的经验可以看出国债不只是一个财政问题,它在相当程度上是一个金融问题。实际上,国债兼具财政和金融双重职能,是连接货币政策和财政政策的重要纽带。一方面,国债的发行和兑付是财政政策的措施,用于弥补财政赤字和筹集建设资金,通过调整国债的发行规模可以实现逆周期调控。另一方面,作为重要的金融产品,大规模的国债市场,尤其是短期国债市场,是央行有效开展公开市场操作的保证。

一 中国国债市场发展概况

在过去几十年中,尤其是进入20世纪90年代以来,我国国债市场发展迅猛,走完了西方国家几十年甚至上百年才走完的道路。

第六章 财政政策和货币政策协调配合的实践探索

我国国债市场在其规模、结构以及一级市场和二级市场建设方面都取得了令人瞩目的成绩。

第一阶段：国家经济建设公债阶段（1954—1958年）。1954—1958年，中国连续五次发行"国家经济建设公债"。1968年止，该公债的本息全部偿清。这五次公债发行超过计划发行额的16.96%。国家经济建设公债的发行对于实现社会主义改造，巩固和加强社会主义经济的物质基础，发挥了良好的作用。

第二阶段：国债市场形成阶段（1981—1987年）。1981年，中央决定重启国库券发行，其特点是发行初期采用行政分摊发行方式，并且发行后不允许持有者流通和转让。随着发行总规模的扩大，购买力越来越显得不足，为此，1984年国务院发布了《中华人民共和国一九八五年国库券条例》，提高国库券利率，并规定国库券可以在银行抵押贷款或贴现，并开始引入市场机制。1987年1月5日，中国人民银行上海市分行发布了《证券柜台交易暂行规定》明确规定，批准政府债券、公司债券和金融债券在柜台进行交易，表明中国国债市场已开始进入形成阶段，该阶段的特征是以柜台交易为主，以财政部门经办的国债服务部、财政债券公司为主要中介机构，并逐渐引入商业银行和证券公司。

第三阶段：国债市场迅速发展阶段（1988—1996年）。1988年，为了解决国债变现难的问题，中国人民银行和财政部分两次在61个城市进行了国库券流通转让试点，引入了国债的二级市场。1990年证券交易总额中，国债交易额占比超过80%。1991年，财政部决定施行国库券承购包销试点，使国债发行大规模转向承购包销方式发行，标志着国债一级市场初步建立起来。上海证券交易所分别于1993年10月和12月推出了国债期货和回购两个创新品种。1994年，国债增设了面向个人的储蓄债券等品种，并首次发行半年和一年期的短期国债。伴随着国债二级市场的异常活跃，国债市场中的一些问题也开始显露，同时，这些问题也揭示出统一的期货法规和

171

健全的期货交易风险管理与控制体系是国债期货市场健康发展的基础，以及国债发行流通和国债利率的市场化是规范国债期货交易的必要条件。

1996年，国债发行全面实行招标方式，实现了国债市场化的重大突破。国债市场得到了进一步发展，以往按月滚动发行的集中发行得到改革，新债发行与旧债偿还衔接更为紧密，发行频度也更高；另外，国债品种日益多样化，开启贴现发行方式并共有3个月、6个月、1年、3年、5年、7年和10年七个期限品种，国债期限结构趋向合理；回购市场参与者日益增多。1996年12月成立的"中央国债登记结算有限责任公司"作为金融资产中央登记平台，逐渐建立和完善债权簿记系统、发行系统和公开市场操作系统，提高了债券市场发行效率，改善了银行间市场基础设施，有效配合了国家财政政策和货币政策的协调实施。

第四阶段：国债市场调整和制度建设阶段（1997—1998年）。为防止银行资金从国债市场流入股市，中国人民银行于1997年6月发布《关于各商业银行停止在证券交易所证券回购及现券交易的通知》，要求银行的国债现券交易和国债回购交易退出证券交易所，改在银行同业拆借市场上进行。这标志着全国银行间债券市场开始形成。1998年5月26日，中国人民银行开始在银行间债券市场进行人民币公开市场操作。我国国债交易市场基本形成了由上海和深圳证券交易所主导的交易所市场、以银行间债券交易为主的银行间债券市场和商业银行柜台市场共同组成的市场格局。

第五阶段：国债市场创新和完善阶段（2000年以后）。2000年，中国人民银行发布的《全国银行间债券市场债券交易管理办法》对二级市场交易做出规范；2007年，《全国银行间债券市场做市商管理规定》正式提出了"做市商"概念并进行规范；为提高国债的流动性，完善收益率曲线，2011年，中国人民银行和财政部联合发布《新发关键期限国债做市有关事宜的公告》；2013年，中国金融期货交易所推出 5 年期国债期货,我国国债期货市场在关闭 18 年后重启。

2005 年财政政策由积极转为稳健,国债发行增长速度放缓,但余额仍在增长,并于 2007 年再次启动了特别国债。财政部发行了 1.55 万亿元特别国债,用于购买约 2000 亿美元外汇注资国家外汇投资公司。特别国债的发行反映了财政政策和货币政策在加强流动性管理和外汇管理体制改革方面的协调与配合。为应对新冠疫情冲击,财政部于 2020 年 6 月公开发行 1 万亿元抗疫特别国债,主要用于公共卫生等基础设施建设和抗疫相关支出。

整体上,2000 年以后,虽然我国国债市场以创新和完善为主,已经基本形成包括储蓄国债、记账式国债、国家重点建设债券、财政债券、特种国债、定向国债、保值国债、转换债券等多品种在内,包括招标方式、承销方式、定向招募方式在内,从 3 个月到 50 年的短、中、长期兼备的国债一级市场,但仍存在一系列亟待解决的问题,如一、二级市场的交易过于集中在商业银行,银行间市场和交易所市场分割现象依旧存在,国债期权期货等风险规避的衍生品市场作用不足等。

二 中国国债市场与美国、德国的比较

1. 国债发行方式

目前,我国的记账式国债、政策性金融债主要通过招标发行,承销团成员包括从事国债承销业务的商业银行、证券公司、保险公司和信托投资公司等金融机构;储蓄式国债则通过商业银行柜台发行。

在美国,美联储代理美国财政部在一级市场定期拍卖新发行的国债。一级市场由 2000 多个做市商和营销商组成,其中包括 20 余个由美联储纽约分行负责指定的一级自营商。一级自营商的职责主要包括积极参与国债一级市场和美联储的公开市场业务操作,并及

时向纽约分行提供国债市场相关信息。美国的国债拍卖主要分为竞争性拍卖和非竞争性拍卖。在宣布国债发行后但在国债拍卖前的时间里，投资者可以交易即将发行的国债，从而提高国债在拍卖日的分配效率，并提供投资者将来国债拍卖时的可能价格和利率。除了发行新的国债，美国财政部也按计划增发某批国债来增加其流动性。

美国国债没有标准化交易所，其二级市场主要通过一级自营商或财政部在柜台市场交易。一级自营商是美国国债柜台交易的做市商，其按照一定价格向投资者买进或者卖出国债，赚取买卖价差。除了现货市场，美国国债市场还包括如芝加哥交易局、芝加哥商品交易所的回购市场和期货市场等。

从2001年起，德国联邦财政部将国债发行和债务管理的相关权力下放给联邦财务代理公司。德国国债发行方式比较多样，绝大多数国债在一级市场通过拍卖发行，其他包括随卖发行、续发行、国债管理操作发行等，很少采用承销国债的方式发行国债。一级市场拍卖发行规定只有拍卖团成员才可以直接参与竞标，但任何金融机构都可以申请加入拍卖团。拍卖采用多价格竞价和非竞争性竞价。拍卖团成员的年中标量不能低于年加权拍卖量的0.05%。联邦储备券和联邦短期金融票据的发行使用随卖发行方式，债券进行连续销售，投资者随买随得，销售价格随市场条件变化调整。部分联邦中、长期债券、5年期特别债券事先保留，用于国债市场管理操作，被称为国债管理操作发行。续发行是指对现有国债再次发行，并且不改变到期日和票面利率，以增大该国债的市场存量并提高其流动性。

德国国债的二级市场包括德国证券交易所、各种国际电子交易平台以及柜台市场（主要二级市场），并由做市商自愿提供报价，是欧元定价的主权债券中买卖价差最小的。同时，德国政府也为做市商提供必要的帮助，比如在流通性差的时候，把拍卖中留存的国债投入市场，提高流动性。德国财政部下的财政署负责管理国债发行效率、国债期限优化组合和国债市场的流动性。德国国债市场除了

第六章　财政政策和货币政策协调配合的实践探索

现货市场,还包括回购市场和国债拆借市场。另外,2年期以上的国债期货在欧洲期货交易所交易。现货和期货市场的一体化使得德国国债市场具有高度的流动性。

2. 国债规模和持有者结构

根据2025年1月CEIC数据库数据,中国国债规模达32.25万亿元人民币,相比1997年的4000亿元,年均增速超过10%。商业银行是中国国债的最大持有者,占比约66%,其中有大型商业银行占主导地位。此外,金融产品配置需求日益增长,理财产品等非法人产品持有国债占比7.9%。境外机构持有国债占比6.3%,其中日本、韩国和澳大利亚为中国国债最大持有国。虽然中国国债国际化进程在推进,但中国作为全球第二大债券市场,外资占比仍较低。

根据美联储数据,截至2024年第三季度,美国联邦政府国债总规模达32.25万亿美元,占GDP比例超过120%。近年来,美国债务扩张主要受财政赤字和量化宽松政策推动。外国投资者持有美国国债约30%,其中日本和中国为最大持有国,反映出美国国债的高度国际化特征。美联储持有比例约为18%,国内商业银行、货币市场基金和养老基金合计占比25%。此外,家庭与非营利组织直接持有约10%的美国国债,州和地方政府持有约5%的美国国债。美国国债市场流动性强,但较高的外资持有比例使其债务风险受全球市场波动影响较大。

根据德国联邦银行数据显示,截至2024年9月,德国国债规模约为2.98万亿美元,占GDP的63%左右。德国政府债务持有者结构呈现多元化趋势,个人投资者和外国法人投资者占比最大,但近年来德国联邦银行持有量显著增加。同时,德国的10年期国债由于其良好的流动性和较高信用,吸引了全球的避险资金。然而,近年来受能源危机和绿色转型政策影响,德国债务率有所上升,海外投资者(包括主权基金、央行等)对德国国债的持有比例呈下降趋势。

3. 国债立法

我国的国债立法进程与我国的国债市场发展情况紧密相关。中华人民共和国成立后，我国先后颁布了《关于发行人民胜利折实公债的决定》《国家经济建设公债条例》《中华人民共和国国库券条例》等条例。1992年，国务院发布了《中华人民共和国国库券条例》，规定"每期国库券的发行数额、利率、偿还期等，经国务院确定后，由财政部予以公告"，并将其他发行事宜固定下来，每年发布当年国库券条例的做法才宣告结束。1995年颁布的《中华人民共和国中国人民银行法》中明确规定："中国人民银行不得对政府财政透支，不得直接认购、包销国债和其他政府债券"，"中国人民银行不得向地方政府、各级政府部门提供贷款"。

整体上，我国在国债管理领域仍需建立更为完善的专项法律体系。我国现有的《预算法》《中国人民银行法》《证券法》等法律都是从各自角度出发，仅对所涉及国债市场管理的某些领域和环节进行规范。1992年颁布的《中华人民共和国国库券条例》虽然是现行专项规范国债管理的最高层级法律文件，但只能对国库券适用，且存在诸如规定内容过于简单、其法律效力已不能适应当前国债管理的需要等缺陷。

1776年，美国政府开始在国际市场发行第一批国债，用于为美国独立战争筹集资金。鉴于独立战争胜利后美国政府未能顺利清偿国债，美国第一任财长汉密尔顿（Alexander Hamilton）为美国的国债管理设立了一系列目标和原则：达到最低融资成本；保证战争或者其他紧急情况下无限信贷；促进资本市场效率；保持国债无风险地位；达到联邦政府资金需求的统一融资；促进国债市场流动性；实现国债政策和管理的一致性和可预期性；发行13周到30年期限的各种国债，以降低融资的利率风险和期限风险。以上目标和原则到现在还在指导着美国国债市场。

美国现行有关国债的法律是来源于《美国法典》的《政府债券

法》，将发行国债的权力赋予财政部。美国通过先后颁布《自由公债法》《证券法》《证券交易法》《投资顾问法》以及建立证券与交易委员会这样的专门监管机构，强调证券在发行中的信息披露制度。堪萨斯州政府的《蓝天法》是第一部关于证券发行管理的综合性法律，要求证券发行人发布财务报告，并引入第三方检查的要求，后被各州纷纷效仿。此外，美国各级法院的判例以及证券交易委员会制定的有关国债市场的法规，也是构成美国国债市场法律体系的重要组成部分。

1986年和1989年，德国修订的《证券交易法》拉开了资本市场现代化的序幕。为加快德国金融市场的法律框架现代化，财政部与国会的专业人士设计了四部金融市场促进法案。1990年实施的第一部法案废除了证券交易周转税，降低了协商工具税以及公司税，用以消减投资者的交易成本；1994年实行的第二部法案致力于改革证券交易监管、禁止内幕交易、强制公开价格敏感信息等，提高资本市场的透明度；1998年生效的第三部法案针对改革上市公司的披露义务并同意设立投资银行，允许银行发行新的基金类型；2002年生效的第四部法案主要关于股票交易的法律监管，内容涉及证券交易、投资、银行和保险业。

为控制政府债务的持续增长，德国联邦和各州政府于2009年6月11日制定并通过了《新债务限额》法案，并将其写入了《德意志联邦共和国基本法》（以下简称《基本法》）。同时，《基本法》第115条对联邦政府和各州须遵循的债务规则进行了规定，明确了年度预算中的最大贷款额和对新债务发放的限制，以约束政府的举债行为。

德国政府债务管理的职责和权限完全由相关法律规定，债务管理既注重短期融资功能发挥，也关注中长期的政策效果。德国政府实行年度预算与中期财政预算相结合的预算管理制度。在提交年度预算草案的同时，还需提交一份根据目前的发展水平等因素对未来财政收入进行预测的五年中期财政预算，对债务的偿还和发行工作做出中长期规划。德国在国债管理中设定了双重核心目标：一是将国债打造成为基准性金融资产，强化其作为标准化公共产品的属性；二是满足政府自身融资需求，追求融资成本和风险最小化。

三 国债的货币经济学含义

在现代信用货币制度下，货币价值依赖于政府信用，而与黄金等贵金属完全脱钩。央行投放基础货币的过程需要商业银行提供国债等抵押物。因此，在现代信用货币体系下，基础货币的创设，通常需要政府债务工具作为担保。对于主权货币国家，只要有足够的国家信用，国债发行的常量就可以持续存在，而这种常量的国债实际上是不需要偿还的。只有当国家信用出现问题时，才会出现国债的挤兑。所以，国债发行量是与国家信用紧密联系在一起的，信用高的国家自然创造出高量的国债货币。因此，在现代信用货币制度下，国债的货币经济学含义的核心是保持货币发行背后的国家信用本质，以摆脱国债与赤字的僵硬联系，将国债问题放入财政、货币和金融的相互关系中来研究。国债政策的制定中，除了考虑其弥补财政赤字与筹集经济建设资金的财政功能外，还要强调其作为货币政策中公开市场操作对象而承担的宏观调控功能，以及债券发行对财政政策准备金效应的熨平功能；更为重要的是，要考虑国债作为抵押物在充当储备货币创设过程中的需要，以及国债作为金融市场基础债券的需要。

遗憾的是，我国对国债的货币经济学含义一直认识不足。过去的国债政策，都是基于债务可持续性和宏观调控的需要，并没有考虑国债作为抵押物在充当储备货币创设过程中的需要。根据中国人民银行官网的数据显示，截至2022年12月，中国人民银行对中央政府债权规模为1.52万亿元，其中约1.35万亿元属于特别国债。如果剔除这部分特别国债，中国人民银行持有的国债规模仅约为

第六章　财政政策和货币政策协调配合的实践探索

1764亿元。中国人民银行的资产以外汇占款（21.47万亿元）和对其他存款性公司债券（14.31万亿元）为主。负债以其他存款性公司存款和货币发行为主。这说明目前我国的货币投放方式仍然是以外汇占款和向其他存款性公司借贷为主。

在货币投放主要以外汇占款为基础的阶段，对国债的货币经济学含义的忽视尚不足以对基础货币发行产生重大影响。然而，2015年后，我国基础货币投放基础已由外汇占款转向公开市场操作和窗口操作，表明我国货币形成机制发生了重大变革，即具有被动特征的外汇占款增长退居次要地位，央行可以主动控制的公开市场操作走上前台。为此，中国人民银行创设了多种调节准备金市场的结构性货币政策工具，如2013年推出常备借贷便利（SLF）、短期流动性调节工具（SLO）和2014年推出中期借贷便利（MLF），并完善了再贷款分类等传统基础货币调节工具。然而，随着外汇占款呈现不断下滑的趋势，中国人民银行需要释放的流动性越来越大。由于结构性货币政策工具所释放出的流动性都是有明确期限的，其所创造出的基础货币供应能力其实较为有限。与之相对，央行面对国债市场直接操作，可使新增流动性直接配置到具体的实体项目上，货币政策的精准投放效应也必然会显著放大。

可见，我国基础货币的创设来源正处在转变过程中，国债政策的制定不只是一个财政问题，在一定程度上也是一个金融问题，同时涉及央行公开市场操作、货币发行和通货膨胀等货币问题。尤其值得重视的是，国债发行将为货币政策调控创造更可持续的基础货币发行机制（王立勇，2020）。2020年以来，面临我国经济增速持续放缓的现实，加之三年来新冠疫情的不断冲击，在继续实施减税降费的基础上，国债政策要基于国债的货币经济学含义，尽量突破债务管理局限，在债务可持续、宏观调控和基础货币发行的"三位一体"框架下，积极扩展国债功能与货币政策相衔接，健全国债收益率曲线的利率传导机制，强化国债作为基准金融资产的作用，创

179

设以国债为基础的信用扩张机制。

四 国债政策的调整思路

总体来说，国债政策在根本目标上要同财政政策和货币政策保持一致，在基础货币供应和政府收支的预算调整要求上保持灵活变通，补充和加强宏观调控的政策效应，同时要顺应不同时期的经济情况灵活调整。具体来看，为了更好发挥国债对财政和货币政策的桥梁作用，国债政策调整的着力点包括以下五个方面：

1. 加速推进国债作为基准金融资产的作用

国债利率政策不仅是一项重要的财政政策工具，同时也是央行调控市场利率的货币政策工具。国债的发行速度影响着整个金融市场的利率，出售国债可以改变国家债务的实际利率，也会影响金融市场的利率，并最终影响社会总需求。

从发达国家的经验来看，短期国债收益率在所有债券市场中是最有效的市场基准利率。短期国债收益率的重要性主要取决于以下三点：第一，国债市场跨越资本和货币两大市场，是传导货币政策和财政政策的重要纽带，也是政府作用于经济的关键着力点。第二，国债利率有带动商业银行存贷款利率市场化的动力。第三，国债利率的影响是持续温和的，对金融体系的冲击和波动较小，可以保证政策信号广泛传播过程中的平稳性。

未来我国货币政策的实施会更加依赖对利率的控制，而由于国债市场发展不够完善，央行对利率的市场调节能力还有所不足。目前，我国货币政策主要参考的市场利率是银行间存款类金融机构以利率债为质押的7天期回购利率（DR007），利率走廊的上限是SLF利率，下限是超额准备金利率。但利率走廊还无法起到调节利率的作用。而央行最常用的短期操作逆回购利率，其走势对DR007也缺少引领作用。我国利率市场化的目标是构建一个以市场供求为基础，以基准利率为导向，以货币市场利率为中介的利率形成机制。为此，应当尽快完善国债市场价格发现功能和国债收益率曲线的利率传导机制，全面实现国债发行市场和流通市场利率市场化，明确并积极探索推动实施国债作为公开市场操作主要工具的货币政策框架，重视国债在财政政策和货币政策中的桥梁作用，加速推进国债作为基准金融资产的作用。

2. 持续加快国债市场建设和完善

自 1979 年国债重新发行以来，我国国债规模迅速扩大。1997 年亚洲金融危机爆发，政府为防止国际金融风险波及中国，开始放松财政政策，扩张财政支出，同时为进一步配合积极的财政举措，国债规模进一步加大。尤其在 2008 年国际金融危机以后，国债和央行票据在我国财政政策和货币政策协调配合中的作用日益凸显。然而我国国债依存度相较于发达国家仍处于较低水平，这主要受政府债务管理策略、财政赤字规模以及金融市场结构的影响，其中短期国债发行规模相对较小是一个重要因素。此外，我国国债市场的机构投资者结构仍以银行为主，非银行金融机构和海外投资者的参与度相对有限，影响了市场深度和流动性。尽管我国已基本完成利率市场化改革，但国债收益率曲线的完善程度和市场基准利率的传导效率仍需进一步提升，以更好地促进国债市场发展。我国国债二级市场交易仍以机构投资者的融资需求为主，尽管市场交易活跃度有所提高，但与成熟市场相比，交易机制仍有待优化。

国债的发行规模、期限结构、发行价格、发行方式、发行对象和发行利率都会不同程度地影响到金融市场的资金需求情况、市场利率的变化和金融工具的供给，从而对公开市场操作效果乃至货币政策产生影响。国债市场若无一定的规模，中央银行就不能在市场上买进或卖出国债，达到调节基础货币的目的。尤其是，当中央银行以利率为货币政策的中间目标时，国债市场规模过小，必然难以通过公开市场业务来影响利率。因此，应尽快提高短期政府债务工具的品种和规模，积极促进债券市场品种的多样化，满足不同发行主体的融资需要。具体来看，第一，在国债一级市场的发行环节，有必要在一定程度上增加短期国债的供给，以满足央行通过短期国债实现流动性管理的需求。第二，提高国债二级市场的交易活跃度。当前二级市场活跃度偏低的情况下，如果央行入场进行大量买卖，不仅可能难以实现调控利率的目标，而且可能导致短期国债价格出现大幅波动。因而央行转变公开市场操作模式之前，需要加快国债二级市场交易体制的建设，采取相应措施以提升国债二级市场的活跃度。第三，随着国债发行规模的不断扩大，逐步规划建立银行间市场和交易所市场统一开放的国债市场，建立统一的托管、清算系统，实现同一系统的市场交割。

3. *积极探索实施公开市场操作从国债质押向国债买卖的转变*

在我国，国债与货币政策的关联主要体现在国债是央行逆回购、中期借贷便利等操作的主要质押券种。然而，中国人民银行并没有在二级市场大量买入卖出国债。原因在于我国国债的换手率偏低这一现象限制了中国人民银行参与交易的可能性。2022年，国债年度换手率为2.12，而政策性银行债和同业存单则分别为4.44和3.67。如果未来我国央行转向通过在二级市场买卖国债的方式来进行公开市场操作，可以更好地稳定短端利率，实现货币政策目标利率到市场利率的有效传导。

4. *进一步扩大债券市场的投资群体*

虽然我国债券市场规模增长迅速，但大部分债券仍集中在商业银行。目前，约55%的中国国内债券由商业银行持有，与2007年底商业银行持有中国债券市场约59%的份额相比，这一比例多年来没有显著变化。若将目光转向政府债券持有情况，这一倾向更加严重。针对债券持有结构不平衡的现象，我国应考虑进一步扩大债券市场的投资群体；增加参与柜台交易的会员数量和柜台市场可交易品种；逐步引导各类基金和外国资金流入我国债券市场，通过多方面、多层次广泛地促进投资者多元化。

第六章　财政政策和货币政策协调配合的实践探索

5. 继续推进债券市场对外开放

人民币国债作为中央政府发行的主权债券,具有安全稳健、流动性强和定价基准的特性。扩大国债市场的对外开放能够满足国际金融市场上人民币持有者的投资需求,从而提升人民币及其定价产品的吸引力,推动人民币国际化进程。

中国人民银行可以与财政部积极配合,按照人民币国际化的总体部署,加强统筹规划,稳步推进债券市场对外开放。具体措施包括:推进金融基础设施互联互通、支持境外机构在华发债、推动人民币跨境使用、引进国际评级机构、推动债券国际化、完善"债券通"机制、开发创新型债券指数产品以及扩大境外机构参与回购交易等。

综上所述,国债的发行和管理属于财政行为,但也影响货币政策的实施效果。在现代经济条件下,用政府信用(如国债和政府机构债券)来支撑金融市场运行具有必要性和不可替代性。财政收支是否平衡不应该唯一地影响国债政策的制定,还需要充分认识到债券发行在对冲财政政策的准备金效应上发挥的作用。更为重要的是,国债政策的制定要基于国债的货币经济学含义,纳入基础货币发行这一重要因素在内,探索创设以国债为基础的信用扩张机制。同时,金融市场的健康运行离不开一个保持一定规模的国债市场,因此,应积极扩展国债功能与货币政策相衔接,健全国债收益率曲线的利率传导机制,强化国债作为基准金融资产的作用。

第七章 宏观经济政策沟通的国际经验分析

第一节 欧盟与经济主体进行财政政策沟通的情况及启示

近年来，中国在财税领域的改革持续推进，财政政策在维持经济稳定运行和促进经济健康发展等方面的重要作用日益凸显。科学的财政政策沟通手段和精准的财政政策沟通内容将进一步提升财政政策实施的透明度和有效性。当前，以欧盟为代表的发达经济体在财政政策沟通领域已开展有益尝试，我国在优化财政政策沟通机制时，可以从内容和形式两方面借鉴其经验，通过定期发布财政政策指引的方式来达到"稳预期、强信心"的目的。

一 欧盟《财政政策指引》制定与执行的工作机制介绍

1. 背景

欧元区成员国拥有财政政策的制定权，货币政策由欧洲中央银行制定。欧盟财政政策是欧盟成员国的主要研究内容。1993年生效的《马斯特里赫特条约》和1997年生效的《稳定与增长公约》规定了欧盟财政政策的基本规则，对成员国的债务水平和赤字率等做出了相应约束。后续财政框架的修改也多基于《马斯特里赫特条约》和《稳定与增长公约》展开，并结合国际经济形势和阶段性发展目标动态调整。

《财政政策指引》（以下简称《指引》）本身是欧盟委员会向欧

盟理事会提交的文件，同时公众也可以在欧盟网站上获取这一文件。该文件主要内容为，描述当前欧元区经济运行形势、遇到的主要问题、对于未来经济形势的预测，并阐述未来财政政策在不同经济条件下的实施路径，同时还涉及财政政策实施中应当坚持的原则、关注的工作重点以及各国可采取的措施等。《指引》根据不断变化的经济前景为成员国提供有关财政政策实施和协调的指导，有助于经济主体获取宏观经济运行和财政政策实施的相关信息，降低经济主体感受到的政策不确定性。

2. 欧盟核心组织机构介绍

欧盟作为一个国际组织，具有一定的"超国家性"。欧盟和成员国的关系在某种程度上与中央政府和地方政府的关系类似。欧洲一体化建设以及欧盟的发展在两条轨道上并行，一派坚持超国家主义，希望成员国将主权逐步让渡给欧盟，另一派坚持政府间主义，认为成员国应该在欧盟内起主导作用。两派斗争和妥协的结果体现在欧盟的机构设置上，其中超国家主义的代表是欧盟委员会，而政府间主义的代表是欧洲理事会和欧盟理事会。

欧盟委员会（以下简称"委员会"）是欧盟政治上独立的执行机构，由成员国政府任命的委员组成，具有五方面的职能：第一，委员会和国家政府一样，负责实施欧盟的政策，包括财政政策；第二，委员会和欧盟理事会及欧洲议会一起管理、监督欧盟资金的使用；第三，委员会和欧洲法院一起确保欧盟法律的实施；第四，委员会拥有"立法动议权"，虽然委员会本身不能立法，却能敦促其他欧盟机构立法（类似国务院向全国人大提出议案）；第五，欧盟委员会在国际舞台上代表欧盟。

欧盟理事会（以下简称"理事会"）和欧洲议会一起担任欧盟主要的决策机构，在理事会中，来自各个欧盟国家的政府部长开会讨论、修改和通过法律。其主要职能包括五方面：第一，根据委员会的建议，和欧洲议会一起协商并通过欧盟法律；第二，协调成员国政策；第三，根据欧洲理事会的指导，制定欧盟外交和安全政策；第四，和其他国家或国际组织签订协议；第五，和欧洲议会一起通过欧盟年度预算。

二 《财政政策指引》内容介绍

《财政政策指引》主要包括近期国际和国内的宏观经济背景以及国内面临的挑战、针对问题以及已出台的相关政策、对经济形势的未来预测以及政策指引面向的利益相关方说明。主要包括"经济形式与展望""开展财政活动的原则""对经济治理现状的探讨"以及"后续工作"四个部分。

1. 经济形势与展望

经济形势方面，涉及产出水平、失业率、通货膨胀和经济增速等内容的概括。未来展望方面，涉及经济基本面的判断（扩张与否）、GDP增速预测、经济回归常态的时间预测等。此外，欧盟委员会还对可能影响预测准确性的潜在风险进行了说明。

2. 开展财政活动的原则

财政政策建议以定性方式制定，以定量数据和前一年政策为基础，着眼于公共财政结构的优化和质量的提升。以《2023年财政政策指引》为例，其在相应章节列出了五条"委员会评估成员国开展稳定与趋同计划的关键原则"。

（1）确保政策组合的协调性和一致性。针对2019年新冠病毒导致的严重经济衰退，各成员国采取了协调一致的财政应对措施，其中包括启动一般性免责条款，并辅以欧盟层面的行动，在缓解经济影响方面取得了巨大成功。未来需要继续加强财政政策协调，以确保平稳过渡到新的可持续增长路径。

欧元区合适的财政立场应该建立在可持续性和稳定性之间的适当平衡之上。财政政策正常化的时机和速度还应考虑与货币和金融部门政策的相互作用。

第七章　宏观经济政策沟通的国际经验分析

根据冬季预测，欧盟委员会认为，从 2020—2022 年的总体支持性财政立场过渡到 2023 年的总体中性财政立场是合适的，同时需准备好随时应对不断变化的经济形势。

（2）通过循序渐进、高质量的财政调整和经济增长，确保债务可持续性。公共债务比率很高，而且由于大流行有所增加。欧盟公共债务总额占 GDP 的比例在 2021 年达到峰值，约为 92%，预计到 2023 年将略微下降至 89%。与此同时，成员国之间的分歧仍然很大。预计到 2023 年，6 个成员国的公共债务占国内生产总值的比率将保持在 100% 以上，而约一半成员国的公共债务占国内生产总值的比率将低于 60%。

在政策不变的情况下，欧盟公共债务比例将在未来十年大致稳定，但在一些高负债成员国仍将保持上升趋势。几个因素将决定债务动态。一方面，与公共债务增加相关的风险将受到其他挑战的影响，包括老龄化的预计成本和 COVID-19 危机期间以担保形式发放的或有负债。另一方面，2021 年的债务状况总体好于预期。预期投资和改革会对中期潜在增长产生积极影响，低融资成本和有利的增长前景都是缓解因素。这种影响的程度取决于增长利率差异的演变，但仍然是不确定的。

遏制债务动态需要进行多年的财政调整，同时进行投资和改革，以保持增长潜力。通过逐步减少高额公共债务来确保可持续的公共财政很重要。将公共账户暴露在金融市场的不利发展中，可能不利于经济的整体弹性。债务动态对融资条件演变的敏感性与确定调整的必要程度和节奏有关。成功的债务削减战略应侧重于财政整顿、公共财政的质量和构成以及促进增长。过于突然的整合将破坏正在进行的经济复苏，对潜在增长、市场情绪和融资成本产生负面影响。

根据冬季预测，欧盟委员会认为，从 2023 年开始逐步进行财政调整以减少高额公共债务是可取的，而过于突然的调整可能对增长产生负面影响，从而影响债务的可持续性。

（3）促进投资并关注可持续增长。让欧洲经济走上更高的可持续增长道路，应对双重转型带来的挑战，应该成为所有成员国的首要议程。欧盟委员会和其他组织估计，要实现欧盟的气候和数字化目标，需要大量投资。实现绿色协议的目标需要在2021—2030年每年增加5200亿欧元的公共和私人投资。据估计，未来十年，欧盟实现数字化转型的投资缺口每年约为1250亿欧元。投资中的大部分将需要动员私营部门的力量。然而，公共部门也需要发挥其作用，为政策支持、创新项目去风险、引导和聚集私人投资以及克服市场失灵提供补充资金。确保成员国投资和改革政策之间以及国家和欧盟目标之间的一致性是关键。

RRF和MFF基金将在未来几年支持公共投资和改革。RRF基金——下一代欧盟的核心——将提供3380亿欧元的不可偿还支持和高达3860亿欧元的贷款（以当前价格计算）直至2026年。RRF融资将有助于建立复原力；在实现环境和数字目标方面取得进展；加强凝聚力、生产力和竞争力。由RRF赠款资助的支出将有可能为高质量投资项目提供资金，并在不增加赤字和债务的情况下支付提高生产率的改革成本。新一代欧盟凝聚力政策基金的批准将进一步增加投资，促进欧盟全境的双重转型。

所有成员国都应保护总体投资，并在合理的情况下扩大国家融资投资，特别是在绿色、数字化和弹性转型方面。下一步重点应放在高质量的投资上，与区域合作基金资助的投资相一致。应调整财政政策的方向，以支持这两种转变，实现可持续的增长。如有必要，例如为应对区域资金捐助的下降，成员国应扩大国家资助的投资。高负债成员国的财政调整不应对投资造成压力，而应通过限制国家资助的经常支出增长来实现。

欧盟委员会认为，应在中期财政计划中促进和保护国家资助的高质量公共投资，因为促进有弹性的经济和应对双重转型的挑战是2023年及以后的共同关键政策目标。

第七章　宏观经济政策沟通的国际经验分析

（4）推进与财政调整的中期方法相一致的财政战略。高负债成员国的财政调整应是渐进的，不应宣扬过度限制性的财政立场，并以重新激发增长潜力的投资和改革为基础，促进可信的债务下降轨迹的实现。逐步和持续的财政调整努力应与改善公共财政构成相辅相成，以实现中期债务削减。中期计划必须符合成员国的债务可持续性分析。这些计划应以具体的投资和改革计划为基础，并应考虑到欧盟资金的预期拨付时间表。在2023年以后，这些中期计划应着眼于推进财政整顿，以渐进、可持续和增长友好的方式实现中期稳健的财政状况。

财政政策调整的路径应该考虑到RRF基金对经济活动的支持效果。RRF基金将继续为总需求增长提供重要的财政支持，直到每个成员国计划的支付情况达到峰值，随后将减少总需求。中期财政计划应该考虑到这一点。

财政调整不应被过度拖延。当需要进行财政调整时，推迟到以后几年会增加执行风险，并往往导致成员国稳定和趋同方案中规定的中期预算目标难以实现。此外，实施后备财政战略也与政府利用正增长意外和预算意外之财来增加经常支出或减税有关，而不是加速债务削减。这往往意味着在经济条件允许的情况下不重建缓冲区。

欧盟委员会认为，稳定和趋同方案应表明成员国的中期财政计划如何通过逐步巩固、投资和改革，确保公共债务逐步下降到审慎水平和实现可持续增长。

（5）区分财政战略并纳入欧元区层面的考虑。到2023年，高负债成员国有必要开始逐步进行财政调整，以稳定并降低债务比率。在经济条件允许的情况下，重建财政缓冲和降低公共债务与国内生产总值比率的道路仍然很重要，以增强抵御未来冲击的能力，保持有利的融资条件，并确保欧元区在潜在溢出效应下的顺利运作。为了实现这一目标，国家资助的经常支出（扣除可自由支配的收入指标）的增长应该慢于中期潜在产出（以支出基准衡量）。

低/中等债务成员国应优先考虑双转型的投资。低/中等债务成员国通常具有良好的预算状况。在必要的情况下，如为应对 RRF 捐款的下降，应优先考虑扩大双转型的公共投资，由国家出资的投资增长速度可超过中期潜在产出。经常性支出的发展应符合"保持总体中性政策立场"的要求，因此不会在 2023 年进行财政调整，除非过度需求的迹象要求采取灵活的财政政策来控制其增长，或者相反，经济前景恶化需要其增加支出，这将有助于保持整个欧元区的适当政策立场。因为低/中等债务成员国过早进行财政紧缩的溢出效应可能会过度减少欧元区的总需求，并使高债务成员国更难实施财政调整计划。

欧盟委员会认为，应继续对各成员国的财政建议加以区分，并考虑到可能的跨国溢出效应。在必要时，国家财政调整应以改善支出构成、保护总体投资的方式进行。

此外，欧盟委员会不建议在 2022 年春季开设新的过度赤字程序。2019 年冠状病毒（COVID-19）大流行继续对宏观经济和财政产生巨大影响，再加上当前的地缘政治局势对经济造成了巨大的不确定性，包括在设计财政政策的详细路径方面。计划在 2023 年及以后突破赤字阈值的成员国应概述其计划采取的政策措施，将赤字降至参考值以下。对于债务率高于 GDP 参考值 60% 的成员国，欧盟委员会将在评估所有相关因素时对其予以特别考虑。遵守债务削减基准的要求意味着过于苛刻的前期财政努力，这可能会危及增长。

欧盟委员会认为，在目前异常的经济条件下，没有必要遵守债务削减基准的要求。与此同时，对债务和赤字发展的监测将继续进行，欧盟委员会将重新评估在 2022 年秋季开设过度赤字程序的可行性。

3. 对经济治理现状的探讨

此部分主要就委员会启动的关于审查欧盟经济治理框架的公开辩论展开说明，主要包括辩论的热点问题与已达成的共识（债务水平、投资方向、各类政策工具的协调、财政规制的简化等）、可参与辩论的渠道（专门会议、论坛和在线调查等）以及辩论的利益相关者（社会伙伴、学术界、其他欧盟机构以及国家政府和议会）等。

4. 后续工作

通讯列出的 2023 年的初步财政政策指导将在必要时进行更新，作为 2022 年 5 月欧洲春季计划（隶属于欧洲经济政策协调周期）的一部分。未来的指导将继续反映全球经济形势、各成员国的具体情况以及对经济治理框架的讨论。同时，《指引》请求成员国在各自的稳定和趋同方案中反映上述指导方针。

三　我国可借鉴的经验

1. 内容借鉴

《财政政策指引》提炼了欧元区经济运行中面临的问题，论述了财政政策推进时应当坚持的原则，说明了政策实施过程中所需的额外政策和资金支持，强调了实现经济目标的工作重点和调整路径，并结合委员会的经济预测结果对处于不同经济发展水平的国家提出了针对性的财政工作建议。

2. 形式借鉴

欧盟在颁布一项政策或宣布执行一项计划时，会在欧盟官网随之发布针对新政策或新计划的说明。借鉴欧盟经验，我国可从三方面入手加大"自上而下"的财政政策沟通力度，具体可执行措施如下：

第一，在政府官网同步更新政策说明文件并附上往年或同期的相关政策文件链接，就政策的制定意图和核心内容进行重述。第二，采取图示或视频的方式，就政策或项目运作的机制进行形象阐释，促进微观经济主体和社会大众对于新颁布政策的理解。第三，对政策推行中可能遇到的困惑和难点进行实时汇总，在官方平台公示 Q&A 文件，并邀请专业的财政工作者对问题进行详细解答，使政策精神更好地传递至各利益相关方，更好地帮助其开展政策实践。

第二节 英国财政政策失误引发的危机以及对我国财政金融协调的启示

新冠疫情和俄乌冲突爆发以来，全球金融和能源市场动荡不安，英国面临高通货膨胀和经济衰退的双重压力。在此背景下，英国财政部决定实施以减税和增发国债为主要内容的经济刺激计划，导致国债价格和英镑币值快速下跌等金融市场动荡。英国此次财政政策失误引发的金融市场剧烈波动以及后续的补救措施为我国宏观经济管理工作提供了诸多启示。

一 英国财政政策失误引发的危机始末

1. 特拉斯财政刺激政策出台的背景

特拉斯财政刺激政策出台主要基于以下两方面原因：一是英国国内经济下行压力大。英国当地时间2022年9月6日，特拉斯（Elizabeth Truss）被英国女王任命为新一届首相并负责组阁。此时英国正面临多种危机，如两位数的通货膨胀、日益严峻的能源困局、全面的经济衰退、罢工不断的交通系统、濒于瘫痪的医疗体系等，亟待新任英国政府解决。二是英国央行加大控制通胀的力度。2021年以来，英国国内通货膨胀率水平较高。为了遏制通胀，英国央行自2021年12月以来已连续12次加息。2023年5月，英国央行宣布加息25个基点，将利率从此前的4.25%上调至4.5%。利率水平上升进一步增大了经济下行压力。

2. 特拉斯的财政刺激政策具体措施

新英国首相特拉斯上台以后，财政大臣克沃滕（Kwasi Kwarteng）于2022年9月23日推出大规模减税和增发国债计划，称为"迷你预算"(mini-budget)计划。

减税方案包括取消前任政府将公司税上调至25%的计划，取消国民保险税1.25%的增长计划，降低所得税基本税率1个百分点，以及将高收入人群45%的最高税率降至40%等一系列措施，总规模约450亿英镑，超过了1988年撒切尔夫人执政时期推出的减税措施，被评价为"近50年来最激进的减税方案"。

大力度的减税势必导致财政收入下降，为了弥补财政收支缺口，该计划还出台了相配合的增发国债计划。英国财政部增发总计达1939亿英镑的英国国债，其中2022年增加发行624亿英镑（约698亿美元），发行量比之前的计划增加超过40%。

3. 市场反应

（1）国债市场的反应。在货币政策紧缩的情况下，增发的国债只能通过市场既有资金购买。国债供给上升，在市场资金数量不变的前提下，国债价格下降；由于国债价格和利率之间存在一一对应的倒数关系，国债的到期收益率将上升。自2022年9月23日财政计划公布起，如图7—1所示，30年国债到期收益率上涨了30个基点，市场流动性开始恶化；9月27日，30年国债到期收益率上升至4.987%。

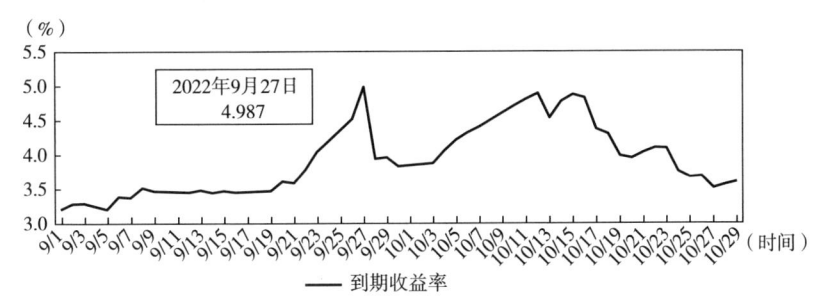

图 7—1 英国 30 年国债到期收益率

资料来源：根据万得数据库资料整理而得。

英国国债的重要投资者之一是固定收益（Defined Benefit，DB）养老基金，这类基金通常使用负债驱动投资（liability-driven investment，LDI）策略。这一策略的主要做法是借入资金增加持有长期国债以及其他风险更高资产的数量，以提高投资回报率。当长期国债价格下降至一定水平时，这些养老基金必须卖出持有的长期国债，以保证能够向借款人和养老基金购买者支付现金。前一轮卖出国债行为又进一步导致国债价格下降，引发新一轮的国债卖出行为。如果英国央行不及时干预国债市场，上述循环最终将引发国债价格崩溃。

（2）汇率市场的反应。由于英国国内通胀率高达9%，投资者因抛售国债而得到的大量英镑现金并不具备持有价值，投资者继而寻求把英镑现金兑换为其他货币，抛售英镑的行为最终导致英镑大幅贬值。

图7—2展示了英镑兑美元和欧元的币值变动趋势。2022年9月23日财政计划公布的当天，英镑兑欧元下跌幅度为2.18%，英镑兑美元汇率下跌幅度一度达到3.16%。

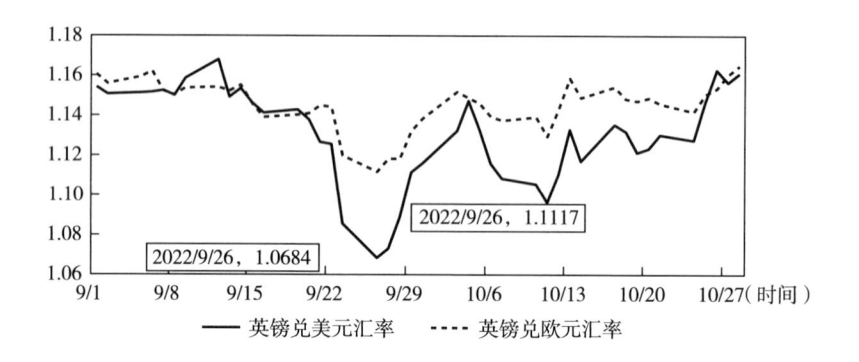

图7—2 英镑汇率变动趋势

4. 补救措施

危机发生后，英国政府的补救措施主要分为稳定金融市场和调整财政政策两个方面。

  稳定金融市场的工作主要由英国央行完成。英国央行在2022年9月27日晚与英国财政部协商并制定干预市场的措施。当晚，英国财政部向英国央行承诺将偿付央行收购的国债。9月28日，英国央行宣布从当日起至10月14日，以每天50亿英镑的规模临时购买英国长期国债，以帮助市场恢复流动性，缓解风险蔓延。10月10日，英国央行宣布将扩大每日购买国债的规模，从10月11日起至10月14日，每天购买50亿英镑的长期国债，50亿英镑分配给与指数挂钩的国债。与此同时，英国央行行长贝利还强调，购买国债计划的主要目的是稳定金融市场的暂时性操作，并不意味着货币政策取向发生变化；市场稳定以后，购买国债计划将会及时退出，货币政策将继续以抑制通货膨胀为主要目标。

  恢复市场信心的根本举措是调整此前过于轻率冒进的财政政策。10月14日，特拉斯宣布恢复提高公司税的计划，2023年4月起将公司税从当前的19%上调至25%。这是继英国政府放弃取消45%最高所得税税率后，对"迷你预算"政策的第二次反转。此外，特拉斯还解雇了上任仅38天的克沃滕，任命前外交大臣杰里米·亨特（Jeremy Hunt）为新的财政大臣。10月17日，亨特宣布新版财政计划，撤销9月23日"迷你预算"中几乎所有的减税措施，并将能源支持计划缩短至2023年4月，这一系列最新措施将增加320亿英镑的财政收入。修订后的财政计划获得了市场认可，英国各类金融资产价格开始恢复。但是财政政策的朝令夕改给市场对政府信心造成的损伤难以修复。10月17日，英国10年期国债收益率仍比9月22日的收盘水平高出约46个基点。这无疑会导致英国财政当局发债融资成本提高。10月25日，英国前财政大臣里希·苏纳克（Rishi Sunak）获得英国国王批准，正式接替特拉斯出任英国首相。

二 对此次危机始末的进一步分析

1. 英国财政当局和货币当局缺乏协调是危机发生的根本原因

币值稳定是经济长期增长的前提条件。英国消费者价格指数在 2022 年 10 月同比上涨 11.1%，已达到扰乱正常经济活动的水平。英国当时最紧迫的任务是抑制通胀，而不是提振经济。宏观经济理论认为，中央银行在抑制通胀方面更有优势。英国央行通过提高利率来抑制需求，从而达到抑制通胀的目的。此时宽松的财政政策会产生很多问题。

财政收入降低和支出需求增加，财政收支缺口只能通过增发国债弥补。如果英国央行坚持抑制通胀的货币政策，不向市场释放流动性，那么增发国债将提高市场利率水平，导致对私人部门融资的挤出，财政政策刺激经济的初衷也无法达成；如果英国央行放弃抑制通胀的货币政策，向市场释放流动性满足国债发行增加的融资需求，则回到此前量化宽松时期的政策取向，通胀高企的问题将无法解决，英国货币当局的信誉也受到严重打击。英国财政部门应配合央行抑制通胀，而不应选择与货币政策背道而驰的财政政策，出台大规模刺激经济的计划。

2. 英国财政当局未能准确研判政策效果是此次危机发生的主要原因

英国当前经济疲弱的直接原因是能源价格的上升和外部环境的动荡，通过减税和增加财政支出等财政刺激措施非但无法取得预期效果，反而会进一步推高利率和通胀率水平。

英国此次出台财政政策时未充分考虑政策效果。为兑现竞选承诺，特拉斯刚上任不足一个月，就陆续推出冻结能源账单和大规模减税等财政措施，以期减少企业和个人的支出负担，鼓励企业扩大生产规模、增加工作岗位和提升居民收入，进而盘活英国经济。然而，减税意味着国家收入减少，为弥补财政资金，英国本财年的债

第七章　宏观经济政策沟通的国际经验分析

务发行目标提高约 45%，英国政府三年内借债可能达到 1200 亿英镑。理论上，财政刺激政策有提振经济从而增加财政收入的作用，但这一设想是否达成取决于财政刺激政策的效果。

财政政策效果的实现存在诸多不确定性。若政策目标未能实现，就会形成财政的净支出，反而会扩大财政赤字。政府债台高筑的局面必将进一步削弱市场和资本对英国经济的信心，让各类生产生活活动遭受更大的负面影响。因此，在财政政策的制定环节，应结合国内真实的经济现状和未来经济走势，审慎评估政策空间。财政刺激政策的制定应以不损害财政可持续性为前提，在确定财政政策扩张程度时应充分考虑政策刺激力度和政府财政状况的匹配程度，以确保政策切实可行。

3. 英国财政当局与经济主体缺乏沟通是此次危机发生的直接原因

政府部门发布微观经济主体预期之外的财政政策刺激计划，除了产生政策刺激本身的效果以外，还可能向市场释放有关经济运行状况优良与否的信号。制定宏观经济政策的政府部门比微观经济主体有更多手段获得宏观经济信息，对宏观经济形势的判断更加准确。微观经济主体会认为，一个超预期的经济刺激政策意味着政府部门判断的宏观经济形势比自己判断得更加悲观。此次英国财政当局出台了市场预期之外的刺激政策，进一步加强了投资者对宏观经济形势的负面判断，使投资者对财政刺激效果的预期也不抱希望，这些负面情绪也通过英国国债价格和外汇价格的下降迅速反映出来。政府部门发布宏观经济政策时，应向微观经济主体解释政策的主要意图，这样才能避免经济主体对政策错误解读，提高政策有效性。

4. 国债价格是市场对财政当局信心的直接反映

支持财政举债融资被视为现代财政制度的优势之一，但是这一优势实现的前提条件是市场对财政当局信用保持充足信心。

市场对财政当局的信心体现在以下三个方面：一是对财政收入

稳定的信心，这依赖于经济稳定增长；二是对财政支出效率的信心，这依赖于良好的财政纪律和政府治理能力；三是对本币币值的信心，这依赖于货币当局稳定币值的意愿和能力，在当下货币当局和财政当局实际上联系紧密的前提下，这本质上也是财政当局贯彻财政纪律的意愿和能力。

此次英国财政政策失误引发的英国国债和汇率危机，说明市场价格信号可以反映市场对财政当局信心的变化。从后续英国财政当局的补救措施以及市场的快速修复中，可以学习到英国财政当局如何及时调整政策，稳定市场信心。

三　对我国的政策启示

通过分析英国此次财政政策失误引发的金融市场危机以及之后的补救措施，可以得出以下四点政策启示。

第一，加强财政政策与货币政策、财政部门与金融部门的协调配合。财政、货币和其他涉及宏观经济政策制定的政府部门应对一段时期内宏观经济管理的主要政策目标达成一致意见，避免不同部门政策之间的矛盾冲突，提高总体政策的有效性。

第二，制定财政政策时应审慎评估政策空间，合理掌握刺激力度。制定财政刺激政策时应尽可能通过各种方法预测政策效果，并考虑政策成本，以不损害财政可持续性为底线。

第三，加强财政政策预期管理工作，加大与市场的沟通力度。为帮助微观经济主体深入理解政策颁布意图，形成对经济运行状况的良好预期和准确判断，财政部门应逐步建立起制度化的财政政策沟通机制，从而提高政策框架的整体可信度，最终达到稳定宏观经济的目的。

第四，完善国债市场，重视国债价格信号对财政工作的指导意义。一个信息畅通、定价自由的国债市场是国债价格能够充分反映市场对财政当局的信心、促使财政当局自我约束的必要条件。

第七章　宏观经济政策沟通的国际经验分析

第三节　市场主体预期调查机制：德国经验

提高宏观经济管理决策的准确性和政策的有效性需要掌握微观经济主体对宏观经济预期判断的信息。然而，常见的宏观统计信息存在时效性差、代表性弱、灵活性低等问题，加之存在部门信息壁垒，都会制约宏观调控政策精准发力的空间。鉴于此，德国通过第三方机构，将在线调查作为补充公众意见搜集机制的重要一环，其显著优势体现在如下三点：一是在线调查能够实现以决策需求为导向的信息搜集。利用在线调查有助于有关部门以决策需求为出发点，根据特定政策对象或政策目标来定制调查问题，全方位多视角地实现针对性的信息搜集。二是在线调查具有即时性和高频次的优势。利用在线调查不仅可以在发布当天收集到公众对某一新政策即时反馈的评价意见，而且可以提高发布频次以追踪政策效果，方便有关部门及时预判政策效果。三是相较于传统统计方法，在线调查具有成本优势。德国的有关实践对我国有一定启示意义，下文以第三机构 Civey 公司为例进行情况介绍。

一　德国政府利用第三方机构调查结果辅助政策制定的经验

德国政府在政策制定过程中广泛采用第三方机构提供的在线调查数据，以快速、精准地掌握公众意见和市场主体预期。Civey 公司作为德国最大的在线调查平台，通过创新的数据收集和统计方法，使调查结果具备较高的真实性和代表性。公司不仅与高校、研究机构建立了技术合作关系，还获得了政府和欧盟的资金支持。利用 Civey 公司提供的高频调查数据，政府机构能及时评估政策效果、调整政策方向，提升了宏观经济管理的准确性和政策有效性。这一经验为其他国家利用第三方在线调查机制辅助公共决策提供了有益的参考。

1. 公司概况

（1）市场现状。德国 Civey 是一家专注于在线调查的技术公司，拥有德国最大的在线调查平台。Civey 通过与不同的在线新闻门户和论坛合作，放置简短的调查模块，设置多项选择问卷邀请受访者回答。

（2）合作单位。Civey 公司的合作单位包括技术合作单位和资金资助单位。技术合作单位由高校科研院所构成，包括柏林联邦理工学院统计与计量经济研究所、德国经济研究所（DIW）、莱茵瓦尔应用科技大学。资金资助单位来自政府和国际组织，具体的资金来源是柏林投资银行（IBB）的 ProFit 资助计划和欧盟委员会的欧洲区域发展基金。其中，柏林投资银行是由柏林联邦州全资控股的 IBB UV 集团的子公司，ProFit 资助计划是柏林投资银行为支持中小企业和研究机构技术创新提供的资金补助或低息贷款项目。ProFit 资助计划的审批权由专门的评审委员会进行，委员会成员由德国参议院经济事务部、柏林投资银行、柏林工商会（IHK）和柏林手工业商会（HWK）各出一名代表以及相关领域专家组成，德国参议院经济事务部代表任委员会主席。一旦项目获得资助，资助不会受到柏林联邦州的预算状况影响，即使柏林联邦州预算受到冻结，仍不会影响资助计划。据可搜集信息，截至 2018 年 5 月，柏林投资银行对 Civey 进行过三轮投资（种子投资、A 轮Ⅰ、A 轮Ⅱ），累计金额 720 万欧元。

2. 公司在线调查的技术方法及相关研究

（1）技术简介。有调查需求的机构，如政府部门或企业，可以通过与 Civey 签订合同，根据所关注的事件设计问卷和实施调查，以便做出基于数据的可靠决策。然而，这类主要依靠受调查者主动回应的调查结果通常会被质疑难以代表总体的真实情况。Civey 公司通过在数据调查和统计的各个阶段创新使用互联网和人工智能技术，以确保调查结果接近真实结果，包括以下三个方面：第一，把调查问卷嵌入电子邮件、门户网站、博客、社交媒体应用等内容中，尽可能扩大潜在调查对象范围；第二，通过验证身份方法确保调查对象是真实的个人，保证没有受到相关利益群体的干扰；第三，比较受调查人群和真实人群的人口统计学特征，使用机器学习算法对原始调查结果进行赋权，使加总结果尽可能接近真实人群的调查结果。

（2）学术研究。研究人员已经可以使用 Civey 调查数据研究德国政府行为对民众预期产生的影响。例如，Haan et al. 于 2020 年 3 月与 Civey 签订合同，调查居民预期政府应对新冠疫情监管措施将持续时间的日度数据，用于研究德国前总理安吉拉·默克尔（Angela Dorothea Merkel）和德国联邦州总理举行的三次全国电视新闻发布会对公众预期的影响。调查时间为 2020 年 4 月 2 日至 5 月 27 日，共获得 123840 个观测值。调查结果发现，德国前总理默克尔关于疫情的讲话显著延长了人们对疫情管制的预期时长，且对事前乐观程度更高的人影响更大。这一研究首次使用高频微观数据，证实了政府宏观经济管理措施会对公众预期产生巨大影响。

二 德国联邦议院使用 Civey 调查结果的情况

通过整理德国联邦议院官方网站上披露的相关文件，德国联邦议院自 2018 年 6 月起就开始利用 Civey 调查辅助立法工作，涉及文件 30 份，遍布在十余个不同政府部门或欧洲议会议员的提案，相关话题包括教育、就业、数字经济、能源政策、军事政策等。整体而言，德国联邦议院对 Civey 调查使用形式包括以下三类。

一是直接引用 Civey 已有调查结果。德国联邦议院通过合作直接获得 Civey 已有的调查结果并直接引用，常见的用途包括：第一，通过议员说明、文件说明等方式，佐证提案。比如，在 2020 年 12 月 11 日发布的《促进生物经济示范工厂》文件中，欧洲议会议员 Thomas Sattelberger 博士等人和 FDP 集团在提案中表示"新冠疫情危机正提高越来越多的人对可持续性和气候保护的认识。民意研究公司 Civey 在 2020/2021 年——生物经济框架内进行的一项调查表明了这一点。据统计，27%的德国人认为大流行病是改变思维方式以实现可持续和气候友好型经济的一种选择"。第二，基于 Civey 相关数据撰写研究报告。比如，在 2021 年 5 月 19 日发布的《德国议会关于德国在世界上的作用的报告》的研究报告中，研究团队科学和对外关系司—公民委员会监测小组在明确表示"根据民意调查机构 Civey 进行的一项代表性调查，对报告主题结果进行了重新审查，确定主题的过程受到'社会对话'的影响"。第三，通过 Civey 调查结果回复选民问询等。比如，2019 年 8 月 27 日发布的《回复：电动汽车的逆风》文件中，德国联邦议院表示"在一项具有代表性的 Civey 调查中，55.3%的受访者表示，转向电动马达将破坏就业机会"。

二是根据决策需求，雇佣 Civey 定制调查。德国联邦议院不仅引用 Civey 已有的调查结果，还会委托 Civey 进行相关调查。根据相关文件透露信息，德国联邦经济部、德国联邦环境部、德国联邦教育及研究部均曾与 Civey 展开合作，调查公众对特定事件和政策的意见。比如，德国联邦教育及研究部在 2018 年与 Civey 签订合同，委托 Civey 进行"未来的工作环境""职业培训"的相关调查。

三是未明确使用形式。在使用 Civey 调查数据的 30 份文件中，有 13 份文件未明确给出数据使用形式，占比达到 43.3%。

三　我国公众意见收集机制的现状及问题

1. 我国公众意见收集机制的现状

我国目前主要的微观经济主体预期官方调查有国家统计局实施的《中国经济景气调查》和中国人民银行实施的企业家问卷调查。这两类调查均属于企业景气调查，即以企业家为调查对象，采用问卷方式，定期收集企业家对宏观经济和企业生产经营状况的判断，其主要目的是调查企业家对宏观经济态势及企业经营情况的判断与预期。此类调查兼具调查、分析与预测功能，能够协助决策部门及时获取微观主体对宏观经济现状与未来走势的判断，从而为宏观经济决策提供参考。

（1）中国经济景气调查。1992年，国家统计局综合司开始研究企业景气调查方法，并于1994年正式实施。2012年1月起，国家统计局对企业景气调查制度进行了较大调整，调查内容和计算方法更侧重于对未来的预测，企业景气调查结果的预判性大大增强。目前，国家统计局中国经济景气监测中心每月在官方网站及中国经济景气月报上更新宏观经济景气指数和行业景气指数，并提供消费者信心指数和经济学家信心指数。

（2）企业家问卷调查。1990年，中国人民银行调查统计司主持建立了全国5000户工业生产企业景气调查制度（问卷调查从1992年3季度开始）。目前，调查样本已涵盖全国除西藏自治区外的近6000户工业企业，内容涉及企业生产、供需、贷款需求等方面。每季度最后一个月的下旬，央行在官方网站"调查统计"栏目中公布企业家信心指数的具体数值，该指数旨在反映企业家对宏观经济状况的整体预期。

除了上述官方的调查统计以外，我国还有一些科研院所、研究团队、行业协会等非官方机构发布的聚焦行业层面的市场预期调查统计。比如，国务院发展研究中心（DRC）行业景气监测课题组发布的DRC行业景气指数，中国经济趋势研究院发布的中经产业景气指数，中国轻工业联合会发布的中国轻工业景气指数等。

2. 我国公众意见收集机制的问题

目前，我国的景气调查在监测企业预期、行业发展趋势、协助政策制定方面取得了一定成果，但仍存在以下不足：第一，宏观数据难以反映微观问题。无论是官方的企业预期调查，还是非官方的行业景气调查，各类调查只公布宏观加总数据，微观原始数据并不公开，因此难以从微观视角对预期分歧等问题展开深入分析。第二，低频的调查数据难以反映即时性影响。现有宏观调查数据最多更新至月度层面，无法及时监测到重大政策或事件对预期产生的即时和动态影响。而宏观决策部门在制定政策时往往参考的也是历史数据，会在一定程度上放大由数据时滞性产生的影响。第三，目前调查偏重货币金融政策，对财政政策等其他重要宏观经济政策较少涉及。

综上，考虑到既有微观经济主体预期调查普遍存在频率低、原始数据不公开、不适用于财政政策的情况，有必要设计针对财政政策的高频预期调研，以切实掌握预期变化，及时回应社会关切，从而提高政策有效性。

四 启示与建议

一是建立公众意见的收集、整理和应用机制，对提高政策有效性、精准性具有重要意义。第一，在公众意见收集整理方面，借鉴德国相关经验，财政部以及其他部委可以通过与大型调查机构合作或自建调查的方式，在线发布问卷，以便收集到微观主体意见的高频数据，如企业和居民对宏观经济前景的预期、对具体政策措施的理解、对重大突发事件的解读等。第二，在公众意见数据应用方面，获取高频意见数据后，可以动态跟踪重大政策发布和政策信息沟通后的企业和个人预期变化情况，从而对政策效果进行研判，为后续政策制定提供依据，加强政策连贯性和稳定预期能力。

二是利用好第三方机构，优化公众意见搜集机制。第一，第三方机构具有更高的组织灵活性和技术优势。参考 Civey 的运行模式，搜集公众意见需要与其他互联网企业的合作，如咨询网站、电子邮件服务商、社交媒体平台等。作为非政府的第三方机构在组织合作签约上更加灵活，便于合作达成，实现高频率、多平台、广受众的意见收集。第二，利用第三方机构收集公众意见有利于公众表达真实意见。政府部门直接进行意见收集可能会使受调查对象相信自己的意见表达会影响政策制定，从而有意扭曲表达的意见，造成信息失真。利用第三方机构收集公众意见，而不是政府机构直接收集，可以减轻这一问题的影响。

专题三 财政风险与可持续性研究

  本专题深入探讨财政风险与可持续性问题，从财政风险、税收不确定性及财政赤字等多个维度进行分析。通过对潜在风险因素的识别与评估，本专题旨在揭示如何在复杂的经济环境下，保持财政的长期可持续性，确保国家经济的稳定与健康发展。

第八章 新时代财政风险的评估、防范与化解

第一节 新时代财政风险研究的重要性

党的十八大以来，我国经济发展进入"新常态"，经济转型压力不断凸显。目前，应对突发性公共卫生事件、推动碳达峰和碳中和、推动脱贫攻坚与乡村振兴有效衔接、高质量共建"一带一路"等，在一定程度上影响政府债务和偿债率，加之潜在的隐性债务问题，对中央和地方政府形成较大压力。同时，在经济发展环境面临深刻变化和世界百年未有之大变局的背景下，使我国财政政策制定、财政安全保障、公共财政韧性等受到严峻挑战。我国针对财政安全及其关联风险化解问题提出了诸多要求：2016年国务院办公厅发布的《地方政府性债务风险应急处置预案》明确要求建立针对地方债务、财政风险应急处理的预案机制；党的十九大报告指出，有效防控金融风险，是守住不发生系统性风险底线的主要方法之一；党的十九届五中全会强调，要注重防范、化解重大风险挑战，健全金融风险预防、预警、处置、问责机制体系；《中华人民共和国国民经济和社会发展第十四个五年规划和2035年远景目标纲要》明确提出，要全面加强经济安全风险预警、防控机制和能力建设，对违法违规行为"零容忍"，关于政府投融资、债务管理和预算管理等方面的制度建设，中央政策文件提出了一系列具体改革要求。

在此背景下，财政风险的评估、防范与化解工作的进行具有重

要的意义。第一，对财政风险进行评估、防范与化解可以为政府和相关决策者提供科学、系统的方法，用以评估、预测和应对财政领域的各类潜在风险。可以帮助政府更好地应对财政风险，保障财政的稳定性和可持续性。同时，也为政府决策提供了更多的信息和支持，有助于实现财政目标和社会发展目标的协调。第二，建立财政风险评估指标体系，测度我国财政风险现状和预判未来的演化态势，可以促使政府相关管理部门以国家安全观为指导，持续增强财政领域统筹发展能力，树立正确的财政安全意识与政绩理念，切实维护财政安全。对财政及其关联风险的系列研究，有利于落实党中央决策部署，充分发挥财政在国家治理中的基础和重要支柱作用，促使财政继续发挥促进经济稳定增长、推进供给侧结构性改革、支持城乡区域协调发展、保障和改善民生等作用。第三，开展以宏观经济系统和政府财政系统综合研究为基础的财政运行及其关联风险评估，通过建立宏观经济指标体系，测度和预判财政风险状况及其态势，并将相关结果作为政府预防和化解财政风险的决策依据，有利于政府及时规避各类潜在风险，指导财政可持续发展。第四，从财政风险与国家安全、经济发展、社会稳定的联动关系而言，各领域风险与财政风险存在双向影响，风险之间可以相互转化[1]，地方公共风险可能会转化为财政风险。同时，地方政府债务扩张，不仅会影响本地区财政的稳定性，还会逐步扩散至周边其他地区，进而产生多系统联动的财政风险。因此，通过探寻财政风险与其他领域风险的交叉互动路径，有利于明确政府相关部门的协同监管职责，规避职能重叠或缺漏问题，及时阻断风险传导路径，保障经济社会稳定发展。

---

[1] 中国财政科学研究院2022年"地方财政经济运行"课题组等：《多重不确定性下的风险权衡与对冲——2022年"地方财政经济运行"调研总报告》，《财政研究》2023年第3期。

第八章 新时代财政风险的评估、防范与化解

第二节 新时代财政风险的科学内涵

什么是财政风险？与财政风险互相转化的关联风险有哪些？新时代背景下的财政风险有什么特点？新时代防范财政风险的意义是什么？要回答这一系列问题，需要从财政风险的科学内涵和运行实质展开探讨。

一 新时代财政风险的概念界定

新时代财政风险，指在当前新时代背景下由于多种内外部因素引发的，可能对国家、地方或企业财政状况造成不利影响的风险。这些因素包括新型经济形态的兴起、数字化转型的影响、全球化与区域化的变化、环境可持续性的挑战等。新时代财政风险的出现可能导致财政政策失衡、财政收支压力增大、债务风险增加等问题，对国家或地方财政的稳定和可持续性构成威胁。

就债务角度而言，财政风险是由于债务结构不断变化（政府债务规模扩大或偿还进度延迟）所致。就收支角度而言，财政风险是由于政府的公共资源不足以履行其应承担的支出责任和义务，以至于经济、社会的稳定与发展受到损害。就资金效率角度而言，财政负债只是财政风险的表现形式，其实质是政府的资金配置缺乏效率（缪小林、史倩茹，2016）。

本节将财政风险界定为：由于政府的收支与债务结构失衡、资金配置缺乏效率，导致政府无法有效履行其应承担的支出责任与义务，以致对经济、社会的稳定与发展产生损害。财政风险常体现为财政收支失衡、收不抵支，导致政府债务或债务风险积累，赤字率提高，财政可持续性受到消极影响。此外，财政资金的配置管理效率也会受到财政收支失衡的负面影响，从而导致政府偿债能力下降，影响政府的经济调控能力，甚至进一步加剧利率上升、通货膨胀等

总体经济运行风险（杨海生等，2014）。

财政风险的外延是导致财政风险加剧的公共风险因素。在新时代背景下，财政风险是由全球经济、科技、社会等多种复杂因素相互作用和影响所引发的，如重大危机事件爆发、实体经济波动、社会福利变动等，都有加重财政负担、影响财政收支平衡与债务结构的可能性。防控公共风险是财政政策的一项重要职能。当经济社会态势出现较大规模的波动，为维护经济社会稳定，财政压力将会进一步加剧，收支缺口可能会进一步扩大，加剧财政风险（李振、王秀芝，2020）。

综上而言，在财政系统内部运行过程中，由财政收支失衡引发的，在收入与支出两个方面集中体现的财政风险被称为财政运行风险；由其他领域传导至财政系统的被称为财政关联风险。因此，本节通过区分财政风险的内部与外部来源，将财政风险分为运行风险和关联风险两部分开展研究。

二 财政运行风险与财政关联风险

1. 财政运行风险

本节基于财政收入与支出状况，界定如下三类财政运行风险：一是财政收入风险。财政收入包括一般公共预算、政府性基金预算、国有资本经营预算和社会保险基金预算四本预算收入。当经济发生较大变动，或政府公共服务结构发生大调整时，财政收入的平稳体系将会被打破，从而对财政收支结构平衡产生较大负面影响，加剧财政运行风险。二是财政支出风险。财政支出是政府履行职能的重要手段。当财政支出存在问题时，将会对财政职能的履行产生障碍，甚至可能在未来影响到财政收入，造成未来的财政收入减少，最终产生财政风险。从政府与社会的关系来看，随着社会的发展，公众需求日益增加，政府为满足社会需求必将强化其职能和权力等，这会导致财政刚性支出日益增加，财政支出压力也将不断增加。若财

第八章　新时代财政风险的评估、防范与化解

政收入增长速度慢于财政支出的增长,将导致财政收支缺口日益扩大,支出压力加大,财政运行风险加剧,进而可能爆发财政危机。三是财政债务风险。在财政"收不抵支"情况下,最明显的表现和最容易的解决方案通常是政府发债。当财政收入不能抵扣财政支出的额度时,财政收入无法支付的部分需要通过向外借债的方式实现,即产生财政赤字。如果财政赤字的规模超过了具有客观性质的合理界限,一旦与资本市场的信用评级耦合,甚至会引发政府信用危机和金融危机。

2. 财政关联风险

财政关联风险,是由财政系统外部重大经济事件、社会福利变动、国际环境等因素诱发的各种矛盾,在财政领域所集中体现的风险。

较为常见的财政关联风险主要由以下因素导致:一是经济因素。主要指国内的经济发展状况,包括产业结构、人均收入、GDP等宏观经济对财政收入端产生的影响,随着支出固化及人民群众对美好生活的需要,当收入端遭到阻碍,财政风险就会产生。此外,经济因素也包括金融市场风险对经济发展和财政收入端的影响,以及对财政支出责任的增强。二是社会因素。在社会结构中,人口老龄化、失业率、社会保障支付率等结构发生变化,或者上述相关政策措施发生重大变化,均会对国家和地方的财政收入端和支出端产生影响。三是国际合作因素。全球贸易大幅波动等因素,也会对我国财政安全造成潜在风险。这些关联风险不仅影响财政运行过程,同时也给我国经济社会发展带来较大影响。

第三节　新时代财政风险评估体系与成因分析

本节拟以财政、经济和金融类统计指标数据为依据,以量化分析与信息技术为基础,对财政风险与财政关联风险的内涵、外延与

相关理论等进行剖析。首先，在财政风险领域，基于收入、支出、管理、调控等方面分析我国财政运行的潜在风险；其次，在财政关联风险领域，聚焦于经济、社会、国际合作等方面，分析各领域风险对财政风险、地方财政风险对中央财政风险的传导路径及影响程度。在此基础上，依照风险评估过程理论、风险因子识别及风险控制思路，构建财政风险评估框架，形成包括总量、结构、绩效等财政运行风险评估指标体系，以及经济、社会与国际合作等领域在内的关联风险评估指标体系，为政府开展综合性评估与制定财政风险防控决策提供理论支持。

一 财政风险评估基础理论与维度设计

1. 风险评估的过程理论

2020年10月，习近平总书记就《中共中央关于制定国民经济和社会发展第十四个五年规划和二〇三五年远景目标的建议》起草的有关情况向党的十九届五中全会作说明时指出，"必须坚持统筹发展和安全，增强机遇意识和风险意识，树立底线思维，把困难估计得更充分一些，把风险思考得更深入一些，注重堵漏洞、强弱项，下好先手棋、打好主动仗，有效防范化解各类风险挑战，确保社会主义现代化事业顺利推进"。钟开斌结合全面风险治理的相关要求，提出了"风险识别—风险评估—风险处置—风险沟通—风险监测"的全过程、链条式、动态化防控重大风险模式。[①] 在现有综合应急管理模式下，风险治理不应仅停留于风险处置环节，需将关口前移，实现风险治理效果最大化。因此，本节在评估流程上以风险治理"全过程"链分解理论为基础，结合财政风险的特性，采取风险因子识别、风险评估、等级研判、风险控制的思路，构建财政风险

---

① 钟开斌：《重大风险防范化解能力：一个过程性框架》，《中国行政管理》2019年第12期。

评估框架。

2. 财政运行风险及关联风险评估的维度设计

基于风险治理理论与我国现阶段实情，本节构建出包含财政运行风险和财政关联风险的整体性财政风险评估框架。在财政运行风险维度，本节将从总量因素、结构因素、绩效因素三个维度选取财政运行风险评估指标。在财政关联风险维度，本节将财政风险的外部触发因素分为经济因素、社会因素和国际合作因素。

基于以上两个维度的分析，分别筛选影响财政安全和可持续的风险评估指标，运用公开数据，采取"异动"预警方式，研究财政及其关联风险问题。一是研究总结对财政造成影响的各类风险指标；二是研究分析各个指标对财政的影响及其传导途径；三是研究分析各个指标变化或数值，对财政产生重大影响的区间范围，重点从历史正常变化（平均变化）幅度区间、正常增长速度、匹配其他指标的变化幅度、绝对数量数值增长等方面，提出分段式预警区间；四是总结得出预警的"高、中、低、无"四类预警结论，并从近期和中长期风险角度，对异常变化进行分析评估；五是尝试对财政风险、关联风险进行总体评估，综合各类指标并赋予系数，分析提出财政关联风险指数，并在年度、季度进行比较研究。

3. 风险等级判断与预警体系构建

在量化得出指标评估值后，需要测算其风险等级，依据国际通用的财政分析警戒参考值以及统计学方法，给出正常、轻度异常、中度异常和预警的风险等级。最后，通过对测算结果的进一步成因分析，明确各类风险对财政近期和中长期发展的影响。

二 财政风险评估指标体系构建

1. 财政风险评估指标体系构建原则

为了能对财政风险状况进行全面有效监控，准确分析各领域对财政产生的关联风险，本节按照指标全面、关系量化、关联聚焦、取值公开的原则，科学构建财政风险评估指标体系。

2. 财政运行风险评估指标

综合财政风险影响因素的理论研究，财政不能履行职能的影响因素主要为财政收支的总量变化大小、财政收支的结构和财政运行效率情况。因此，本节的财政运行风险评估指标，也将从总量因素、结构因素、绩效因素三个维度进行选取。

（1）总量指标。政府财政的总量变化因素是衡量财政风险的重要指标。财政收入、支出和债务的增长变化大小，直接反映了政府的财政状况，是财政履行职能的基础。如表8—1所示，本节将从总量变化大小的角度，通过度量财政基本面的总量变化构建财政运行风险指标。

表8—1　　　　财政运行风险评估的总量指标体系

序号	一级指标	二级指标	指标含义	计算公式	数据来源
1	总量指标	财政收入占GDP比重	财政收入总水平	财政收入总额/GDP-其他"五常"国家财政收入占GDP比重均值	财政部官网、CEIC数据库
				财政收入总额/GDP-其他金砖国家财政收入占GDP比重均值	财政部官网、CEIC数据库
				财政收入总额/GDP-发达经济体人均GDP超过1万美元时财政收入占GDP比重均值	财政部官网、CEIC数据库
2		财政收入增速	财政收入增长率	（当期全国财政收入-上一期全国财政收入）/上一期全国财政收入-GDP同比增速	财政部官网

续表

序号	一级指标	二级指标	指标含义	计算公式	数据来源
3	总量指标	财政支出占GDP比重	财政支出总水平	财政支出总额/GDP-发达经济体人均GDP超过1万美元时财政支出占GDP比重均值	财政部官网、CEIC数据库
4		财政支出增速	财政支出增长率	（当期全国财政支出-上一期全国财政支出）/上一期全国财政支出-GDP同比增速	财政部官网
5		赤字率	财政赤字占国内生产总值的比重	赤字总额/GDP	财政部官网
6		政府债务负债率	政府债务余额与GDP之比	债务余额/GDP	财政部官网

（2）结构指标。在财政运行风险指标中，财政收支科目中的结构状况也能反映财政整体健康状况，除财政总量指标外，财政结构不合理，必然会影响财政整体运行。财政运行风险指标选取和含义如表8—2所示。

表8—2　　　　财政运行风险评估的结构指标体系

序号	一级指标	二级指标	指标含义	计算公式	数据来源
1	结构指标	非税收入占比	非税收入占比	全国非税收入/全国财政收入	财政决算
2		中央财政收入占比	中央财政收入占全国财政收入比重	中央财政收入/全国财政收入	财政决算
3		土地出让收入占一般公共预算和政府性基金比重	土地财政依赖程度	土地出让金/（一般公共预算+政府性基金预算）	财政部官网

（3）绩效指标。在财政运行中，为了履行相应的财政职能，除了需要监控财政的状况是否能够履行财政基本职能、支持财政调控外，还需要对财政运行的效率进行监测。当财政运行效率不高时，财政履行职能的手段和方法将难以达成预期效果，此时财政将无法持续健康地发展。因此，如表8—3所示，本节将效率指标纳入财政运行风险指标体系。

表8—3　　　　　财政运行风险评估的绩效指标体系

序号	一级指标	二级指标	指标含义	计算公式	数据来源
1	绩效指标	全国财政收入执行进度	全国财政收入的执行进度	年末全国实际财政收入/预算收入数	财政部官网
2		全国财政支出执行进度	全国财政支出的执行进度	年末全国实际财政支出/预算支出数	财政部官网
3		中央财政收入执行进度	中央财政收入的执行进度	年末中央实际财政收入/预算收入数	财政部官网
4		中央财政支出执行进度	中央财政支出的执行进度	年末中央实际财政支出/预算支出数	财政部官网

3. 财政关联风险评估指标

本节将从经济领域、社会领域、国际合作领域三个维度选取财政关联风险评估指标。

（1）经济领域指标。当下我国经济社会发展面临不少风险和挑战，但经济长期向好的基本面没有改变，伴随经济转型步伐的不断推进，财政将持续发挥重要引导和支持作用。积极财政政策使政府财政支出规模大幅上升，引发财政支出风险。同时，经济运行状态影响国民收入变动，增加财政收入端的不确定性。引发财政关联风险的经济因素，主要包括两个方面：

一是实体经济。当市场运行不畅时，实体经济发展受阻，经济下行压力增大。一方面会使得国有企业和民营企业收入减少，财政税收收入减少，导致财政收入风险；另一方面，经济下行压力较大时，执行积极财政政策会使政府支出大幅度上升，引发财政支出风险。

二是金融风险，其中又可分为宏观金融风险、地方金融风险和地方政府债务风险三个方面。在宏观金融风险下，银行体系决定金融机构及其管理机构的组成设置和职能。地方金融风险指地方金融机构在经营过程出现流动性困难，从而导致地方经济金融失序和社会福利损失的后果及可能性。地方金融机构风险，既有金融机构风险的一般性特征，也存在显著的地域性特征，即地方金融机构风险受我国宏观经济系统性风险与地方政治经济发展的双重影响。地方政府债务风险，是指地方政府承担债务，但却没有能力按期还本付息的可能性以及相应产生的后果。基于上述因素分析，本节共选取出17个经济领域测度指标，如表8—4所示。

表8—4　　　　　　　经济领域测度指标体系

序号	一级指标	二级指标	指标含义	指标公式	数据来源
1	实体经济	固定资产投资额	衡量固定资产投资规模、速度以及比例关系	—	国家统计局
2		居民消费价格指数	衡量通货膨胀或通货紧缩	—	国家统计局
3		生产价格指数	衡量经济活动水平与生产领域价格变动情况	—	国家统计局
4		社会消费品零售总额	衡量国内消费需求	—	国家统计局
5		规模以上工业增加值	衡量工业生产活动的最终成果	—	国家统计局

续表

序号	一级指标	二级指标	指标含义	指标公式	数据来源
6	实体经济	房地产销售额占实体经济总额比重	衡量房地产行业在实体经济中的占比	房地产销售额/（第一+第二产业GDP）	国家统计局
7		社会融资规模	衡量金融对实体经济资金支持	—	国家统计局
8		企业部门杠杆率	衡量企业负债风险	—	Wind 中国社会科学院国家资产负债研究中心
9		地方金融机构资产负债率	衡量地方金融机构负债风险	总负债/总资产	中国金融稳定报告
10		地方金融机构贷存比	反映地方金融机构的流动性	各项贷款总额/各项存款总额×100%	中国金融稳定报告
11	金融风险	地方金融机构储备资产与国内负债比	反映中资银行机构的负债风险	预备资产/（对中央银行负债+其他金融公司负债）×100%	中国金融稳定报告
12		地方金融机构不良贷款率	反映地方银行的信用风险	最大同一客户贷款余额/资本总额	中国金融稳定报告
13		地方金融机构资产收益率	反映银行资产盈利水平	净利润/总资产	中国金融稳定报告
14		负债率	年末债务余额/GDP	反映经济规模对于政府债务的承载能力	财政部官网
15		债务率	债务余额/财政收入	反映政府财力对于债务的承载能力	财政部官网
16		偿债率	当年债务还本付息额/政府综合财力	反映地方财力用于还本付息的份额	财政部官网、城市统计年鉴
17		偿息率	利息支出额/财政收入	反映地方财力用以支付利息的份额	财政部官网、城市统计年鉴

第八章 新时代财政风险的评估、防范与化解

（2）社会领域指标。社会领域的财政关联风险主要体现在社会福利方面，包括老龄人口、城乡收入差距、失业率、养老金支付风险、医保基金可持续以及公共应急需求等。社会领域主要通过社会福利支出传导至财政收支端引发财政关联风险。本节选取反映社会福利情况的 13 个测度指标，如表 8—5 所示。

表 8—5　　　　　　　　　社会领域测度指标体系

序号	一级指标	二级指标	指标含义	指标公式	数据来源
1	社会福利情况	老龄人口比重	老龄人口在社会总人口中所占比重	—	国家统计局
2		城乡居民人均可支配收入差距	城镇乡村间居民人均可支配收入差距	城镇居民人均可支配收入-农村居民人均可支配收入	国家统计局
3		城镇调查失业率	城镇调查失业率	城镇调查失业人数占城镇调查从业人数/城镇调查失业人数之和	人力资源和社会保障部
4		生育率	一定时期内出生婴数与同期平均育龄妇女人数之比	当期新生人口数/当期育龄妇女人数	人口普查数据
5		预期寿命	若当前年龄死亡率保持不变，同一时期出生的人预期能继续生存的平均年数	—	人口调查数据
6		养老保险收益比率	养老保险在当期投资的收益额与本金之比	当期收益/本金	全国社会保障基金理事会报告
7		死亡率	一定时期内死亡个体数与同期平均种群数量的比值	单位时间死亡个体数/单位时间平均种群数量	人口普查数据

219

续表

序号	一级指标	二级指标	指标含义	指标公式	数据来源
8	社会福利情况	人口迁移比例	迁移人口所占比重	迁移人口/总人口	人口调查数据
9		养老金替代率	劳动者退休时的养老金领取水平与退休前工资收入水平之间的比率	平均养老金/平均工资	国民经济和社会发展统计公报
10		职工基本医疗保险参保赡养率	反映城镇企业职工基本医疗保险支付压力	离退休人数/参保人数	国家医疗保障局
11		城乡居民基本医疗保险结余率	反映基本医疗保险结余情况	(基金收入-基金支出)/基金收入×100%	国家医疗保障局
12		自然灾害导致的直接经济损失	灾害直接造成的物质形态的破坏	—	国家统计局
13		自然灾害导致的死亡人数	自然灾害所造成的死亡人数	—	国家统计局

（3）国际合作领域指标。国际合作主要指作为政策协调过程的结果，当一国政府推行的政策被另一国政府视为能够促进他们自身目标时，政府合作就会发生。国际合作风险，指上述合作被损坏或损失的可能性。整体而言，国际合作风险主要通过债务和收支两种途径将风险传导至财政领域，产生财政关联风险。国际合作风险的成因，主要体现在两个方面：一是国际经济运行。在全球化发展背景下，我国时刻面临着来自国际金融市场的冲击与挑战，产生巨大的输入性经济与金融风险，这些风险将通过贸易、外需、产业链、

资本流动、金融市场等途径向国内市场传导。当前，国际金融危机后主要经济体实施的量化宽松和低利率政策面临调整，历史上从未有过的超低利率一旦逆向上调，将带来全球资产重新定价和债务条件恶化，引发国际金融市场动荡和大规模跨境资本流动，并将对我国形成较大的外部冲击。二是对外贸易。从1978年至今，我国对外贸易实现了跨越式的增长，对外贸易在国家经济运行中占据重要地位。如出口退税有助于我国出口规模的快速扩张，但出口退税数额十分庞大，对我国财政收入产生显著影响。出口退税优惠越大，退税额越多，财政收入越少，一旦其他税收来源出现问题，将给中央财政收入端带来巨大压力，导致收入端和支出端不平衡，产生财政关联风险。基于上述分析，本节共选取出5个国际合作测度指标，如表8—6所示。

表8—6 国际合作领域测度指标体系

序号	一级指标	二级指标	指标含义	指标公式	数据来源
1	国际经济运行	美国GDP不变价同比变化率	美国国内生产总值实际变化率	本年GDP/上年GDP-1	Wind（美国经济分析局）
2		美国联邦基金利率	美国同业拆借市场的利率	—	Wind（美联储）
3		美国CPI	反映一定时期内城乡居民所购买的生活消费品和服务项目价格变动趋势和程度的相对数	—	Wind（美国劳工部）
4	对外贸易	贸易顺差	衡量贸易顺差	出口总值-进口总值	国家统计局
5		WTOI	衡量全球的贸易状况	四季度平均值	WTO

考虑数据的全面性，本节采用 13 个财政运行风险指标可获得的最大时间范围数据进行量化分析制定财政运行风险指标的风险区间，数据频率为年频。财政收入占 GDP 比重、财政收入增速、财政支出占 GDP 比重、财政支出增速、赤字率、非税收入占比、中央财政收入占比样本区间为 1978—2021 年。政府债务负债率、土地出让收入占一般公共预算和政府性基金比重样本区间为 2010—2021 年。全国财政收入执行进度、全国财政支出执行进度、中央财政收入执行进度、中央财政支出执行进度样本区间为 2000—2021 年。

三　财政运行风险等级评估与成因分析

1. 财政运行风险等级评估

本节对 2015—2021 年财政运行风险二级指标进行风险等级评估，评估结果如图 8—1 所示。

	2015	2016	2017	2018	2019	2020	2021
财政收入占GDP比重							
财政收入增速					▨	▨	
财政支出占GDP比重							
财政支出增速							■
赤字率				▨	▨	■	
政府债务负债率							
非税收入占比							
中央财政收入占比							
土地出让收入占一般公共预算和政府性基金比	▨	▨					
全国财政收入执行进度						▨	
全国财政支出执行进度							
中央财政收入执行进度					▨		
中央财政支出执行进度							

图 8—1　财政运行风险二级指标 2015—2021 年风险等级评价

注：空白格表示风险可控；条纹格表示轻度风险；黑色格表示中度异常。

2. 财政运行风险等级成因分析

我国目前财政运行风险水平整体把控在轻中度异常以下，财政运行稳定，风险总体可控。

2015年，中国经济增长动力进入关键的"换挡期"，指标出现轻度异常波动，所以本节重点对2015—2021年财政运行风险等级成因进行分析。2015—2021年，财政运行风险来源主要有六个渠道：财政收入增速、财政支出占GDP比重、财政支出增速、赤字率、土地出让收入占一般公共预算和政府性基金比重、全国财政收入执行进度与中央财政收入执行进度。

根据图8—1的测算结果分析可得，财政收入增速、财政支出占GDP比重、赤字率和土地出让收入占一般公共预算和政府性基金比重的测算结果显示为轻度风险。2021年财政支出增速出现大幅下降，测算结果显示中度异常。我国2020年全国财政收入执行进度出现自2015年以来最低值，测算结果为轻度风险。我国目前财政运行风险水平整体把控在轻中度异常以下，我国财政运行一直比较稳定，但仍需注重多种隐性风险与关联风险的把控，方能积极发挥财政职能作用，更好地履行财政在全面建设社会主义现代化国家新征程中的职责使命。

四　财政关联风险指标对财政运行风险冲击分析

本节分析财政关联风险指标对财政运行风险的影响及其传导机制。通过对每一个财政关联风险二级指标与财政运行风险二级指标进行回归分析，验证财政关联风险指标在解释财政运行风险方面的有效性。接着，采用岭回归模型量化财政关联风险指标对财政运行风险的影响效应，进一步揭示不同领域的财政关联风险如何通过多个层次影响财政运行风险。分析结果显示，经济领域的财政关联风险指标对财政运行风险综合指数的影响最大，其次是社会领域和国际合作领域的指标。这一分析不仅为财政运行风险管理提供了理论依据，也为政策制定者提供了量化的风险评估工具，帮助其更有效地识别和应对财政运行中的潜在风险。

1. 财政关联风险指标关联度

为验证以理论为基础选择的财政关联风险指标是否对财政运行风险指标具有良好的解释作用，本节选择将每个财政关联风险二级指标分别对财政运行风险中每个二级指标进行单变量回归分析。本节所选取的财政关联风险二级指标对财政运行风险有显著的解释作用，应纳入指标体系中。

2. 财政关联风险指标对财政运行风险冲击分析

基于数理性原则，本节从财政运行风险综合指数、财政运行风险二级指标体系两个层面，结合经济理论的规范性分析结论，进行每一个财政运行风险指标对一揽子财政关联风险指标的统计建模，量化研究财政关联风险指标对财政运行风险指标可能的风险传导路径和传导机制。首先，为了同时量化多个关联风险指标对每一个财政运行风险指标的影响和冲击程度，给出多个关联风险指标对逐个财政运行风险指标的冲击方程，本节采用岭回归模型对财政运行风险指标逐一建模，建立财政运行风险指标对一揽子财政关联指标的模型体系，根据参数估计结果，量化分析财政关联风险指标对财政运行风险指标的影响效应。其次，综合财政运行风险二级指标权重与财政关联风险二级指标对财政运行风险二级指标岭回归结果、财政运行风险二级指标与财政运行风险的相关性正负，得到财政关联风险二级指标对财政运行风险综合指数的影响程度。分层次搭建财政运行风险指标与财政关联风险指标塔式关联网络。

测算结果表明，从财政运行风险二级指标层面，财政关联风险主要通过九个财政运行风险二级指标直接影响财政运行风险，财政关联风险指标数值增加，通过财政收入占 GDP 比重、财政收入增速、财政支出占 GDP 比重、赤字率、土地出让收入占一般公共预算和政府性基金比重、全国财政支出执行进度、中央财政支出执行进度使财政运行风险增加,通过政府债务负债率、中央财政收入占比使财政运行风险降低。从财政运行风险综合指数来看,财政关联风险中经济领域指标对财政运行风险综合指数影响最大,其次为社会领域指标、国际合作领域指标。

第四节 新时代财政风险防范与化解的对策建议

通过对财政风险的评估和成因进行分析可知,财政涉及经济、技术、社会、环境等各领域的方方面面,以及一系列复杂的经济、政治与社会变量,任何变量的微弱变化都会通过传导路径反馈到财政领域。进而从根源上说,风险是制度不完善的结果,仅针对某一单一风险成因或某几个风险成因进行财政风险的防控与化解难以达到理想效果。不仅如此,在诸多风险夹杂的新时代背景下,现有风险成因不断变化,新成因不断涌现,难以对众多成因准确定位并一一解决。

因此,建立起一套能够化解风险、减轻外部冲击负面影响、并确保快速回归可持续发展轨道的财政韧性体系至关重要。故本节进一步探讨如何构建防范化解财政风险的制度韧性体系和能力韧性体系。

一 推动防范财政风险的制度韧性体系建设

从根源上说,风险是制度不完善的结果,综合考虑新时代财政风险的制度性成因,新时代面对财政风险时需转变被动应对风险的思路,主动作为、防患未然。本部分从制度建构角度探讨如何防范财政风险,主要包括构建基于财政内部"激励相容"的制度韧性体系和基于财政外部"协同治理"的韧性制度体系。

1. 财政内部"激励相容"的制度韧性体系

防范财政风险的关键在于各级财政行为主体是否具备风险意识,

因此，财政制度韧性体系建设的核心是设计"激励相容"的财政体制，并通过预算制度和税收制度的完善，平衡地方发展积极性与财政风险累积的关系，从而实现地方政府发展积极性和防范财政风险主动性的平衡，将财政安全理念内化为财政行为主体的自觉。通过解决地方政府在防范风险方面的激励不相容问题，明晰风险治理的责任主体，强化地方政府风险责任意识和风险防范能力。具体而言，第一，健全法律法规并加强监管与审计，加强财政法律法规的制定与完善，明确政府债务的融资渠道、使用范围和债务限额，确保债务管理更加规范和透明；加强对地方政府债务的监督，及时发现和纠正财政风险，确保政府行为的合规性。第二，建立财政风险预警并持续监测与评估，通过数据分析和模型预测，及时发现风险的迹象，采取相应的应对措施；建立定期监测和评估风险机制，对财政风险的发展趋势和影响进行持续跟踪，及时调整防范策略。第三，强化各级政府责任和监督各级政府行为，确保各级政府在财政风险防范中承担起主体责任，避免过度依赖其他手段来应对风险，加强内部控制与风险管理；建立信息披露系统，提高财政信息的透明度，及时公开政府债务、预算执行情况等数据，让市场和公众能够更好地了解财政状况。第四，建立应急机制，建立财政风险应急预案，明确在风险发生时的应对步骤和措施，确保能够迅速应对各类风险事件。

2. 财政外部"协同治理"的韧性制度体系

财政的作用不仅局限于自身范围，而是渗透于整个经济社会体系之中。财政的"兜底"功能使得财政风险的防范不仅是财政部门的职责，更需要与其他关联领域主体，如统计部门、监管机构、金融机构、企业等进行紧密合作，实现协同治理，从而防范财政关联风险的发生。构建基于跨领域、跨部门的财政内外部协同治理的制度韧性体系，首先需要明确不同领域之间的关联性和相互影响。财政与经济、社会、国际合作等领域之间存在着紧密的联系，一个领域的风险可能会波及其他领域，因此，我们需要建立信息共享机制，确保各个领域之间能够及时交流、协调应对。

其次，强化财政与各领域、各关联主体之间的协同治理，需要建立跨部门合作的机制。比如在金融领域，推动开发创新金融工具，如政府债券等，用于融资和债务管理，降低财政风险。财政部门不能孤立地面对风险，而是需要与监管机构、金融机构、企业等进行紧密协作。这不仅包括信息共享，还需要制定共同的风险应对策略，确保在风险发生时能够迅速响应并采取行动。

最后，制度韧性体系的构建也需要考虑到国际合作的维度。财政风险不仅受国内因素影响，还受全球经济环境变化的影响。各国之间的经济联系日益紧密，风险也更容易跨越国界传播。因此，与其他国家开展合作，分享经验、交流信息，共同应对全球性风险，也是重要的一环。

在新时代的背景下，构建财政外部"协同治理"的韧性制度体系，不仅有助于防范财政关联风险，更能够增强整个经济社会体系的稳定性和适应性。通过跨领域、跨部门的协同合作，我们能够更好地应对不确定性和挑战，为实现可持续发展提供坚实的制度保障。

二 推动化解财政风险的能力韧性体系建设

在面对不可避免的外部冲击对财政系统产生影响时，我们需要建立起一套能够化解风险、减轻外部冲击负面影响、并确保快速回归可持续发展轨道的体系。构建财政韧性体系的核心在于提升财政的应对能力，以有效化解外部风险。这需要在以下方面加强能力韧性体系的建设：

首先，加强财政政策体系的完善，提高灵活性和适应性。我们应当深入研究中央财政预算中各项应急资金的设定比例，如普通应急资金、预备费以及预算稳定调节基金等。同时，需要明确面临突发事件时这些资金的使用要求，以确保在事件发生时能够快速提供资金支持。此外，在紧急情况下，财政部门还需遵循"急事急办、特事特办"的原则，建立非常规情况下的财政应急保障资金，如通过预算调整、专项转移支付拨付以及发行特别国债等方式，保障资金的及时供给。面对外部冲击时，财政政策应当能够及时做出调整，以减轻冲击的负面影响。建议建立更加灵活的财政政策框架，允许在危机时期实施临时性政策措施，如加大支出、降低税收等，以缓解外部冲击带来的经济压力。

其次，提高资金的使用效率。一方面，政府增强下拨资金效率的能力，财政应急保障资金在从上到下逐层下拨的过程中，常常存在中间环节烦琐、拨付程序复杂的问题。因此，我们需要科学合理地减少这些中间环节，建立起高效的财政应急保障资金拨付机制。同时，建立配套制度，以确保资金的迅速下拨，从而在紧急情况下能够更加高效地应对。另一方面，鼓励财政创新和多元化融资手段。财政部门可以探索更加灵活多样的融资方式，如发行短期国债、设立特殊基金等，以增加财政的灵活性和应对能力。同时，鼓励财政部门采取创新的财政政策，如投资基础设施、支持科技创新等，以推动经济结构的优化和转型。

最后，提升财政部门与各部门之间的信息共享能力。财政部门和其他相关部门之间的信息共享能力对于迅速反应和准确决策至关重要。财政风险的化解需要各部门之间的协同配合。为此，我们需要根据各部门之间的联系程度和信息交流的顺畅程度，加强财政部门与其他部门之间的协同，优化财政应急资金的分配，以确保在危机来临时能够更好地合作应对。此外，建议加强与国际组织和其他国家的合作，共同研究和分享化解财政风险的经验和做法。

在韧性体系的建设中，我们能够更加有力地应对外部冲击，有效地化解财政风险，保障财政系统的稳定和可持续发展。这不仅是财政部门的责任，更是整个社会共同的责任，只有通过协同合作、强化能力建设，才能够构建起真正具有化解财政风险能力的韧性体系，为新时代的可持续发展提供有力支持。

三 构建财政风险韧性信息网络

财政应急治理是国家应急管理的重要组成部分，对提升我国财政韧性和财政风险防范与化解能力具有重要意义。当前，我国财政应急治理信息分散于多个部门，在一定程度上制约了财政应急治理的协同高效性，不利于提升财政应急治理的科学性、规范性和精细化水平。

一方面，有利于从宏观上统筹全国财政应急治理战略部署，从中观上优化地区之间的财政应急资源配置，从微观上协调部门之间的财政应急治理工作；另一方面，有利于在应对突发性公共事件中统筹各种资源，统一调配使用，形成高效、有序的突发公共事件应对机制。这是现代财政应急治理实现现代化、规范化、精细化的必由之路。

具体来说，应急信息的共建是财政风险韧性信息网络的基础，财政应急治理信息是由财政应急治理主体利用互联网等现代技术，在社会层面进行的应急活动所产生的各种信息集合。财政应急治理信息包含历史信息和实时信息，这些信息能够反映财政风险韧性动态，但由于其具有数据量大、数据范围广泛等特点，所以必须借助大数据、云服务、人工智能等技术手段对这些信息进行归纳分析。通过这些手段逐步建立综合、统一、动态的财政风险应急治理信息数据库，系统高效整合财政应急治理信息。

与此同时，应急信息的共享是财政韧性信息网络的目标。为了发挥财政应急治理信息的作用、实现财政应急治理信息的共享，需要在数据库的基础上，建立专门、统一的财政应急信息网络平台。共享应急信息的主体既包括各级部门，同时也包括社会公众。在平台上，每个部门都将是信息的创造者、传播者与使用者。各部门能够借助统一的信息平台实现无障碍信息交流。此外，信息平台也能为社会公众提供了解不同部门财政应急治理动态的渠道，利于财政应急治理社会舆论监督的开展。

第九章　我国税收不确定性的来源、度量和管理

第一节　税收不确定性的发展背景

近年来，全球税收不确定性不断增加。过去十年中，为应对 2008 年国际金融危机带来的负面冲击，世界主要国家纷纷采取扩张性财政政策，在刺激国内经济发展的同时导致了财政赤字率与债务水平的不断上升①，由此导致的征税预期不确定性对经济复苏产生了明显的负面影响。2017 年底，特朗普（Donald Trump）税改方案通过，面对美国减税出现的外溢效应，各国政府是否会通过调整国内税收政策来维持本国产品的出口竞争力和对跨境资本的吸引力，从而造成全球竞相减税的局面，是当前世界范围内的税收不确定性。面对特朗普税改方案及债务水平不断上升等多重压力，各国政府是否会调整目前以减税为基础的税收政策改革方向，如何调整，调整的幅度均存在着很大的不确定性。同时，一些发展中国家和欠发达国家，税收政策不透明，税收征管技术落后，税收纠纷解决机制欠缺，给纳税遵从带来了极大的不确定性。税收不确定性已成为影响这些国家经济发展，乃至全球国际投资和国际贸易发展的重要因素。

中国经济发展进入新常态，通过供给侧结构性改革来促进中国

---

① IMF 在 2018 年 4 月指出全球的债务水平已达历史新高，并建议各国政府停止使用扩张性的财政政策并减少公共债务，以便将来在经济形势恶化时有更多的回旋余地。

第九章　我国税收不确定性的来源、度量和管理

经济的转型升级，经济发展更加注重质量、效率、公平及可持续性。目前以"减税降费"为基础的税收政策改革作为推进供给侧结构性改革的重要手段，不仅能降低企业的税收负担，提高企业效率，促进收入分配的公平，还能推进产业间的结构性调整，但这无疑导致了财政赤字增加或财政支出缩减等带来的预期不确定性。此外，随着改革的不断深化，政府深化税制改革过程中不会只着眼于"减税降费"，还会将改革扩展到税收制度的层面，税收政策的不确定性进一步加大，例如房产税改革，无疑都增加了税收不确定性。

那么，到底什么是税收不确定性？税收不确定性的本质是什么？如何理解税收不确定性？税收不确定性应当如何衡量？我国税收不确定性究竟有多大？税收不确定性的来源有哪些？应当从哪些方面对税收不确定性进行管理？目前，学术界尚缺乏对税收不确定性的系统性研究和完整分析框架，回答上述问题，对于丰富财税理论和我国税制改革实践都具有重要意义。

第二节　税收不确定性的概念解析

税收不确定性的概念可以追溯到亚当·斯密（Adam Smith），在《国富论》中斯密提出了税收确实原则："各国国民应当完纳的赋税，必须是确定的，不得随意变更。完纳的日期，完纳的方法，完纳的数额，都应让一切纳税者及其他的人了解得十分清楚明白。如果不然，每个纳税人，就多少不免为税吏的权利所左右；税吏会借端加重赋税，或者利用加重赋税的恐吓，勒索赠物或贿赂"[1]。斯密提出的税收确实原则包含三个要素：第一，税法体系应当是确定的，

---

[1] ［英］亚当·斯密：《国富论（下）》，郭大力、王亚楠译，译林出版社2011年版，第361页。

不能随意变更；第二，税法规定的内容应当是明确的，不应存在模糊歧义；第三，税收执法应当是确定的，不应有执法的自由裁量空间。现代财政理论中，将这些特征称为税收确定性。

税收不确定性是与税收确定性相对的概念，结合不确定性的概念，税收不确定性可定义如下：税收不确定性是指纳税人对税收缴纳时间、方式和数额无法准确预期或者无知的状态。税收不确定性的概念是从纳税人视角出发，是纳税人面临的外部不确定性。从税法的角度来看，税收系统有三个行为主体：立法（政策制定）部门、执法部门和纳税人。从立法（政策制定）部门视角，其面临的外部不确定性源自执法部门征管不确定和纳税人纳税遵从情况不确定，这两个不确定性使得立法（政策制定）部门无法准确预期其出台的法律法规是否可以达到募集税收收入等政策目标。从执法部门角度来看，其面临的不确定性主要源自立法（政策制定）部门的不确定性，以及纳税人的纳税遵从不确定性，这两个不确定性使其无法准确预期相应的执法是否可以完成募集税收收入等目标。

而从纳税人角度出发，税收不确定性源于立法（政策制定）部门和执法部门的不确定性。如果立法（政策制定）部门制定的法律法规明确，执法部门的执法也相应明确，那么纳税人对什么时间纳税、应当纳多少税有准确预期。如果立法（政策制定）部门对于是否立法或者制定某项政策不确定，或对如何立法或如何制定某些政策不确定，或执法部门执法不确定，那么纳税人就无法准确预期纳税时间和纳税额。显然，通常所指的不确定性是纳税人角度，税收不确定性是指纳税人面临的外部不确定性。

税收不确定性与税收风险既有联系也有区别。一般而言，风险是指实际结果与预期发生偏离并导致利益损失的可能性。1922年奈特（Frank Hyneman Knight）在其经典著作《风险、不确定性与利润》中对不确定性和风险进行了区分。奈特认为风险是事件结果未知但结果的概率已知的情况，而不确定性是事件结果未知且结果的概率也未知的情况，或者说不确定性是不可度量的风险[①]。凯恩斯（John Maynard Keynes）也对不确定性有类似的定义[②]。换句话讲，风险是指事前知道所有可能的结果，以及每种后果的概率，而不确定性则是指事前不知道所有可能的结果，或者知道后果但不知道其发生的概率。

税收风险通常指纳税人的无知、疏漏或是故意所造成的税法不遵从可能导致的税收成本。可见，税收不确定性和税收风险都是纳税人视角，并且都可能给纳税人带来税收成本。二者的不同点在于，税收不确定性的后果往往是未知的、不可预期的；而税收风险的后果是已知的。举例来说，对于企业而言，避税行为由于法律后果和经济后果都比较明晰，因此属于风险；而税收政策是否变动、如何变动对企业的影响则是完全无法预期的，属于不确定性。

第三节 税收不确定性的来源与分解

目前关于税收不确定性的研究，往往侧重其中某一方面，例如相关法律文件在文字表述上的模糊性，或者税法中缺乏对某一商业模式纳税行为的规定，从而导致纳税人和税务行政机关之间就是否纳税、纳多少税等问题产生分歧，等等，尚缺乏对税收不确定性的系统研究。本节试图从来源角度对税收不确定性进行分类，为理解税收不确定性提供一个理论框架。

借鉴相关学者此前研究经验，结合我国的实际情况，从不确定

[①] ［美］弗兰克·H.奈特：《风险、不确定性与利润》，安佳译，商务印书馆2010年版，第189页。

[②] 在1921年出版的《概率论》一书中凯恩斯将概率类型分为三类：可数量化—可知概率（Numerical Probabilities & known—probabilities）、非数量化—可知概率（Non—Numerical Probabilities & known—probabilities）和非数量化—不可知概率（Non-Numerical Probabilities & un-known—probabilities）。前两种概率项下分别对应客观风险、主观风险，而不确定性则对应于"非数量化—不可知概率"。

性来源角度，本书将税收不确定性划分为税收立法不确定性和税收征管不确定性，如图 9—1 所示。税收立法不确定性来源于税法的本意不确定（税收政策不确定）、税法语言的模糊性、税法的不完备性和税法的复杂性。税收征管不确定性来源于税法的解释不确定、税法的推理不确定性和执法过程中税务机关的自由裁量权。

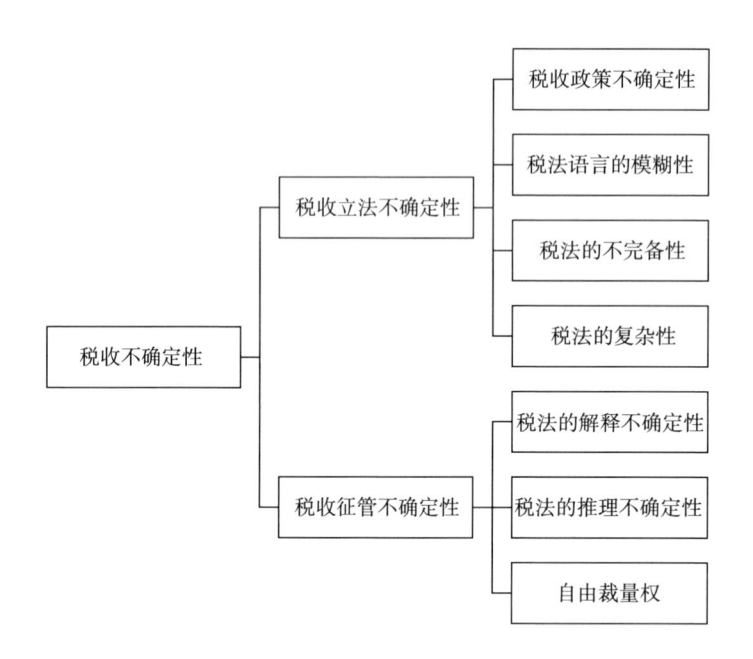

图 9—1 税收不确定性的来源与分类

一 税收立法不确定性及其来源

1. 税收政策不确定性

法的本意，即立法者的意图。法的本意不确定在税法上主要表现为税收立法或者税收政策不确定性，即税法本身体现的政策意图是不确定的，又被称为税收政策不确定性。税收政策不确定性包括

第九章　我国税收不确定性的来源、度量和管理

两个方面：一方面是税收政策是否会发生变化的不确定性；另一方面是税收政策如何发生变化的不确定性。此外，还存在税收政策确定后的不确定性，不确定性强调的是无法预测，因此，在税收政策确定后纳税人往往会产生不知道未来是否还会有类似新的政策出台的担忧，这种担忧也反映了不确定性，比如2018年以来，特朗普政府对中国的关税政策，在特朗普政府每次提高对原产于中国的产品进口关税税率之后，人们对美国是否进一步提高关税的担忧反而提高了而不是降低了，因为人们不知道一旦发生这样的事件后，是否还会发生类似事件，即不确定性增强了。

　　税法的本意不确定的具体来源包括税收立法和政策的频繁变动以及对立法和政策规则的偏离。作为调节社会经济关系和国家治理的重要政策工具，税收制度通常需要依照经济运行情况和社会目标进行及时调整和完善，例如在经济衰退、赤字规模扩大和收入不平等加剧等情形下，国家税收政策往往需要做出调整。但对于微观经济主体而言，即使其可以在一定程度上预见到税收政策的调整，但仍然需要一定时间来理解和适应税收政策的变化，以将其纳入到合规性规则中。而税收政策变化越频繁，给予经济主体理解和适应的时间越短，税收环境的不确定性则越强。

　　税收政策规则即税收立法和政策制定背后所遵循的规律，例如一个"凯恩斯主义"者往往会根据经济产出和经济周期来调整税收政策，在经济衰退时减税，在经济繁荣时增税；而一个"财政保守主义"者则往往会根据财政平衡状况来调整税收政策，在财政赤字时加税，在财政盈余时减税。当税收政策规则是明晰和确定时，微观经济主体可以根据经济和财政状况来适当预见未来的税收政策，而提早做出准备。然而，一旦税收立法者或者政策的制定者不遵守原有税收政策规则，或者对税收政策进行调整，那么显然会让纳税人对未来的税收政策难以预测，给微观经济主体带来不确定性。过去，我国税收政策的出台，往往以税收服务经济增长为主要目标，

但与此同时，也存在着税收频繁出台从而降低了税制的法治化程度；税收政策目标多元从而相互间缺乏衔接甚至政策打架；政策绩效评估缺位且政策效应容易偏离初衷等问题，给微观经济主体带来了所面临的税制以及税负不确定性。

2. 税法语言模糊性

税收法律文本中语言的不确定性来源于法律文本中语义和语用的模糊性、歧义和价值上的不可通约性。法律是用语言表述的，而语言存在多义性和不准确性，并且一些词语本身没有确切的含义而其含义只是约定俗成的结果，所谓价值上的不可通约性是指一些词语的含义并没有形成统一的解释。例如"应当"一词，通常是指应该的意思，一般用于建议，但在法律中是必须的含义。再如对什么叫"电子商务"，各国政府、学者、企业界人士根据不同角度，给出了许多不同的定义，至今尚未统一。还有一类词语，通常只是出现在法律文本中，日常生活中很难遇到，纳税人对其缺乏约定俗成的认识，例如《个人所得税法》中"居所"一词，究竟什么是居所？当然《个人所得税法实施条例》第二条给出了解释："个人所得税法所称在中国境内有住所，是指因户籍、家庭、经济利益关系而在中国境内习惯性居住"，但这里又出现了"习惯性居住"一词，这个词在日常生活中很难遇到，因此，纳税人对其理解可能会因个人所处的环境和知识背景而对该词产生不同的认知。

3. 税法的不完备性和税法的复杂性

法的不完备性主要来源于成文法中列举时的不可穷举。随着商业和科技的发展，一些新的商品、商业模式和交易形式的不断出现，例如金融创新、电子商务和移动支付等，在未出现时，税收法律法规不可能对其税收政策和管理做出具体规定。因此，税法的相关规定中不可能穷尽所有的商品形态、商业模式以及交易形式等。同时，当这些新事物出现时，将现有税收规则应用于新的业务活动可能存在困难，并且在缺乏及时和相关指导的情况下，可能会导致这些业务活动的税务处理存在不确定性。消费税的税目在一定时期进行的"更新换代"就属于这一情形。

税法的复杂性主要体现在税收法律体系内部的冲突。我国税收立法之初，采用的是"宜粗不宜细"的立法原则，在这一原则下，当出现法律法规未规定的情形时，就会用政策"打补丁"，出台新的政策进行补充，这在一定程度上保持了政策的灵活性，但也极大地增加了税法的复杂性和税收不确定性。例如，在营改增过程中，为确保纳税人企业的税负平稳以及完善税制改革，主管财税部门先后累计出台无数的规范性和补丁式文件，解决了税务机关和企业在实操中碰到的问题。此外，业务的复杂性也决定了税法的复杂性。以企业并购重组所得税处理来讲，我国现行税收制度中至少包括《财政部国家税务总局关于企业重组业务企业所得税处理若干问题的通知》《关于企业清算业务企业所得税处理若干问题的通知》《企业重组业务企业所得税管理办法》以及其他一系列规范性文件。众多的规定让纳税人，特别是没有一定并购重组业务和税收专业知识的纳税人产生畏惧，同时，由于企业并购重组业务的复杂性、多样性，我国政府又不能不用如此复杂的税法体系来进行规范。但实际上，即便如此复杂的税法体系，也未能完全覆盖所有的企业并购重组所得税问题，仍然存在较大的税收不确定性。

二 税收征管不确定性及其来源

税收征管不确定性是实际税收征管过程中，纳税人所面临的税务行政机关执法行为的不确定性。税收征管不确定性一方面来自税法解释不确定性和税法推理不确定性，另一方面则来自执法人员在执法过程中的随意性，即执法中的自由裁量权。前两者是客观的，而后者主要反映了执法人员的主观性。

1. 税法解释不确定

税法解释是指一定主体对税收法律文本的意思进行理解和说明。

在我国实践中，长期以来存在立法部门向行政部门大量让渡税法立法权，除了《企业所得税法》《个人所得税法》和《税收征收管理法》等法律之外，其他税种一般授权国家行政机关作出规定。根据"谁立法谁有权解释"的立法原则，行政机关对其制定的条例、规章自然享有解释权。此外，由于税法的专业性和一些其他原因，我国长期存在税法的立法解释的缺失，对于所制定的法律，立法机关也往往授权行政机关制定"实施条例""实施办法""实施细则"等进行解释，使得行政机关也享有了与立法机关相当的税法解释权。税法的司法解释也处于较为尴尬的地位。与税收相关的诉讼，一般为行政诉讼，而根据我国《行政诉讼法》第十三条的规定，行政法规、规章或者行政机关制定、发布的具有普遍约束力的决定、命令，属于人民法院不受理的诉讼范围。这实际上剥夺了司法机关的税法解释权。

我国税法解释以行政解释为主，但当前我国税法行政解释存在税法解释主体较多，税法解释体系较为混乱；税法扩大解释和变更解释较为普遍，解释随意性较强；行政解释公布渠道不完善，内部文件较多等问题，这无疑给纳税人掌握税法行政解释，准确理解税法的规定，作出准确的纳税遵从行为带来困难，产生了极大的税收不确定性。

2. 税法推理不确定

法律推理存在于在一定事实信息和法律理解之后，得出结论的过程。即使在逻辑成立的情况下，不同的推理方法和推理角度都会产生不唯一的结果。法律推理的不确定性在税法中的体现为税法与其他部门法之间的矛盾。当税法与其他部门法产生分歧时，援引不同法律条目进行的法律推理自然结果也会出现差异。例如，若企业已宣布破产，在民事执行处置不动产时，根据不同法律规定，税收债权和抵押债权哪个优先受偿即存在争议。根据《税收征收管理法》第四十五条规定："税务机关征收税款，税收优先于无担保债权，法律另有规定的除外；纳税人欠缴的税款发生在纳税人以其财产设定抵押、质押或者纳税人的财产被留置之前的，税收应当先于抵押权、质权、留置权执行"，而《企业破产法》第一百零九条规定："对破产人的特定财产享有担保权的权利人，对该特定财产享有优先受偿的权利"。显然，根据《企业破产法》，无论纳税人欠缴的税款发生在纳税人以其财产设定抵押、质押或者纳税人的财产被留置之前还是之后的，担保债权都优先于税收债权，引用《税收征收管理法》和《企业破产法》得出的结论是不同的。

3. 自由裁量权

税务机关自身掌握的合法范围内的自由裁量权，往往成了税务机关执行税收征管强度的灵活空间，对于纳税人而言也就构成了实质性的税负强度，进而成为其面临的税收征管不确定性。在税收执法方面，财政因素是税收征管不确定性的重要原因。在我国当前财政体制下，税务部门征收的税收收入是有一定要求的，当税收政策或者征管制度发生变化时，税务部门可能会采取一定措施来进行调节，比如在营改增后，地方财政收入下降，税务部门增加了对其他税种的征管力度。这一背景下，当税收政策或者征管制度变化时，纳税人所面临的征管不确定性也随之增加。

第四节 我国税收不确定性：测算与特征

一 不确定性的测量方法

目前，已有研究关于政策不确定性测算方法主要有三种。第一种方法是通过文本挖掘的方法，根据报纸等媒体资源获得不确定性相关报道出现的频率，构建不确定性指数。

第二种方法是估计变量的离散程度或变化特征，将离散程度或变化特征作为变量的不确定性的代理变量。如自回归模型残差的标准差、财政收入或支出的标准差、政策变量建立反应函数后估计残差的标准差、GARCH模型和随机波动性模型估计波动率等（王立勇、纪尧，2015）。除此之外，还有一些其他方法和测度指标，如马尔可夫转换方程、访谈打分等。在这些方法中，随机波动率模型①是目前学术界最常用的不确定性测量方法。

第三种方法是通过寻找不确定性的代理变量来间接衡量不确定性，如采用VIX代表经济不确定性（Bloom，2014）以及政府官员变动（金雪军等，2014；陈德球等，2016）来作为政策不确定性的代理变量。

二 我国税收不确定性指数

税收不确定性指数是基于报纸等媒体数据构建的不确定性指数，主要反映了社会特别是媒体对不确定性的关注。从理论上讲，不确定性只有被认识到，才可能会对经济主体的决策和行为产生具体影响，从而带来实际的经济后果；没有被认识到的不确定性，即便存在，也可能不会影响经济主体的决策和行为。但需要注意到，基于媒体新闻报道等构建的指数可能并不能完全客观地反映社会公众对事件的关注程度，因而税收不确定性指数也存在一定的局限性。

1. 税收不确定性指数测算

本节参考国外学者研究方法，采用新闻报道数据来构建税收不确定性指数。首先，选择关键词是构建不确定性指数的重要因素之一。关键词范围恰当，则挑选出来的新闻报道与不确定性关联性高，更可靠。根据Baker依据《南华日报》构建的中国政策不确定性指

---

① 波动率模型较标准差等离散程度变量而言可以更好地反映变量的不确定性。离散程度测量中，除了不确定性的影响外还可能受其他因素，如个体特征等的影响。而在波动率模型中选择随机波动率模型而不是GARCH模型的原因主要是随机波动率模型可以允许独立的二阶冲击（即独立的不确定性冲击）而无须一阶冲击（变量自身的冲击），这一点GARCH类模型则无法做到。

数的关键词①，本节选取的关键词主要包括三个层次：我国/中国、不确定/不明确/不明朗/未明/不稳/波动/难料/难以预料/难以预测/难以估计/难以预计和税，每组词内部是"或"的关系，而每组词之间是"并"的关系②。

其次，报刊来源是构建税收不确定性指数的另一关键因素。本节采用《人民日报》和《经济日报》两份报纸作为来源报刊，一方面相较于《南华日报》而言，这两份报纸是内地报纸，更具有内地声音（朱军，2017），而依据于不确定性理论，不确定性指数的核心在于其体现了社会公众对不确定性的关注程度，这两份报纸在内地的关注程度远远高于《南华日报》，由这两份报纸为基础构建出的不确定性更能体现内地公众的关注，从而更能体现这一不确定性对企业和个人等经济主体决策和行为的影响。另一方面，报刊的政治性是不可避免的话题，《人民日报》可能具有较强的政治性，但本节观点认为，政治性并不影响不确定性指数的走势，当然为了降低政治性对不确定性指数的影响，同样选择专业性更强的《经济日报》作为来源报刊。

最后，根据三个层次的关键词，对"中国知网"的报纸数据库中《人民日报》和《经济日报》2000年5月1日至2018年7月31日新闻报道数据进行检索，按月筛选出税收不确定性相关报道频数。但是，样本区间内《人民日报》发生过两次扩版，分别是2003年1月2日由12版扩为16版；2009年7月1日由16版扩为20版。这

---

① Baker, Scott R., Nicholas Bloom and Steven J. Davis, "Measuring Economic Policy Uncertainty", *The Quarterly Journal of Economics*, Vol. 131, No. 4, 2016.

② Baker et al.（2016）等构建各国政策不确定性时"选词"考虑四个层次：区域、经济、不确定性以及政策项。根据《南华日报》构建的中国政策不确定性指数主要用了以下四组词语：本地/本港/香港、经济/金融、不确定/不明确/不明朗/未明/不稳/波动/难料/难以预料/难以预计/难以估计、政策/措施/施政/公共/财政/当局/政府/特别行政区/特区/政治/行政长官/特首/改革/赤字/税/规管/规例/规则/金融管理局/金管局/储备/联系汇率。

显然极大地影响了相关报道的频率，为了降低来源报刊版面的影响，我们统计了《人民日报》和《经济日报》各月报道总数，并计算税收不确定性相关报道频率，在此基础上，采用 Baker 的方法进行标准化并加总计算不确定性指数，具体计算步骤如下：

第一步，将根据每种报纸计算出来的报道频率 X_{it} 进行标准化，即用每一个月的报道频率除以该报纸报道频率的标准差 $X_{it}/se(X_{it})$，其中 $i=$ 人民日报、经济日报；

第二步，将两种报纸标准化后的报道频率按月进行相加 $Y_{it}=\sum_{i=1}^{2}\frac{X_{it}}{se(X_{it})}$；

第三步，将 Y_{it} 进行标准化，即 $Y_{it}/se(Y_{it})$。

计算所得税收不确定性指数如下：

2. 我国税收不确定性的特征

从图 9—2 可以初步看出，在 2000 年 6 月至 2018 年 6 月间，我国税收不确定性指数呈现出明显的波动性特征，并且通过图 9—2 的趋势线可以看出，我国税收不确定性指数呈现了一定程度的增加趋

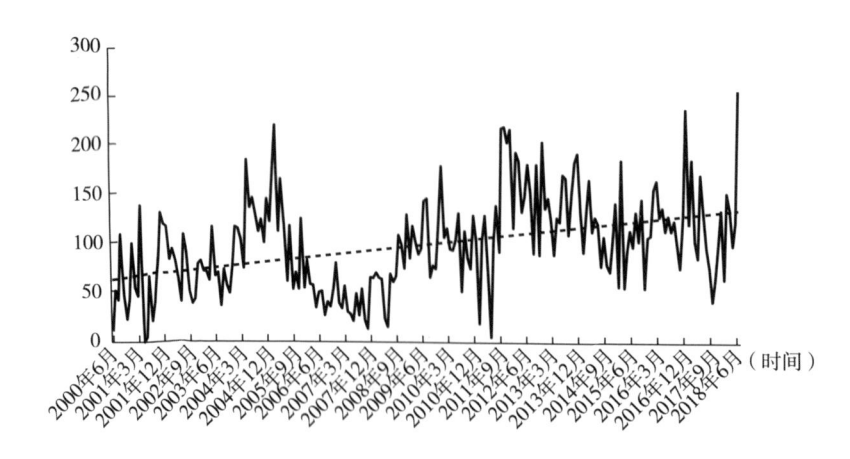

图 9—2　我国税收不确定性指数

势，这说明社会公众和媒体对税收不确定性的关注不断增加。由此可见，在受到国内外复杂形势的综合影响下，我国税制改革进入了深水区，社会公众对税收不确定性的关注程度更高了，税收不确定性的影响更大了，税收不确定性的管理不能掉以轻心。

本节采用 markov-switching 方法对税收不确定性指数进行深入分析，结果如表 9—1 所示。

表 9—1　　　　中国税收不确定性指数的 markov-switching
模型估计结果

变量	状态 1	状态 2	方差 1	方差 2	p11	p21
常数项	58.41*** (4.901)	123.2*** (3.935)	28.71*** (3.35)	43.18*** (2.67)	0.97*** (0.03)	0.03*** (0.01)

注：括号内为标准差，***代表在1%的显著性水平下显著。

结果显示，税收不确定性指数存在两个区制，即"低均值（58.41）、低波动（28.71）"和"高均值（123.2）、高波动（43.18）"，转换概率分别为 0.97 和 0.03，两个区制非常稳定。图 9—3 和图 9—4 的结果

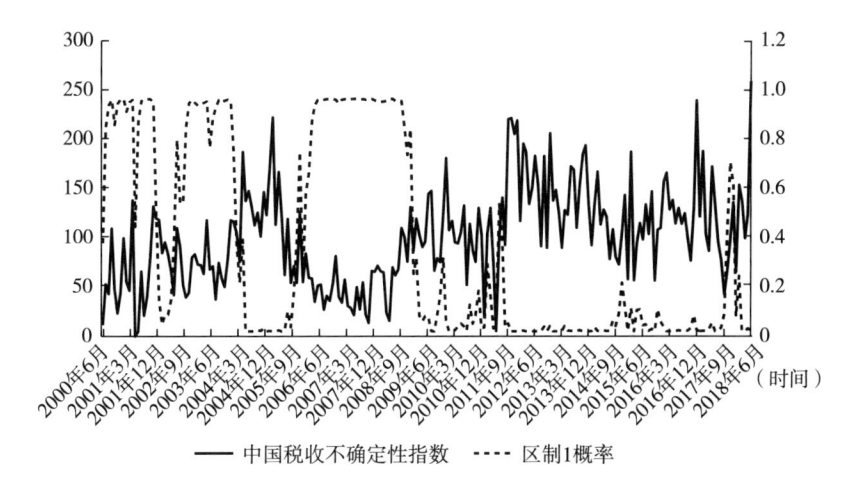

图 9—3　我国税收不确定性指数区制 1 图示

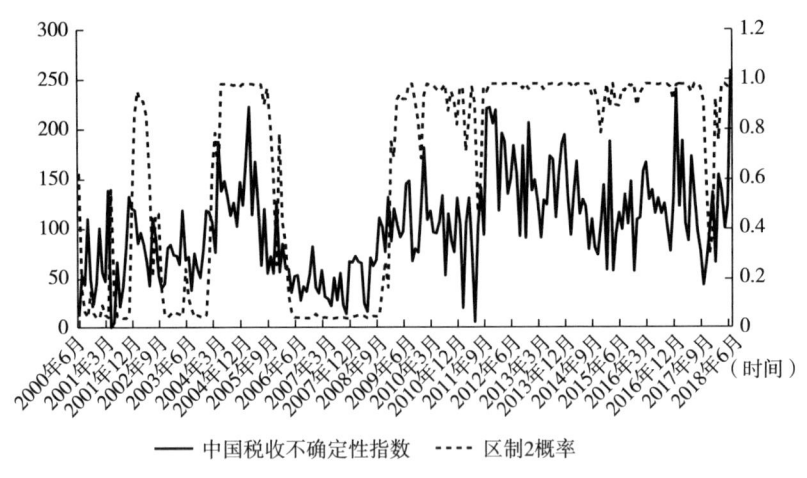

图 9—4 我国税收不确定性指数区制 2 图示

表明，样本区间内 2000 年 6 月至 2004 年 3 月和 2006 年 1 月至 2008 年 9 月处于"低均值、低波动"区制，而 2004 年 4 月至 2005 年 12 月，以及 2008 年 10 月后处于"高均值、高波动"区制。

从整体来看，两个区制的税收不确定性指数均值相差较大，区制 2 均值显著高于区制 1，2008 年后的时间里，指数处于区制 2，因此，可以说 2008 年后我国税收不确定性指数水平有所增加，且波动性也有所增加。说明 2008 年后社会公众和媒体对我国税收不确定性的关注显著提高。

三 税收不确定性的分解测算

与税收不确定性指数不同，税收不确定性来源分解的几个方面难以采用不确定性指数方法进行测量，这主要是由于深入到特定一项子领域中，如税收政策、税法模糊性、税法不完备性、税法复杂性和税收征管强度、税法解释、税法推理等具体单个领域的相关报道极少，数据量不足以构建相应指数。

利用方差或波动率对不确定性进行测算是不确定性定量研究中

第九章　我国税收不确定性的来源、度量和管理

的另一方法，本部分根据这一方法对税收政策不确定性和税收征管强度不确定性进行定量测量。对于税法语言模糊性、税法的不完备性等则缺少较为科学的测量方法，本节尝试采用税收咨询相关数据对其进行刻画。

1. 税收政策不确定性测算

本节利用随机波动率（Stochastic Volatility，SV）模型和粒子滤波方法对财政政策不确定性进行估算的思路，对我国税收政策不确定性和税收征管不确定性进行测算。采用这一方法的原因在于，从定义来看，不确定性主要指对未来无法预期或无知的状态，反映对未来事件的概率和分布不可知性，如果一个变量波动性很强，则意味着对该变量进行预测的困难程度越大，因此采用时变波动率作为不确定性的代理变量具有合理性。就政策不确定性而言，通常认为人们对政策规则有一定的认识，可以依据政策规则预测未来政策的走向，而偏离政策规则的部分则往往无法预期。

SV模型方法将税收政策规则作为政策变量中可预期的部分，从而是确定的，而政策变量中未被政策规则解释的部分即水平方程的误差项，为政策不规则的变动，也即未预期到的政策变动，从而反映税收不确定性。根据Fernandez-Villaverde的思路[①]，本节首先采用期望辅助变量方法估计规则方程的系数，然后将系数值作为已知参数，代入模型估算条件方差，即税收政策波动率。

利用上述方法，将我国税收政策不确定性的SV模型方程设定如下：

$$tax_{it} = \beta_1 tax_{it-1} + \beta_2 debt_{it-1} + \beta_3 gdpgaps_{it-1} + e^{\sigma_t/2} v_t \quad (1)$$

$$\sigma_t = (1-\alpha)\mu + \alpha\sigma_{t-1} + \eta\theta_t \quad (2)$$

其中（1）水平方程为税收政策规则方程，方程（2）为波动率

---

① Fernández-Villaverde, Jesús, et al., "Fiscal Volatility Shocks and Economic Activity", *American Economic Review*, Vol. 105, No. 11, 2015.

方程。其中 *tax* 表示税收政策变量，用宏观税率表示，*debt* 是中央政府债务余额，*gdpgaps* 是通过对 GDP 进行 HP 滤波得到的产出缺口。数据均来自国家统计局，中央政府债务余额数据中，2005 年数据来自国家统计局，2005 年前根据贾俊雪的方法和世界银行数据库中债务发行、还本付息和贷款利率数据计算而得。

采用 MCMC 和粒子滤波技术，计算得到的税收政策不确定性结果如图 9—5 所示：

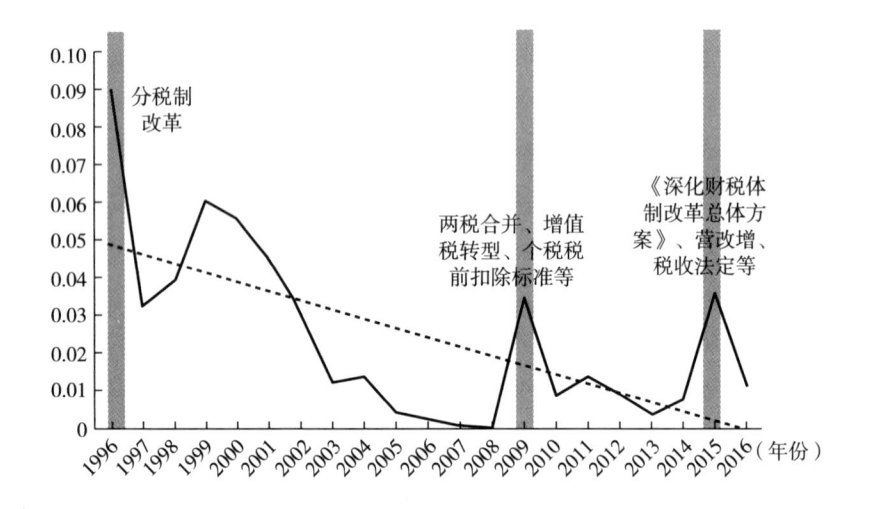

图 9—5 我国税收政策不确定性

从图 9—5 可以看出，税收政策不确定性，经历了如下阶段：

（1）1996 年至 2007 年间，此时期的税制主要处于分税制改革和工商税制改革后的制度修复阶段，此时期税制朝着构建符合社会主义市场经济体制的税制方向进行改革，此时的税收政策不确定性总体上在 1996 年的高值后逐渐降低，表明当时的税收制度和政策在经历了 1994 年的大范围改革后逐渐确立起改革方向，而且此时期的税制调整频率相对较低，主要处于税制的小范围调整和完善阶段，不确定性相对较小。

（2）2008年至2011年间，此时期的税收政策先后经历了企业所得税的合并改革、增值税转型改革、个人所得税费用扣除标准提升改革、消费税改革、资源税改革等方面，此时期的税制改革主要作用和服务于经济增长方式的转变、科技进步和能源节约的税制调整，虽然较前期而言，税制改革的覆盖面更广，影响面更大，此时的税收政策不确定性也在随之有所增加，但是总体上因为税制改革所涉及的税种范围和税制改革深度，受到预算约束的影响，难有较大的突破，因此不确定性也相对"确定"。

（3）2012年之后，税收政策不确定性指数有所提升，原因主要是党的十八大以来，我国逐渐明确构建现代财税制度，服务于全面深化改革的改革战略和国家治理体系和治理能力现代化，在此大背景下税制改革进程较之前明显加快，先后经历了营改增改革，普惠性和结构性减税降费、大幅提高税制的立法层次等改革内容，可以说随着我国"新时代"的到来，税制改革也进入了深水区，税制改革的影响面更大、范围更广，前期受制于预算约束等因素而无法推开的税制改革举措在此时期得到了推行，社会公众和媒体对我国税收不确定性的关注度也显著提高，此时的税收政策不确定性也逐渐增加。

2. 税收征管强度不确定性测算

税收征管强度不确定性反映了税收征管强度变化中的不可预期成分，本书采用税收执法规则方程的随机波动率估计来衡量税收征管不确定性。首先，参照黄夏岚等学者估计税收能力。通过固定效应模型回归得到变量的系数，从而得到对应年份税收的预测值，将模型预测结果作为税收能力的量化指标。紧接着，根据陈德球等学者，使用实际税收收入除以税收能力作为税收征管强度。实际税收是发生值，税收能力是预期值，两者的比值反映了政府税务部门在税收过程中的努力程度。

与政策规则的建立相类似，本节认为地方政府税收征管强度的变动主要反映该地经济波动状况和债务压力。由于我国各省地方政府债务数据缺失严重,本节采用财政压力代替,由此将地方产出缺口和财政压力变量纳入规则方程。税收征管不确定性的具体估算过程参见杨武、李升(2019)。借鉴 Davis(2016)的方法[①],本书使用实际税收收入作为权数,对各省税收征管不确定性加总得到全国税收征管不确定性,如图9—6所示。

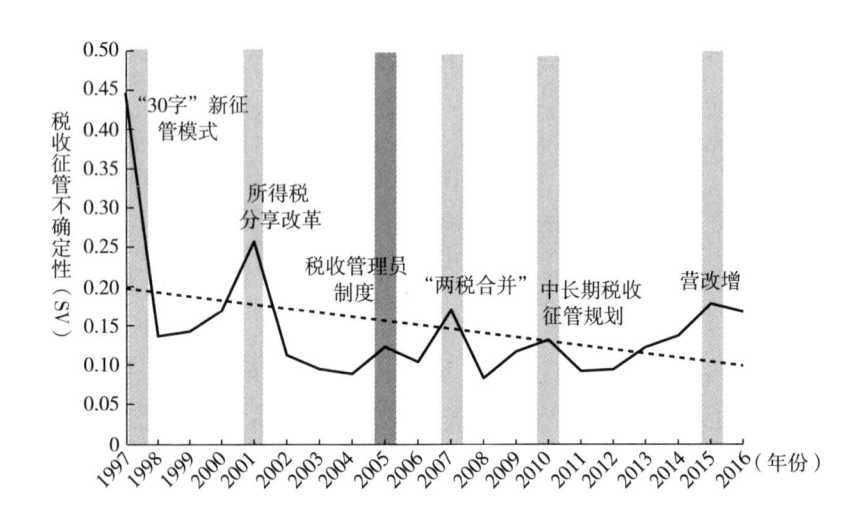

图9—6 我国税收征管不确定性

从图9—6中可以看出,在1997年到2016年间,税收征管不确定性出现六个峰值,分别对应1997年、2001年、2005年、2007年、2010年和2015年。1997年税收征管不确定性水平高于平均表现,是样本内最高水平,原因在于当年确立了新的税收征管模式,即"以申报纳税和优化服务为基础,以计算机网络为依托,集中征

---

① Davis(2016)基于 Baker, Bloom 和 Davis(2016)的 EPU 测量方法,将16个国家(该16个国家的总产出占世界总产出的2/3以上)的 EPU 指数以 GDP 为权重加总得出了全球经济政策不确定性指标。

收,重点稽查"的 30 字税收征管模式。2001 年的高峰值对应其第二年所得税分享改革带来的税收归属变化而引起的所得税征收的突出变化。2005 年较小的高峰值主要原因在于税务总局印发《税收管理员制度（试行）》确立了管户与管事相结合、管理与服务相结合、划地管理与分类管理相结合的税收征管原则所引起的税收征管机制的不确定性。2007 年的税收征管不确定性高峰值对应当年立法通过并在第二年正式实施的"两税合并"。2010 年的高峰值对应当年国家税务总局发布的中长期税收征管规划。2015 年高峰值对应当年的营改增改革所引起的未来所得税征管机构的变化。

从税收征管不确定性来讲，征管制度的变化明确和规范了征管行为。但一方面，从纳税人的视角，纳税人对未来是否还会有更加严格制度和措施出现的担忧，增加了纳税人对未来预期的难度。另一方面，由于立法部门和执法部门不是同一机构，在政策、制度、立法变化的一段时期内，执法部门也需要一段时间来理解立法部门的政策本意，这当中可能会出现执法部门和立法部门之间、各级执法部门之间、执法部门和纳税人之间对相应政策制度的理解不同，这也增加了纳税人所面临的征管不确定性。税收政策不确定性也类似。

例如，营改增进程中所带来的所得税征管归属不确定性的问题。我国对一个企业的税务征管范围的界定在国地税合并之前，很长一段时间内是随营业税和增值税来征管的。即一般来说征营业税的企业，所得税也属于地税征管范围；征增值税的企业，所得税的征缴属于国税。但是在营改增的过程中，虽然原来缴纳营业税的企业变为了缴纳增值税，但是所得税归属于国税还是地税，一时还没有说法，实践中还是暂时按照老办法来管辖。因此产生了比较明显的不确定性。

3. *其他税收不确定性测算*

从前面理论分析可知，税法解释不确定和税法推理不确定性从根本上讲是来自税法语言不确定性、税法的不完备性和复杂性。本节采用纳税服务网（cnnsr）问题库中纳税咨询数量为税收不确定性的代理变量。这里需要说明的是，cnnsr 问题库中的纳税咨询基本与税收法律法规规定的模糊性、不完备性和复杂性有关，而与政策变动和征管强度等问题无关，因而是除税收政策和税收征管强度之外税收不确定性来源的一个良好代理变量。

首先采用 Python 工具爬取纳税服务网问题库的全部问题，然后根据问题提出的时间进行整理，2010 年 4 月和 2013 年 1 月数据由于网站服务器原因出现异常，因此采用前后月份数据的平均值替代原数据。cnnsr 问题库问题月度频数如图 9—7 所示。

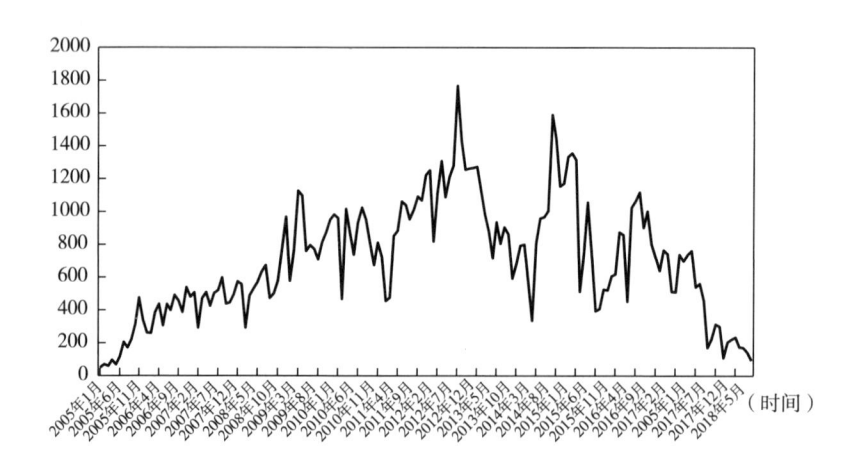

图 9—7　cnnsr 问答库问题频数

从图 9—7 可以看出，2008 年后纳税咨询显著增加，2008—2009 年峰值对应于企业所得税的两税合并，2012 年峰值对应于同年启动的营改增改革，2014 年峰值对应于营改增的进一步推开和煤炭资源税改革，2016 年峰值对应于全面完成营改增改革。2016 年后 cnnsr 纳税咨询下降显著，但这并不能说明税收不确定性下降，而是由于在2015年后，国家税务总局12366纳税服务热线建设加快，大量纳税咨询转移到12366电话咨询和网上咨询，据统计2015年12366人工受理量2280.49万人次，同比增长32.03%，此后12366电话和网上咨询量快速增加。

第五节　税收不确定性管理

管理税收不确定性不仅对于财税部门，对于我国宏观经济管理和供给侧结构性管理都具有很强的必要性。从税收不确定性的来源和分类的主客观性质分析，建议结合制度和法律体系建设来降低和规避税收不确定性。

一　加强税收制度改革和税收政策调整的预期管理

预期管理旨在有效引导、协调和稳定制度预期。加强税收制度和税收政策改革的预期管理，应突破过去税收制度和政策调整的"相机抉择"程度，减少政策效果模糊、政策出台随意性、政策目标衔接缺失等问题，明确税收制度的主体功能，稳定基准税收制度的预期，构建稳定的制度或政策形成机制，提高税收制度和政策的确定性。

预期管理与税制改革的原则、目标和路径的确定，相伴相随。一定时期内，只有政府制定的税制改革的总体框架与经济社会总体发展规律和规划协调一致且相互支撑，才能有广泛的改革共识和群众基础，在此基础上进行的税收确定性管理才具有意义。这就要求政府在管理税收的确定性时，需要明确税收的主体功能。

加强税收政策和税收征管预期应当使得税收政策制定和税收征管决策信息更加透明，建议财政部在现有机构设置基础上进行调整，设立相应的司局，定期召开财税政策会议，讨论经济发展形势和未来财税政策取向，阐明政策立场，并公开会议纪要。地方财政税务机关设立相应处室，定期与相关部门一同召开联合会议，并公布会议纪要。此外也需要加大执法透明度来增强征管可认识、可预期性。

应当深刻地认识税收政策与税收制度之间的辩证关系，税收制度是关于税种的基本制度，包括纳税人、税率、税负等基本框架，税收政策则是基于政府宏观调控的现实需要而相机提出的灵活性政策。在现实情况下，往往一个税种在其基本的税制框架下会被一国政府赋予其多样的功能或政策目标，使得原有的税制"支离破碎"，偏离了原有立法意图，而且更为严重的是这样的做法往往给纳税人带来了难以确定的预期，因此，加强税收的确定性管理，引入预期管理理念，降低纳税人对未来税制改革或税收政策调整的不确定性，政府应当提高税收政策和税收制度的决策水平，减少税制改革对经济或社会的不确定性影响。

二　落实税收法定原则，提高税收法律的确定性

2015年中共中央在审议通过《贯彻落实税收法定原则的实施意见》，要求开征新税的，应当通过全国人大及其常委会制定相应的税收法律，同时对现行15个税收条例修改上升为法律或者废止的时间作出了安排，在2020年前完成相关立法工作。中央确立税收法定原则以来，截至2019年8月，法定的税种上升为9个，包括个人所得税、企业所得税、车船税、烟叶税、船舶吨税、车辆购置税、环境保护税、耕地占用税、资源税。此外国务院就城市维护建设税、印花税、土地增值税等税种已经征求了意见。将税收立法权回归全国人大，是税收法定原则的本质要求所在。落实税收法定原则，将立法权回收到国家立法机关，从税收不确定性的角度来看，无疑可以解决多个立法主体并存，税法体系复杂，税法解释体系混乱等问题，因此应当落实税收法定原则，提高税收法律的确定性：

首先，落实税收法定原则，使税收立法纳入法治轨道。一方面要不断总结在税收领域的改革经验，将现行税收方面的暂行条例上

第九章　我国税收不确定性的来源、度量和管理

升为法律，人大真正贯彻落实税收法定原则。应当集中力量推进税收立法，清理现有税制，使以法规形式的"暂行""试点"已久的税种尽快纳入法治轨道；另一方面，应当择机适时废止税收授权立法，未来任何税种的开征均应做到"一税一法""于法有据"。

但是，在讨论税收立法的确定性时，应当注意到，我国的税收制度本身具有体制过渡期色彩，税制改革还在不断进行、调整和完善当中。我国过去因为税制自身以及经济社会形势的发展变化，发起于2003年的税制改革、2008年的税制改革和当前的结构性减税改革，都昭示着税制调整永无止境。因此，若加强税制建设，也只能规定原则和大致框架，无法对税制及其体系的整个环节与细节做详尽的制度安排，必定留下诸多无法确定的地方，也就意味着税收制度本身始终存在无法确定的地方，需要预留动态调整的空间，并需要在实践经验或理论总结中不断提升和优化税制管理水平，在税制改革或政策出台之时进行充分的论证和调研，尽量减少未来政策调整的频率。

其次，加强税法的内容精准性，降低税法不完备性和税法复杂性。第一，文本的可理解性和规范性。即文本的书写既要符合法律规范，又要尽量让纳税人较易理解，不能出现纳税人经过解释后仍非常难以理解的情形。第二，税法的一致性。在税法内部，既要有组织，不产生与法律法规的冲突，同时也要与其他法律协调良好。在拟定法律文件的时候明确其法定时效是管理税法体系有序性的可行手段。第三，应当抛弃"宜粗不宜细"的立法原则，实行负面清单原则，这也是税法法定的基本要义。第四，税收立法过程应当提升公众参与程度，增强预期管理。第五，规范税收优惠政策出台，清晰税收制度的"非基准"边界。回归税收优惠政策的立法主体，清理不合理不规范的优惠政策，提高税收政策的有效性和法治化程度，从而提高基准税制的质量和确定性。第六，构建权威税收法律数据库，共享完整法律信息。在近期，做好税收法定工作的同时，

构建权威税收法律数据库也非常必要。一个权威税收法律数据库应当是纳税人全面掌握税收法律的平台。由于税法行政解释的多样性和复杂性，构建权威税收法律数据库的必要性毋庸置疑。税收法律数据库是一个开放型的数据库，即使在税收法定之后，立法解释、司法解释和行政解释必然会存在，并且由于税收的专业性，有极大可能这些法律解释也是一个庞大的体系，税收法律数据库也将是一个容纳这些法律解释的良好平台。

三 营造透明、公平的税收执法环境，降低税收执法不确定性

第一，在实践中，可通过公开税收执法过程，增加税收执法透明度，鼓励社会监督，减少税收执法过程中的寻租行为，营造公平的市场环境以最终提高税务营商效率。第二，在税务管理日常工作中，包括税务总局在内的上级税务部门应加强对税收政策的宣传工作，减少税收政策在实际执行中因执法人的理解不同而出现被动的局面，确保税收政策的可读性和公开性。第三，加强税收征管体制机制改革，进一步降低税收执法不确定性。减少地方层面的税收任务和税收竞争对税收执法的干预或影响，抑制税收执法不确定性的主观性；进一步修订《税收征管法》，从制度层面尽可能降低税收执法的自由裁量空间；优化税收征管环节，加强流程再造，提高税收执法效率，确保税收行政执法权的合理有效使用；推行税收权力和责任清单制度，在全国各级税务机关间建立统一、规范、高效的运行体系，将税收征管权关进制度笼子。第四，引入税收事先裁定机制，构建智能税收咨询系统。以"金税三期"为依托构建税务咨询系统是引入税收事前裁定机制的可行方案。能够快速搭建企业直通立法者的渠道，同时通过应用数据挖掘与人工智能领域的诸多技术能够有效减少立法者与企业沟通的成本。

第十章 财政赤字口径的演变逻辑与原则重构

第一节 我国财政赤字统计口径

"十四五"规划提出"要保持合理的财政支出力度和赤字率水平"的目标。为了满足财政赤字可持续的要求，当前的财政赤字规模是否合理，以及如何使财政赤字保持在合理区间，需要首先回答财政赤字包含了怎样的信息。财政赤字率表达的内容是多元的，尤其是新冠疫情暴发后，财政赤字率不仅是风险指标还是信心指标。2020年新冠疫情暴发、经济增速陡降，我国拟按照37600亿安排当年赤字规模，对应的赤字率为3.6%。这首次突破了国际常用的3%"心理"警戒线①，前所未有的预算赤字规模，起到了及时提振市场主体信心的作用。然而，2022年在新冠疫情同样严峻的形势下，拟安排赤字率下调至2.8%，由此引发了公众对积极财政政策变化的猜测。事实上，2022年我国可用财力也有较为明显的增加。这是不是由于期望财政赤字率表达的信号，与其实际统计功能的差异导致的？针对这一问题，本节重点关注了财政赤字统计口径。

---

① 《马斯特里赫特条约》将3%作为赤字率的安全阈值，虽然3%赤字率的科学性以及其适用范围存在一定的争议，但我国在中华人民共和国成立以来似乎将3%作为一道"心理防线"，赤字率也长期安排在3%以下。

学者们将财政赤字定义为财政收支差额,对于具体操作时涉及的公共部门范围、纳入财政收支的项目的理论研究却相对缺乏[①]。国际组织发布的统计手册和各国的统计实践中,对财政赤字统计有明确的操作标准,但本节发现财政赤字统计口径的差异在实践中也普遍存在。一方面,中华人民共和国成立以来我国财政赤字统计口径经历过多次重大变动。如中华人民共和国成立初将债务收入纳入赤字口径,之后又将债务收入作为弥补财政赤字的手段排除出赤字统计。不仅如此,我国财政赤字统计面向哪些政府账本进行也在不断调整,"两本账"阶段面向所有账本的财政收支进行赤字统计,"三本账"和"四本账"阶段的赤字统计都只面向一般公共预算展开。另一方面,我国现行赤字统计口径与主要国家或国际组织实行的操作标准是不可比的。如与美国相比,我国财政赤字统计包括了中央政府和地方政府,美国的财政赤字统计则仅包括联邦政府。同时,我国财政赤字统计仅针对一般公共预算进行,美国财政赤字则针对所有政府预算账户进行。

厘清我国不同时间段,以及不同经济体财政赤字统计口径的差异,不仅有助于我们评价我国目前财政赤字指标信息质量,还能为跨国横向比较并定位我国财政风险高低提供理论测算基础。根据欧盟财政规范的实践经验,其设置的赤字率(3%)=名义增长率(5%)×负债率(60%)财政纪律并不总能充分适应现实需求变化,尤其是在危机年份,欧盟成员国的赤字率和负债率常常超出要求上限。这种经验提示我们,财政政策应具有适应性和灵活性,需要根据统计指标的实际内涵平衡经济稳定与财政规范之间的关系。为系统回答"财政赤字统计口径存在哪些差异""这些差异是由什么因

---

① 在经典的经济学、财政学教材中同样存在只定义财政赤字和其基本统计范式,不定义统计原则和操作标准的问题。如 *Public Finance*(Harvay and Gayer, 2013),*Macroeconomics*(Mankiw, 2015),*Economics*(Samuelson and Nordhaus, 2010),《财政学》(陈共,2017)等都是如此。

第十章　财政赤字口径的演变逻辑与原则重构

素导致的""如何基于统计口径理解我国现行赤字指标表征的信息"三个核心问题,本节的工作内容包括以下几个方面:首先,通过梳理我国财政赤字统计实践的演变及跨国横向对比,确认了赤字口径存在较大差异。其次,分析了导致赤字统计口径出现差异的原因。最后,基于财政赤字统计口径的不同来源,本节探讨了如何形成不同的财政指标功能,并针对我国现行统计口径在平滑周期性因素方面的特点,对其表达的功能进行了重新定位与阐释。

第二节　财政赤字统计口径的差异性:文献与统计实践

财政赤字指标的核心统计功能在于揭示财政收支之间的差额,其基本统计模式是用财政支出减去财政收入。然而,对于赤字统计过程中哪些项目应计入财政支出或收入,以及哪些项目应排除在赤字口径之外,学界存在不同的观点和界定。在明确文献中有关财政赤字统计口径存在显著差异的事实后,本节转向统计实践,试图在实践中寻找相对一致的操作标准。梳理发现,我国财政赤字统计口径在政府部门范围、财政收支范围等方面存在较大差异。横向上,本节通过对美国、欧盟和IMF的财政赤字口径进行分析,同样发现了财政赤字统计口径在操作标准、统计原则方面差异较大的事实。

一　统计口径差异性贯穿始终

本部分从财政赤字统计口径具体包括的项目入手,客观反映统计口径的差异性。

1. 赤字统计的政府部门范围

现有研究普遍将中央政府纳入赤字统计中,但是对于是否将地方政府、中央银行和国有企业纳入赤字统计中存在较大的争议。在涉及是否将地方政府、中央银行和国有企业纳入财政赤字统计范围的文献中,多数仅阐述是否纳入的问题,而并未对原因进行解释,这更加印证了赤字统计在政府部门界定方面的模糊性。首先，在是否将地方政府收支纳入赤字统计方面，如果一国赤字仅针对中央政府，那么地方债等地方财政收支都不会影响赤字大小。一些学者认为在核算财政赤字时需要明确公共部门的范围，理想情况下公共部门应当至少包括各级政府（中央、州和地方）。美国的财政赤字的统计范围却仅包括中央政府（Congressional Budget Office，2022），不考虑各州政府的财政收支情况。其次，对于是否将中央银行纳入赤字口径，文献中也存在争议。国外有学者认为应该将中央银行的收支纳入赤字口径。他们认为中央银行承担了一定的准财政项目，中央银行收支缺口是准财政赤字，因此应当将中央银行收支纳入财政赤字统计口径。而有学者在赤字统计中则将中央银行排除在外。最后，国有企业的收支是否计入赤字口径在文献中也有截然不同的计法。

2. 债务收支是否进入财政赤字口径

为了更加全面地分析债务收支的计入方式，本部分首先根据募集资金收入和安排的支出的统计方式，尽可能考虑所有会出现的统计方式，将债务收入和安排支出的计入方式分为四类，如表10—1所示。在不考虑未来还本付息的情况下，如果新发行的债务收入和支出都计入赤字口径，或都不计入赤字口径，则收支同增同减、相互抵消，不会对赤字规模造成影响。本节在文献搜集过程中发现，中国地方政府专项债券（中华人民共和国财政部，2020）和美国市政收益债（Congressional Budget Office，2022）都是采用这种计算方式。如果债务收入计入赤字口径，而安排的支出不计入口径，意味着会出现虚假的财政盈余，这显然是不符合统计规范的，在文献检索中也尚未发现采取这种统计方式的文献。当债务收入不计入赤字口径，而安排的支出计入赤字口径时才会影响赤字规模。综上所述，现有文献对政府债务收入和其安排的支出是否计入赤字口径至少存在两种计算方式：一种是将债务收入和其安排的支出都不计入赤字口径；另一种是债务收入不计入赤字口径，而安排的支出计入赤字口径。

表 10—1　　募资收入与安排的支出对赤字规模的影响

债务收入	安排的支出	是否影响赤字规模（不考虑还本和付息）	文献
不计入赤字口径	不计入赤字口径	否	中华人民共和国财政部（2020）；Blejer and Cheasty（1992）
	计入赤字口径	是	
计入赤字口径	计入赤字口径	否	未检索到
	不计入赤字口径	（违反统计规范，不考虑此类情况）	

在对债务收入和安排的支出进行分析的基础上，加入还本支出和利息支出，按照其是否计入赤字口径可以分成四类，如表10—2所示。在文献梳理过程中，本节发现几乎没有文献同时讨论还本支出和利息支出是否计入赤字口径，有部分文献分别讨论了还本支出和利息支出的计法。其中，美国公开市场委员会（Shadow Open Market Committee，1990）指出支付政府债务利息对美国总体的经济活动不具有重要意义，对收入分配的影响也很小，因此在确定联邦政府的总体财政状况时，应当排除利息支付。在政府债还本支出的计算方面，现有文献也存在两种不同的计算方式。一种计算方式认为，并

表 10—2　　债务还本支出和利息支出计入赤字口径的四种分类

类别	还本支出	利息支出
第一类	每年摊销时×，实际支付时√（Tanzi et al.，1987）	×　Blejer and Cheasty（1992）；Cecchetti（2010）
第二类		√　Tanzi et al.（1987）
第三类	√（Dholakia and Karan，2015）	×
第四类		√

注：√表示计入赤字口径，×表示不计入赤字口径。

不是所有与政府偿债相关的支出都需要计入赤字口径中，政府债还本应当每年摊销，每年摊销的还本支出不应当纳入赤字口径中，只有当实际支付债务本金时才将还本支出一次性计入赤字口径中。另一种方式则认为政府债务还本支出的金额通常较大，为完整反映政府的财政收支情况需要将政府债务的还本支出计入赤字口径中。

3. 具体财政项目在赤字口径中的计入情况

组成财政支出和财政收入的具体项目，是直接影响赤字规模大小的关键要素。直观上来说，为了真实、准确地反映赤字规模的大小，需要一个判断财政项目在财政赤字统计中是否计入财政支出端、财政收入端，以及是否应当被排除在赤字口径之外的标准或者方法。但目前几乎没有学术文献对这个判断标准或方法进行了讨论或者阐述①。有部分文献在讨论财政赤字时谈到了计入赤字统计口径的具体财政项目，以及被排除在赤字统计口径之外的财政项目。本节通过梳理发现，这些文献对于财政项目在赤字统计中的定位存在较大差异，甚至是完全相反的判断，这进一步反映了赤字统计口径的模糊性。

谈到计入赤字口径具体项目的文献，主要涉及社会保险收支、政府专营基础设施的收支、往年结余以及资产折旧。本节按照文献中提到的科目内涵和我国的预算体系习惯，将文献中提到的养老保险、医疗保险、工伤保险、失业保险等，与社会保障相关的财政收支科目归纳为社会保险基金；将铁路运营、土地使用等与公共事业相关的、具有专用性的生产生活收支归纳为政府性基金。在社会保险基金方面，如表10—3所示，与其相关的收入与支出存在计入和不计入两派观点。在政府性基金方面，国外有学者将高速公路通行费、过路过桥费等都作为纳入赤字统计口径的非税收入。而我国高

---

① 本书以 Fiscal Deficit 为关键词，在 Google Scholar 上检索了 1776—2022 年的文献并阅读后，发现没有文献阐述财政项目在财政赤字统计中计入财政支出端、财政收入端，以及是否应当被排除在赤字口径之外的判断标准或者方法。

速公路通行费、土地使用费等政府性基金收入，却被排除在赤字统计之外。

表 10—3　　　　　　计入赤字口径的财政收支的差异性

	收支项目	计入	不计入
财政收入	社会保险基金收入（养老保险收入、医疗保险收入、工伤保险收入、失业保险收入等）	Kotlikoff（1988）；Tanzi（1993）；	胡锋（2010）
	政府性基金收入（铁路运营收入、基础设施配套收入、车辆通行费收入、土地使用收费等）	Harrington（1918）；Grossman（1982）	中华人民共和国财政部（2020）
	往年结余	Harrington（1918）；中华人民共和国财政部（2020）	Pinto（1991）
财政支出	社会保险基金支出（养老保险支出、工伤保险待遇支出、失业保险支出等）	Kotlikoff（1988）	European Commission（2010）；胡锋（2010）
	政府性基金支出（铁路建设支出、道路建设支出等）	Grossman（1982）	中华人民共和国财政部（2020）
	资产折旧	European Commission（2010）	Tanzi et al.（1987）

二　我国对财政赤字统计口径的调整

1. 计算方法的演变

中华人民共和国成立时的计算方法如式（1）所示。1954年，我国首次调整财政赤字统计口径，将政府债务收入纳入了统计，如式（2）所示。1994年，预算法不再允许财政向央行透支，赤字口径也排除了债务收入及利息支出，如式（3）所示，此方法被使用至

1999年。为了在财政统计方面与国际接轨,以适应日益提高的国际化水平。2000年财政部进行了第三次调整,将债务利息纳入了赤字统计,赤字的计算方式调整为公式(4)。2014年《预算法》颁布,财政赤字的计算方式进行了又一次调整,如式(5)。

$$财政赤字 = 财政收入 - (财政支出 + 债务还本付息支出) \quad (1)$$

$$财政赤字 = (财政收入 + 政府债发行收入) - (财政支出 + 政府债还本付息支出) \quad (2)$$

$$财政赤字 = 财政收入 - (财政支出 + 政府债还本支出) \quad (3)$$

$$财政赤字 = (财政收入 + 调入中央预算稳定调节基金) - (财政支出 + 补充中央预算稳定调节基金) \quad (4)$$

$$财政赤字 = (全国一般公共预算收入 + 调入预算稳定调节基金和其他预算资金 + 动用结转结余资金) - (全国一般公共预算支出 + 补充预算稳定调节基金 + 结转下年支出的资金) \quad (5)$$

2. 纳入赤字统计的政府部门调整

(1)国有企业收支在赤字统计中的调整。改革开放之前,国有企业运营成本和经营所得利润全部由国家财政统筹管理。1951年政务院发布的《预算决算暂行条例》,将国有企业作为预算单位之一。从《中华人民共和国财政史料 第二辑 国家预算决算》(1950—1981)中披露的历年财政收支数据来看,1950—1980年国有企业的收支都被计入了赤字口径中。改革开放后,国有企业收支纳入赤字统计的规模因以"放权让利"为核心的改革而缩小,在财政上建立了与之配套的国有企业利润留成制度,1980年试行并在1981年在全国推广。1983年我国开始实施"利改税"政策,经过国有企业利润留成制度和"利改税"政策的改革,国有企业上缴的利润和国家为支持国有企业经营产生的财政拨款计入赤字口径。2014年《预算法》颁布后,要分析国有企业在赤字统计中的角色,也就需要从一般公共预算中与国有企业收支相关的科目入手,也就是"国有资本经营收入"和"国有资产监管"科目。其中,"国有资本经营收入"用于核算中国人民银行及部分国有金融机构的经营收入,"国有资产监管"核算国有企业监事会支出、中央企业专项管理等国有资产的监管支出。而被国有资本经营预算核算的中央及地方国有企业、其他金融企业的收入及其支出不纳入赤字统计。

(2)事业单位收支在赤字统计中的变化。新中国成立后,我国将科教文卫等社会团体和组织收归国有,形成了一套承担事业职能的机构体系。在1989年之前,事业单位的所有收支均被纳入财政赤字统计中。1989年,财政部出台了《关于事业单位财务管理的若干规定》,将事业单位的预算管理分为全额预算管理、差额预算管理和自收自支管理三种形式,这三种形式的主要区别在于财政拨款的比例。尽管这些预算管理方式有所不同,但在财政赤字统计中的共性是:上缴财政的收入和收到的财政补贴计入赤字统计,其余项目则未计入赤字统计。

(3)中国人民银行收支在赤字统计中的变化。1956年国内基本形成了集中统一的金融体制,具有借贷性质的机构都被合并进了人民银行,人民银行成为集中统一的信贷和结算中心,即国有金融机构的收支都作为人民银行的组成部分计入赤字统计中。1979年,为了适应对外开放和国际结算业务的发展,国家陆续成立了商业银行,与商业银行有关的收支也从人民银行核算体系中剥离。按照1995年通过的《中国人民银行法》,人民银行的全部支出都纳入赤字统计中,但人民银行留存的利润不列入赤字统计。

3. 赤字统计中财政收支范围的调整

1949—1995年,预算内的收入主要是税收和企业收入;预算内支出职能囊括了生产、投资乃至职工消费,例如基建、文教卫、企业补贴、地质勘探、工交商业农业事业费等。此外,经济发展过程中地方政府的各项附加收入,国有企业、事业单位以及各类基金收入急剧膨胀。为了加强预算外资金的管理,我国逐步将部分预算外资金纳入预算管理。对赤字统计来说，一些原本属于预算外的收支逐渐被作为预算内资金纳入到赤字统计中。

1991年我国将单式预算改为复式预算，我国政府预算体系被划分为经常性预算和建设性预算，1992—1995年我国财政赤字统计仅涵盖建设性预算。《预算管理条例》第二十六条规定经常性预算不列赤字，相当于在赤字统计时经常性预算不纳入赤字统计口径。其中，在财政赤字统计时涉及的财政收入，仅包括专项建设性收入、企业收入、生产性企业亏损补贴、调入资金四项；财政赤字统计时涵盖的财政支出，包括增拨企业流动资金、地质勘探费等九项。

1996年国务院发布《国务院关于加强预算外资金管理的决定》，我国进入"二本预算"阶段。政府性基金预算专门用于特定公共事业的发展，设置了农村教育费附加、公路建设基金、铁路建设基金等科目。从1996—2007年发布的预决算报告来看，一般公共预算和政府性基金预算均被纳入了财政赤字统计。例如，2005年全国财政决算报告显示，当年全国财政赤字使用全国财政支出减全国财政收入得到，为2080.14亿元。

2008—2010年是我国的"三本预算"阶段，赤字统计仅针对一般公共预算一本账进行。2011年至今，我国进入"四本预算"阶段，财政赤字的统计范围仅限于一般公共预算，如表10—4所示。

表10—4　　赤字统计的财政收入和财政支出范围调整

年份	政府预算体系			
1949—1991年	预算内		预算外	
1992—1995年	经常性		建设性	
1996—2007年	一般公共预算		政府性基金预算	
2008—2010年	一般公共预算	政府性基金预算	国有资本经营预算	
2011年至今	一般公共预算	政府性基金预算	国有资本经营预算	社会保险基金预算

注：灰色填充表示纳入财政赤字统计的收支口径。

第十章　财政赤字口径的演变逻辑与原则重构

综上所述，财政赤字统计口径的政府部门范围调整，主要针对国有企业、事业单位以及中国人民银行三个主体进行。这三大主体都经历了从全部收支都纳入财政赤字统计口径，到部分收支纳入的调整。此外，我国政府预算体系经历了从"一本预算"到"四本预算"的重大演进，财政赤字统计面向的预算账本也在不断地调整。

三　财政赤字统计口径的横向比较

1. 生成赤字指标的会计基础的差异

在财政赤字统计中，中国、美国和国际货币基金组织（以下简称 IMF）主要采用收付实现制，而欧盟采用的是权责发生制。IMF 根据不同统计场景选择会计基础：在经营表、经济流量表及资产负债表中使用权责发生制，而在现金来源和使用表中采用收付实现制，以确保资金流动能够准确反映支付和收入阶段。美国的预算会计基于收付实现制，财务会计基于权责发生。欧盟公共部门较早完成了向权责发生制的过渡。

2. 赤字统计面向的预算账本的差异

美国和 IMF 在赤字统计中涵盖所有政府预算账本，而中国和欧盟的统计仅限于部分预算账本。在预算报告中，美国联邦政府的总预算由一般预算（相当于预算内收支）和基金预算（相当于预算外收支[①]）组成，赤字统计针对这两本预算展开。在这两本预算中，财政收入（Receipts）主要包括个人和企业所得税、消费税、关税、遗产税和赠与税、社会保险项目的工资税和杂项收入。财政支出（Outlays）由强制性支出（Mandatory Spending）、可自由支配支出（Discretionary Spending）和净利息支出（Net Interest）三项构成。

欧盟将政府财政账户分为非金融交易账户和金融交易账户。在 ESA 2010 框架下，财政赤字的统计针对非金融交易账户展开。非金

[①] 美国的预算外基金包括社会保障信托基金和邮政服务基金两类。

融交易账户,对流量账户和存量账户所涉的各类非金融交易收支进行了重新编排。具体而言,非金融交易收入主要通过税收和社会缴款①的形式强制收取,是政府行使职能的主要资金来源。其他非金融交易收入包括商品和服务的销售收入、其他流动性收入和其他资本性收入等。非金融交易支出可以划分为流动性支出和资本支出。流动性支出体现各级政府为开展日常的行政活动,和经济活动所需的资金耗费。资本支出体现政府提供公共物品的基本职能。

IMF未划分政府账本,其关于赤字的统计由"现金来源和使用表"记录,其中包括政府的经营活动和融资活动。收入现金流量与费用现金流量和源于非金融资产投资的现金净流出之差,称为现金赤字。具体地,GFSM 2014提供了总收入来源和总支出构成的详细信息。一是收入的统计口径,收入主要包括税收收入、社会款项缴纳、赠与收入和其他收入等。二是费用的统计口径,费用主要包括两方面:以转移支付的方式重新分配收入和财富、采取非市场的方式向社会提供选定商品和服务。三是非金融资产交易的统计口径。具体如表10—5所示。

表10—5　　　　　　财政赤字统计的预算账户的差异

	政府预算体系			
中国	一般公共预算	政府性基金预算	国有资本经营预算	社会保险基金预算
欧盟	非金融交易账户		金融交易账户	
美国	一般预算		基金预算	
IMF	未划分政府预算账本,仅一本账			

注:灰色填充表示纳入财政赤字统计口径。

本小节针对两个国家(中国和美国)和两个国际组织(IMF和

---

① 以欧洲账户体系为基础的总税收和社会缴款收入测量与经合组织收入统计的标准一致,应纳税抵免和估算社会缴款的记录除外。欧洲账户体系对税收和社会缴款的记录也与国际货币基金组织的政府财政统计报告相一致,只是在细分方面存在一些差异。

第十章　财政赤字口径的演变逻辑与原则重构

欧盟）的财政赤字统计规则，和财政赤字统计实践情况进行了对比分析。从纳入赤字统计的部门范围来看，中国、IMF和欧盟均面向"广义政府"进行，而美国的统计范围仅限于"中央政府"层面。从计量基础来看，仅欧盟使用权责发生制统计财政赤字。另外，不同经济体财政赤字统计过程中覆盖的预算账本范围也有差异。具体地，美国赤字统计包含了一般预算和基金预算两本账，中国的赤字统计工作仅针对一般公共预算展开，欧盟也仅对非金融交易账户进行赤字统计，而IMF则未划分预算账本或账户类型。

第三节　财政赤字统计口径的演变逻辑

一　赤字观与财政赤字计算方法的重大调整

1949年以来，中国财政赤字计算方法随着赤字观的变化主要进行了三次重大调整。市场经济体制改革之前，我国的财政工作严格遵循财政收支平衡原则，在赤字统计过程中，通过将债务收入计入财政赤字口径中在一定程度上避免了财政失衡；市场经济体制改革后财政平衡思想逐渐让位于经济总量平衡，债务收入也被剔除在财政赤字统计之外；进入新时代以来，随着跨年度预算平衡机制的建立，预算稳定调节基金以及结转结余资金也会计入财政赤字的统计当中。

二　政府预算间关系与赤字统计口径

1. 同级政府预算间调入调出与对应关系

美国和IMF的财政赤字统计覆盖所有政府预算账户，而中国和EU欧盟则仅限于部分政府预算账户。然而事实上中国和欧盟的各个政府预算账户之间存在资金调入调出和政府预算账户间的对应关系，等同于所有政府预算账户都参与了财政赤字的统计。如表10—6所示。

267

表 10—6　中国、IMF 和欧盟政府预算间调入调出、对应关系

中国："四本预算"之间调入调出→"四本预算"统筹参与赤字统计

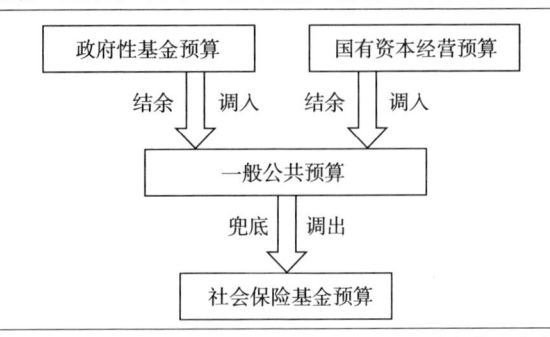

```
    ┌──────────────┐           ┌──────────────┐
    │政府性基金预算│           │国有资本经营预算│
    └──────┬───────┘           └──────┬───────┘
       结余│调入                  结余│调入
           ▼                          ▼
         ┌────────────────────────────┐
         │       一般公共预算         │
         └────────────┬───────────────┘
                  兜底│调出
                      ▼
              ┌──────────────┐
              │社会保险基金预算│
              └──────────────┘
```

IMF & 欧盟：金融交易账户与非金融交易账户同时记账→金融交易账户赤字＝非金融交易账户赤字

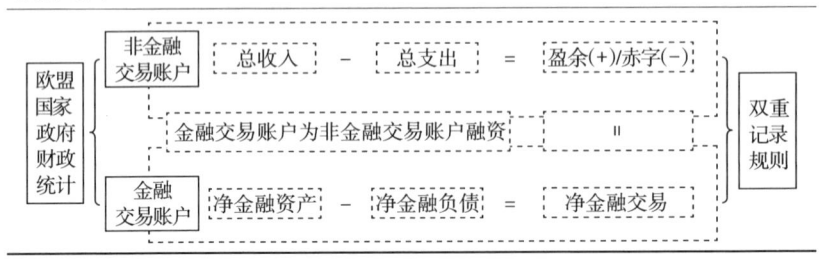

```
         ┌ 非金融   ┌ 总收入 － 总支出 ＝ 盈余(+)/赤字(−) ┐
欧盟     │ 交易账户 │                                      │
国家     │          │ 金融交易账户为非金融交易账户融资 ＝  │ 双重
政府     │          │                                      │ 记录
财政     │ 金融     │                                      │ 规则
统计     │ 交易账户 └ 净金融资产 － 净金融负债 ＝ 净金融交易┘
```

2. 中央和地方政府预算间的关系

中国的中央政府对于地方政府是预算软约束，美国联邦政府对州政府形成了预算硬约束，IMF 和欧盟统计手册中描述的中央对地方的约束程度介于两者之间，因此对于中国、IMF 和欧盟来说，在赤字统计时需要包括地方政府赤字情况才符合信息完整性要求。第一，中国单一制的国家结构形式，决定了其以"统一领导、分级管理"作为基本原则的财政管理体制。1994 年的分税制改革进一步调整了中央与地方的财政关系，中央政府的财政权力得到强化。在实践层面，财政事权和支出责任的划分改革在中央与地方之间的分配是一个不断变化的过程。地方财政预算的编制必须得到上级政府的核准，同时，中央政府通过财政转移支付来增强地方的财政能力。这表明中国

第十章 财政赤字口径的演变逻辑与原则重构

的中央与地方政府之间存在密切的联系，中央对地方预算有一定的影响力。第二，根据IMF和欧盟的统计分类，地方政府在财政上较为依赖中央政府，无论是在资金的获取还是在使用资金的权限和限制上，都需要中央政府的同意和批准。可以认为中央对地方构成了较"紧"的预算约束，但中央政府在一定程度上必须为地方政府的行为提供最终保障。因而，为确保信息的全面性，中国、IMF和欧盟在进行赤字统计时，都应将地方政府的财政状况纳入赤字的计算范围。第三，而美国的情况则正好与之相反。在制度层面，美国是联邦制国家，在公共经济领域一直致力于财政权力的下放。根据美国相关法案规定，各州拥有制定自己所在辖区的财政议程的权利，前提是这些议程不与明确立法的联邦目标或受宪法保护的个人权利相冲突。在实践层面，一方面，财政事权和支出责任在中央与地方之间有着明确的划分，联邦政府主要负责外交、国防和社会保障等全国性的事务，而州和更低级别的地方政府则主要负责本地区的基础设施建设和公共服务；另一方面，地方政府有权独立制定预算，经地方议会批准后实施，并享有平等的借款权利。因此，美国的中央政府与地方政府之间的关系较为分散，地方政府需自行承担财政支出的责任，中央政府对地方实行严格的预算限制，赤字统计时不必考虑地方政府，其信息依然完整无缺，如表10—7所示。

表10—7　　比较各国/国际组织在政府预算之间的关系

	中国	IMF & 欧盟	美国
中央政府与地方政府预算间的关系	中央政府 ↓ 紧密关联 模糊的支出责任 预算软约束 ↓ 地方政府	中央政府 ↓ 相对紧密的关联 较为明确的支出责任 预算约束较"紧" ↓ 地方政府	中央政府 ↓ 松散关联 明确的支出责任 预算硬约束 ↓ 地方政府

续表

	中国	IMF & 欧盟	美国
判断依据	《预算法》第三十一条：各级预算支出的编制，应当统筹兼顾、确保重点，在保证政府公共支出合理需要的前提下，妥善安排其他各类预算支出。	GFSM 2014：地方当局经常依靠上级政府的财政援助（即转移支付），并且在某些情况下，可能代表中央政府执行职能。 ESA 2010：一个国家的中央政权的权威覆盖了其全部疆域。	《1981年综合预算调节法案》（The Omnibus Budget Reconciliation Act of 1981, OBRA）：减少中央政府的总体资助额度，同时将预算制定和财政支出的职责更多地转移给州级政府。

三　赤字统计口径差异：会计基础和财政收支定义的影响

1. 会计基础所引发的赤字统计实质差异

不同经济体虽然都依据财政收入减去财政支出的方法来计算财政赤字，但由于中国、IMF、美国和欧盟在会计准则上存在差异，导致这些经济体在确认财政收支的时间点上也有所不同。在现金交易方面，由于预付款项和应付款项的计量方式不同，都需要进行账务处理；然而，在非现金交易方面，由于计量基础的差异，在收付实现制下不需要记账。因此，本节将从现金和非现金交易两个角度出发，探讨不同国家因会计准则差异而产生的财政收支确认时间点的差异。会计基础所引发的赤字统计实质差异如表10—8所示。

表10—8　　　　　　会计基础导致的财政赤字差异

①现金交易			
	赤字计算	第一财年	第二财年
	权责发生制	A+C	B+D
	收付实现制	A+D	B+C
	会计基础导致的赤字差异	C-D	D-C

第十章 财政赤字口径的演变逻辑与原则重构

续表

②非现金交易	赤字计算	第一财年	第二财年
交易或事项发生时间 E　F　　G 0　　　　1　　2 交易或事项未导致货币收支	权责发生制	E+F	G
	收付实现制	0	0
	会计基础导致的赤字差异	E+F	G

2. 财政收支定义导致的赤字统计实质差异

各经济体在财政赤字统计当中对于财政收支定义的不同，导致其涵盖的主要项目也存在较大差异，如表10—9所示。

表10—9　　　　财政收支定义导致的财政赤字差异

国家/国际组织	财政收支	定义/统计范围	财政赤字统计主要差异项目				
			财政收入		财政支出		
			调用往年储备	资产处置收益	金融资产投资支出	结余资金	补充储备金
美国	财政收入	联邦政府因行使其权力而向公众收取的资金；联邦政府向公众提供公共产品和服务获得的收入	×	√	√	×	×
	财政支出	联邦政府向公众或政府以外的实体支付的款项					

271

续表

国家/国际组织	财政收支	定义/统计范围	财政赤字统计主要差异项目				
			财政收入		财政支出		
			调用往年储备	资产处置收益	金融资产投资支出	结余资金	补充储备金
IMF	财政收入	由交易带来的净值增加部分	×	√	×	×	×
	财政支出	费用（由交易带来的净值减少部分）与非金融资产净投资之和					
欧盟	财政收入	收入交易是对净借贷（+）/净借贷（-）产生积极影响的交易	×	√	×	×	×
	财政支出	支出交易是对净借贷（+）/净借贷（-）具有负面影响的交易					
中国	财政收入	全国一般公共预算收入+调入预算稳定调节基金和其他预算资金+动用结转结余资金	√	√	√	√	√
	财政支出	全国一般公共预算支出+补充预算稳定调节基金+结转下年支出的资金					

注：√表示计入口径，×表示不计入口径。

第十章 财政赤字口径的演变逻辑与原则重构

第四节 财政赤字统计口径差异对指标功能的影响

一 赤字指标通常被应用的两类场景

财政赤字综合了财政收入、财政支出等多维度信息，是财政政策制定和政策意图传递的重要参考指标。学术文献和国家实践通常将财政赤字视为衡量债务风险、反映扩张性财政政策动向的指标。

1. 反映扩张性财政政策的动向

赤字指标反映扩张性财政政策力度的功能定位，其实是从大萧条时期的赤字财政政策演化而来的。大萧条前政府在经济发展中的作用被高度弱化，也不存在扩张性财政政策一说，但随着大萧条对原有经济秩序的打破，财政政策内涵也被重构。大萧条宣告了自由放任主义的失败，赤字财政政策理论诞生，实践中也被大量应用。凯恩斯尤其主张通过赤字财政政策，实行赤字财政来度过大萧条，也提出了赤字财政政策的具体手段：减少税收和增加公共支出。大萧条后学者其实是将扩张性的财政政策与赤字财政政策等同，并且在讨论扩张性财政政策时，也将减少税收和增加公共支出作为扩张性财政政策的主要内容，这就必然导致财政赤字的产生。另外，还有一些文献直接将赤字视为财政政策，并且认为如何对财政赤字融资是这项财政政策的重要内容。

为了充分实行扩张性的财政政策，一些国家在政策制定上主要使用赤字规模来评估财政政策的扩张程度，这从侧面反映了赤字指标衡量扩张性财政政策力度的功能定位。美国在20世纪30年代和20世纪60年代两次推行扩张性财政政策。20世纪30年代，罗斯福政府为了振兴经济实行扩张性财政政策，采用"以工代赈"的方法，兴建公共工程，不断扩大财政赤字预算，通过拨款创立民间资源保护队，从事植树造林、修堤防洪等工作，吸纳了上百万失业者。在此期间政府的财政赤字支出高达 170 多亿，通过这样持续性的扩张性财政政策，解决了当时严重的经济萧条和失业问题。20 世纪 60 年代，肯尼迪总统为了加速经济增长开始实行扩张性财政政策，他的经济顾问委员会提出了使用潜在国民生产总值指导预算制定的原则。按照这一指导原则，财政政策应当始终是增长取向的。因此只要实际产出与潜在产出之间存在缺口，都应当使用财政赤字来促进扩张。

2. 反映政府债务风险

发行政府债务是公认的弥补财政赤字的途径之一，赤字指标也就自然具有了反映政府债务风险的功能。现有文献将赤字作为反映政府债务风险的指标时具有两个特征：一是将债务风险，视为政府长期使用赤字维持干预经济的能力的结果；二是使用赤字衡量当期财政流动性，以此考察政府对到期债务的偿还能力。

为了缓解债务危机，一些国家在政策制定上主要对赤字进行了限制，这说明政府在政策制定过程中将赤字作为反映债务风险高低的重要指标。20 世纪 80 年代债务危机后，拉美各国都纷纷建立财政约束规则以应对债务风险。2003 年 OECD 发放的预算程序和实践调查表[1]显示，除了哥伦比亚以外，所有国家[2]都对本国的年度赤字水平进行了限制。其中，只有玻利维亚、智利、巴拉圭和乌拉圭四个国家对年度财政赤字的限制是基于政治承诺的，其余国家都是采用正式立法的形式来推动这些财政约束规则的履行，从而能够有效地降低本国的债务风险水平。

二 指标功能对统计口径的要求

本节认为要使财政赤字兼具反映扩张性财政政策动向和政府债

---

[1] 为了进一步了解拉丁美洲国家财政预算的现状，2003 年 OECD 利用世界银行的特别拨款资助，邀请 60 个国家参与关于预算机构的程序和实践做法的在线问卷调查，共有 45 个国家对该调查作出了答复，其中有 27 个是 OECD 的成员国。

[2] 包括阿根廷、玻利维亚、巴西、智利、厄瓜多尔、墨西哥、巴拉圭、秘鲁、乌拉圭、委内瑞拉十个国家。

务风险的功能，计入赤字统计口径的财政收支需要满足以下两个要求：（1）会对政府新增借款需求产生影响；（2）由交易产生。赤字统计中的财政收支会对政府新增借款需求产生影响，是由扩张性财政政策的结果以及政府债务风险的来源决定的。财政收支需要由交易产生是因为：从扩张性财政政策通过减少财政收入，增加家庭和企业的可支配收入的过程来看，这些财政项目应当是会减少家庭或企业收入的，而不是来源于财政内部；从财政支出降低财政流动性，进而增加政府债务风险的特点来看，被计入财政支出的财政项目应当会导致财政资金流出。

1. 与新增借款需求的对应关系

使用财政赤字反映扩张性财政政策的动向和政府债务风险时，都要求财政赤字与政府新增借款需求相等。一方面，当财政赤字与政府新增借款需求相等时，短期可以考察财政流动性，长期可以观测债务规模积累；另一方面，扩张性财政政策在有计划地减少财政收入的同时，还要求增加政府支出，这必然导致政府债务产生。事实上，IMF、EU和美国的赤字统计口径都重点关注了赤字与政府借款之间的关系。其中，美国对财政收支的定义，包括了所有导致财政资金流入和流出政府，并影响政府新增借款需求的活动。美国的财政赤字是与新增借款需求相等的。IMF和欧盟的财政赤字统计结果，则不与政府新增借款需求对应，而是和政府新增净借贷相等。IMF在现金来源和使用表中，在记录财政赤字包括的财政项目和统计过程外，还记录了公共部门用于金融资产和负债交易的现金流量，并列出了等式：财政赤字=获得的金融资产净额-产生的负债净额。使用公式（获得的金融资产净额-产生的负债净额）计算得到的结果是政府净借贷，表示政府收回贷款后需要新增的借款规模。EU在财政收支定义时，则直接使用财政项目对净借贷的影响来判断财政项目是否可被列为财政收支，由此得到的财政赤字必然等于政府新增净借贷。

从 IMF、欧盟和美国财政赤字的计算过程来看，财政赤字等于政府新增净借贷还是政府新增借款需求，主要是由金融资产投资支出是否进入财政支出口径导致的。本节以 IMF 的赤字统计为例，其赤字计算公式与设定的恒等式为：财政收入－（财政费用＋非金融资产净投资）＝获得的金融资产净额－产生的负债净额，移项后可以得到：（财政费用＋非金融资产净投资＋获得的金融资产净额）＝产生的负债净额。获得的金融资产净额是由政府支出的财政资金换取的。也就是说，在 IMF 和欧盟的统计口径中，如果把金融资产投资支出计入财政支出，财政赤字就与新增借款需求相等了。

从赤字指标反映政府债务风险和扩张性财政政策力度的功能来看，金融资产投资支出应当被视为财政支出计入。GFSM 2014 和 ESA 2010 的金融资产和负债交易明细列示的科目中，政策性贷款和金融股权投资是政府金融资产投资支出的两个主要组成部分。政府发放的政策性贷款和持有的金融股权，通常都是服务国家长远的经济发展战略和产业政策的，贷款周期和股权持有周期通常较长。虽然国家对政策性贷款有债权，对金融投资有股权，但这些资金未收回时都占用了财政流动性。同时这些贷出资金和投资资金，除了来源于政府自有资金外，还有一部分来自政府债。如果使用与政府新增净借贷相等的赤字规模反映政府债务风险，可能会在一定程度上低估财政流动性和债务规模。另外，金融资产投资支出也属于扩张性财政政策的一部分，应当将其计入赤字口径中。政府运用政策性贷款、股权投资等政策性金融工具，能通过跨期盈利的方式，解决"市场失灵"领域融资难的问题，从而对扩大内需发挥重要作用。

2. 由交易产生

只有导致价值从政府部门转移至其他实体的财政项目，才有可能成为扩张性财政政策的组成部分，并改变财政流动性水平。影响政府新增借款需求的财政项目有多种类型，如税收收入、政府购买性支出、调用往期储备金、补充预算稳定调节基金等。但调用往期储备金、补充预算稳定调节基金计入赤字口径中，会影响赤字指标实现反映扩张性财政政策力度和政府债务风险的功能。更进一步说，财政项目只有导致价值转移才能作为扩张性财政政策的一部分，并影响政府债务风险。扩张性财政政策刺激和增加社会总需求的目的，其实是通过减少财政收入、增加家庭和企业的可支配收入以及加大财政支出力度直接增加社会总需求实现的。这个过程必然涉及财政资金流入和流出政府，而不是仅涉及财政内部资源变动的事项。使用财政赤字指标衡量政府债务风险时，不管是将政府债务风险视为财政长期赤字的结果，还是使用当期财政赤字规模衡量财政流动性，都是考虑的具有现实支付义务的政府债务，这种现实支付义务是伴随财政资金流出产生的。会计学中将价值从一个主体转移到另一个主体的活动定义为交易（中国注册会计师协会，2021），本节借鉴会计学中的这种定义，认为计入财政赤字统计口径中的财政收支应当来源于交易。与交易相对的一个概念是事项，事项的意思是"发生在一个会计主体内部的资源转移"（中国注册会计师协会，2021）。

综上所述，为反映扩张性财政政策动向和政府债务风险，计入赤字统计口径的财政收支需要满足如下定义：财政收入是由交易带来的，导致政府新增借款需求减少的经济利益流入；财政支出是由交易带来的，导致政府新增借款需求增加的经济利益流出。

三 我国财政赤字指标功能验证

考虑到我国现有赤字指标在反映政府债务风险和表达积极财政政策扩张力度两方面存在的不足，结合上文，为了使财政赤字指标反映扩张性财政力度，和政府债务风险构造的财政收支定义，本节对我国财政赤字指标表达功能进行了验证。我国现行财政赤字的计算公式为：

财政赤字=（全国一般公共预算收入+调入预算稳定调节基金和其他预算资金+动用结转结余资金）-（全国一般公共预算支出+补充预算稳定调节基金+结转下年支出的资金）

虽然我国仅对一般公共预算进行了定义①，未对一般公共预算收入和一般公共预算支出进行定义，但从一般公共预算收支科目表中，可以认定一般公共预算收支都是由交易带来的，导致政府新增借款需求增加或减少的经济利益流入与流出。而调入预算稳定调节基金、动用结转结余资金、补充预算稳定调节基金和结转下年支出的资金，只是政府内部财政账户之间的资源转移，并不属于交易，不符合财政收支的定义。如果是出于反映扩张性财政政策力度和政府债务风险的目标，则不能将它们计入赤字口径中。再结合上文我国财政赤字面向一般公共预算一本账统计仅导致名义差异的结论可知，要使我国公布的财政赤字指标同时具备反映扩张性财政政策力度和政府债务风险的功能，统计口径需要修改为：

$$财政赤字=全国一般公共预算收入+调入其他预算资金-全国一般公共预算支出 \tag{6}$$

表10—10以我国2021年和2022年的财政数据为例，分析了我国现行赤字口径难以反映财政政策扩张力度的过程。2022年我国赤字规模与2021年相比减少了2000亿，下调了5.6%，从赤字规模来看与2021年相比是紧缩的，这也引发了公众对积极财政政策变化的猜测。针对部分市场主体对积极财政政策存疑的问题，财政部原部长刘昆在2022年专门解释道"虽然赤字规模下降，但是今年的财政支出强度不仅不会下降，而且比去年会有较大的提高，且相对去年

---

① 《预算法》中将一般公共预算定义为：一般公共预算是对以税收为主体的财政收入，安排用于保障和改善民生、推动经济社会发展、维护国家安全、维持国家机构正常运转等方面的收支预算。

第十章 财政赤字口径的演变逻辑与原则重构

提高了7.1%"。财政支出强度大幅提高,赤字规模却下降,是因为财政收入增长幅度比财政支出更大吗?2022年预算收入仅增加了3.6%,似乎2022年积极财政政策力度比2021年更大,但这并没有通过赤字指标大小表现出来。从表10—10来看,如果我们使用财政收入和财政支出的标准定义来计算财政赤字,我国2022年的赤字是45713亿,2021年的赤字是44348亿元,2022年积极财政政策的力度确实比2021年更大。但如果使用现行口径的话,那么得出的结论恰好相反,这主要是由于2022年大幅调入往年的结转结余和预算稳定调节基金使得赤字统计中的财政收入虚增导致的。

表10—10　　　　基于不同算法的我国赤字规模　　　　单位:亿元

年份	一般公共预算收入(a)	其他预算调入资金(b)	使用结转结余和调入预算稳定调节基金(c)	一般公共预算支出(d)	补充预算稳定调节基金和结转下年支出的资金(e)	赤字 实际算法(d+e)-(a+b+c)	赤字 标准算法 d-(a+b)
2021年	202555	2474	8648	249376	3703	35700	44348
2022年	210140	11272	12013	267125	—	33700	45713

注:2021年为决算数据,2022年为预算数据。其他预算调入资金数额,通过政府性基金预算调出资金加上国有资本经营预算调出资金得到。使用结转结余资金和调入预算稳定调节基金数额,通过全国一般公共预算收入表中的全国财政使用结转结余及调入资金减去其他预算调入资金得到。

我国赤字指标较难反映政府债务风险。现行赤字统计口径将资金来源和资金支出都计入赤字口径中,一方面模糊了赤字的形成和赤字的弥补两个不同的概念,另一方面导致财政收支缺口与借债需求错位。数据上的直观表现就是,2018—2022年我国动用了7.67万亿元的结转结余和预算稳定调节基金,这些资金在往年积累时使用

279

的"结转结余"和"补充预算稳定调节基金"科目,并且作为一项财政支出计入赤字统计口径中。相当于这些往年积累的资金其实被视为需要借债弥补的支出,但实际上它们都在国库中,是一项可动用的财政资源。这就导致,补充预算稳定调节基金和结余资金规模大的年份的债务风险被高估。另外,如果从赤字反映当年财政流动性的角度来判断偿债能力,现行口径也难以反映财政的流动性。这同样是由于预算稳定调节基金和结转结余资金,被当作财政收入和财政支出计入赤字口径导致的。结余资金和补充预算稳定调节基金的资金是可以增强财政流动性的,但在统计中被视为财政支出,这两项资金通过赤字表现出来是降低了财政的流动性。

第五节 我国财政赤字指标功能重塑

我国目前的财政赤字指标,存在既难以反映政府债务风险,又无法表达积极财政政策扩张力度的问题,导致一问题产生的根源在于预算稳定调节基金、结转结余资金的调入调出被纳入了赤字统计中。这些财政收支科目都具有跨周期调节的特征,这也为理解我国目前的财政赤字指标的功能提供了新思路。

一 功能重塑的现实启示:财政可持续性

回溯"赤字"一词在我国历年政策报告中的语境变化[①]可以发现,"赤字"指标的功能历经从"财政风险警示""财政刺激经济强度"到"财政可持续性信号"的转变。在中华人民共和国成立之后的很长时期里,我国都遵循财政收支平衡思想,赤字也通常被作为一个风险警示指标使用。1957年,时任中央经济工作小组组长的陈

---

① 部分报告中使用"支出大于收入"来表示赤字。

云，发表题为《建设规模要和国力相适应》的讲话，提出"三大平衡"理论（即财政平衡、物资平衡、信贷平衡）。受"财政平衡"思想的影响，当时我国将赤字视为"财政风险"的警示指标，应尽可能避免其发生，当赤字出现时要反思其产生的原因，并采取措施消灭赤字。如《关于 1979 年国家决算、1980 年国家预算草案和 1981 年国家概算的报告》指出，"今明两年要求做到逐步缩小赤字，以致最后消灭赤字"。《关于 1988 年国家预算执行情况和 1989 年国家预算草案的报告》同样指出"应当采取坚决的措施，逐步消除赤字，做到收支控制在预算范围内"。

1997 年的亚洲金融危机，是赤字指标功能转向衡量"财政刺激经济强度"的关键节点。1997 年以前，预算平衡一直是我国财政管理的主要目标，我国实行从紧的财政政策。金融危机爆发后，为刺激需求、提振经济，根据 1998 年 7 月国家发展计划委员会《关于今年上半年经济运行情况和下半年工作建议》，我国开始实施积极的财政政策，主要内容为增加财政支出和国债发行量，"收支平衡、略有节余"的原则不再坚持。此后年间，我国赤字规模不断扩大。

党的十八大的召开标志着中国特色社会主义进入新时代，在新时代背景下，财政支出规模和结构需匹配经济发展的战略目标。2013 年，党的十八届三中全会通过的《中共中央关于深化改革若干重大问题的决定》要求，"审核预算的重点由平衡状态、赤字规模向支出预算和政策拓展"。此后，预算编制原则与财政政策取向的紧密关联，使得赤字逐渐成为宏观调控过程中表征财政可持续性的关键信号。《关于 2017 年中央和地方预算执行情况与 2018 年中央和地方预算草案的报告》中指出，"合理安排收支预算和适当降低赤字率，为今后宏观调控拓展政策空间"。《关于 2021 年中央和地方预算执行情况与 2022 年中央和地方预算草案的报告》则进一步从"防范化解财政风险"的角度对财政支出强度和赤字、债务规模提出指导性建议。2022 年的《政府工作报告》明确提出赤字率的下调"有利于增强财政可持续性"。系列阐述表明，赤字率指标的大小量化了财政的可持续性。

二 赤字指标衡量财政空间的合理性

财政可持续是财政空间的要义，目前财政空间普遍被定义为：一国确保在短期和长期内有能力为其预期的财政预算提供资金，并偿还债务的能力。财政赤字一方面直接对利率、货币供应量、通货膨胀等宏观经济变量产生刺激，另一方面发行政府债务是财政赤字最常用和直接的弥补方式，使得赤字指标具有了衡量财政空间的功能。随着社会经济的发展，政府职能有扩大的趋势，需要投入更多的财政资源，赤字趋势已经不可逆转。将赤字控制在合理范围内可以充分发挥政府对市场的调节作用，能在一定程度上克制市场失灵。大量国家的赤字，从运行结果表现为赤字（即被动赤字）转变为了在年度预算中主动编制赤字。对于"赤字"双刃剑关系的认识也逐渐深入人心：一方面，财政赤字直接影响产出、利率、货币供应量、通货膨胀等宏观经济变量，全球经济竞争日益激烈的背景下，赤字已经常态化；另一方面，政府债务是财政赤字的主要弥补途径，财政赤字会导致债务累积，增加政府债务风险。1991年欧共体国家为了实现地区经济平稳增长，签订了《马斯特里赫特条约》，要求各国将财政赤字率连续3年控制在3%以内，这首次为赤字指标衡量财政空间的适当性提供了一个标准。以《马斯特里赫特条约》对财政赤字率进行限制为标志，赤字指标被部分学者用于衡量财政空间。

使用赤字指标衡量财政空间需要尽可能消除周期性因素的影响。通常情况下，财政空间与经济繁荣程度紧密相连，但不能当经济衰退时才去考虑财政空间大小。如果我们将财政赤字高低视为反映财政空间大小的信号，这项信号应当能在财政空间收窄前，向信息使用者传递对应信息。经济繁荣时财政赤字规模小，经济衰退时情况相反，但我们不能就此判断经济繁荣时财政空间大，经济衰退时财政空间小。既然财政可持续是财政空间的要义之一，我们就应当从长远的、平滑短期扰动的视角看待财政空间问题。因此，在使用赤字指标衡量财政空间时只有消除周期性因素的影响，才能达到提前预警、增强财政可持续性的作用。

我国赤字指标，通过在财政收支中加入预算稳定调节基金和结余资金，尽可能消除了周期性因素的影响，能较好地传递未来财政空间信息。按照IMF、EU和美国对于财政收支的定义，财政超收收入会被用于冲减下一年度的赤字，年度之间的财政赤字水平也可能会产生较大的波动。但按照我国的赤字统计口径，超收收入会用于补充预算稳定调节基金或结转下年支出，并作为一项财政支出计入减数中；在来年调用预算稳定调节基金和结余资金时，将其作为一项财政收入计入被减数中。在赤字统计过程中，预算稳定调节基金和结余资金相当于一个蓄水池，平滑了周期性因素对赤字规模的影响，这既使我国财政赤字规模不会出现大规模波动，也在一定程度上保证了赤字决算规模的可控性。使用我国当前财政赤字统计口径，不仅能得到一个随经济社会发展渐进变动的财政空间指标，为未来财政政策制定时考虑财政可持续问题提供参考，还能考察中央政府是否能为预期目的提供财政资源并控制财政空间变动，为及时发现财政风险提供信号。

三 当前我国赤字率和负债率情况及建议

1. 我国赤字率和负债情况

关于我国当前赤字率和负债率情况，如图10—1所示，2016—2019年我国的财政赤字率始终未突破3%；但为应对新冠疫情的影响，2020年和2021赤字率分别达到了3.6%和3.2%，连续两年突破了3%的水平；2022年的赤字率为2.8%左右；2023年我国的财政赤字率提高到3.8%左右，赤字总体控制在比较低水平。我国负债率不断上升，2023年我国的债务总额为707698.43亿元，负债率为

56.14%，但是一直没有突破《马斯特里赫特条约》中负债率60%这一上限，整体风险可控。

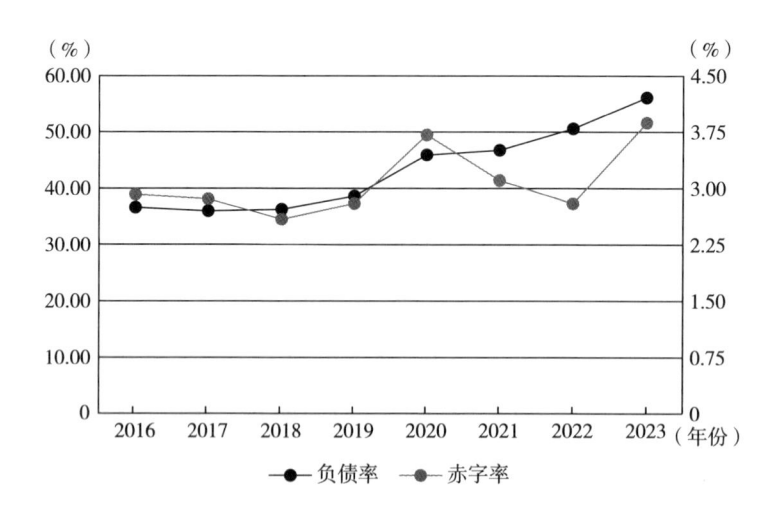

图10—1 中国2016—2023年赤字率和负债率情况[①]

2. 政策建议

第一，《马斯特里赫特条约》有关赤字率上限3%、负债率上限60%的限制无可靠依据，是强加的约束。一半的欧盟成员国在正式加入欧盟当年负债率超过60%。根据国际货币基金组织（IMF）的数据，2023年英国的负债率为104.1%，欧盟的负债率为84%，美国的负债率为123.3%，发达经济体的平均值为112.1%，相比之下，我国的负债率为56.14%，在国际上处于较低水平，风险可控，而且我国是公有制国家，政府拥有大量的国有资产，可承受更多债务，

---

① 当前赤字率的计算公式：赤字率=赤字/GDP，赤字的数据来源于历年两会发布的中央和地方预算执行情况与预算草案的报告，GDP的数据来源于国家统计局官网。负债率的计算公式：负债率=（中央财政国债余额+地方政府债务余额）/GDP，中央财政国债余额和地方政府债务余额的数据来源于历年两会发布的中央和地方预算执行情况与预算草案的报告，GDP的数据来源于国家统计局官网。

第十章 财政赤字口径的演变逻辑与原则重构

相较西方具备更大的举债能力。此外，欧盟成员国超过3%赤字红线后的处罚机制也没有严格执行。欧盟在1997年签署《稳定与增长公约》(Stability and Growth Pact)，是对《马斯特里赫特条约》的修改和补充。上一轮过度赤字程序集中在2009年至2013年间启动，仅2009年就有15个国家被启动了程序，2010年有9个。然而过度赤字程序实际是一个"软性政策工具"(soft policy tool)，没有任何国家曾经支付过罚款。2020年3月至2023年底，受新冠疫情影响，欧洲理事会根据欧洲委员会的提议首次激活了《稳定增长协定》的一般免责条款，允许成员国暂时偏离通常适用的预算要求，暂停了过度赤字程序（EDP）。所以我国没有必要谨守《马斯特里赫特条约》中有关赤字率和负债率的标准。

第二，改进负债率度量指标。目前最常用的测度负债率指标为债务余额/名义GDP，但是GDP受到多种因素影响，与政府债务余额没有确定关系，而且用存量数据和流量数据进行比较缺乏最基本的经济统计机理，难以体现政府的偿债能力和真实债务状况。因此，建议构造一个可以直接反映政府部门总体负债水平与偿债能力的指标。

第三，在中期财政框架下规划财政可持续性。比政府财政赤字规模更值得关注的问题是政府维持赤字的能力和保障财政的可持续性。预算中计划采纳的每一项政策措施，都要对其未来至少1—3年的中期成本（支出）进行大致准确的评估，据以确定现行政策和预算是否和如何调整，以避免预算与政策之间脱节，确保财政的可持续性。

专题四 财税心理学研究

本专题聚焦于财政政策的理论基础，特别是财税心理学的探讨。通过分析心理因素对财政决策和税收行为的影响，本专题旨在揭示心理学在政策制定与执行中的重要作用，推动财政政策理论的深化与拓展，为更有效的政策实施提供理论支持。

第十一章　财税心理学的历史、发展与方法论

第一节　财税心理学的历史与发展历程

财税心理学（fiscal psychology），作为经济心理学在公共财政领域的重要分支，专注于研究人们对财税体系中主体、财税政策和税收机制的心理反应及其规律的科学（Webley and Hessing, 1992）。其研究内容涵盖纳税人对税收政策的行为反应、内在心理机制、纳税过程中产生行为及现象的心理因素以及相关的心理理论模型。作为经济心理学的一门新兴分支，财税心理学与投资心理学、消费心理学等享有同等的学科地位（Lewis, 1982），并与经济心理学、行为财政学有着紧密的联系。财税心理学的发展不仅丰富和拓展了经济心理学的学科体系，而且为公共财政领域提供新的理论视角。

首先，财税心理学的研究有助于其知识结构的不断完善和发展。其次，通过促进财税心理学研究的本土化，财税心理学能够为建构更加稳固的知识体系和逻辑框架提供支持，同时注入更具体、生动的理论资源，为财税心理学的发展和理论建构提供更合理、全面的依据。再次，财税心理学的实践研究能够深入分析个体或企业纳税人的纳税行为及其心理影响因素，解析税收心理引发的社会现象，为中国税制改革和税收政策的制定提供理论基础和指导。复次，财税心理学的见解有助于税收从业人员在财税政策实施和执行过程中，

更有效地理解并应对个体或企业的纳税行为模式，从而提高工作效率与质量，确保财政收入的安全，促进财税政策的有效执行。最后，财税心理学的研究可以帮助公民更好地理解国内财税政策的变化与个体或企业心理与行为变化之间的联系，从而改善纳税人的纳税认知，促进社会形成一种自觉、诚信纳税的良好经济社会氛围。通过这种方式，财税心理学不仅在学术上有所贡献，同时也在实际应用中发挥着重要作用，推动社会经济的健康发展。

财税心理学的思想起源可追溯到马基雅维利主义哲学中关于公共法的论述。意大利经济学家 Amilcare Puviani 首次提出了"财政幻觉理论"，该理论旨在解释人们为何愿意为公共财政支出买单。第二次世界大战之后，科隆实证经济学研究中心采用问卷调查法，在全国范围内对联邦议员进行了一项大规模样本调查，探讨了他们对财政政策及逃税行为的态度及认知。1959 年，Schmolders（1959）在《国家税务杂志》发表的文章"财税心理学：公共财政的新分支"[①]，标志着财税心理学作为一个独立学科的正式诞生。

一 财税心理学的初创期（1959—1982 年）

Schmolders（1959）综合分析以往以纳税人行为为核心的研究成果，首次明确提出了"财税心理学"这一概念。这标志着"财税心理学"成为公共财政学科中的一个新兴领域，旨在系统性地探讨个人、企业乃至国家在财税行为上的普遍心理特征，通过调查法、实验法等实证研究方法进行深入分析。Schmolders（1959）利用自由联想技术来研究人们对税收的态度，他提出问题——"当你听到'税'及其相关词汇时，你首先想到的是什么？"——旨在揭示公众对税收的态度。在财税心理学的早期研究中，经济学家们关注如何

---

① Schmolders, G., "Fiscal Psychology: A New Branch of Public Finance", *National Tax Journal*, Vol. 12, No. 4, 1959.

将心理学方法运用到税收问题研究中,比如如何提高税收政策的效率与公平性。与此同时,心理学家探讨经济和政治系统背后的社会行为动因,即研究经济刺激和经济决策之间的中间变量。这一时期的研究者主要依据经济人假设和期望效用理论来解释税收行为(Allingham and Sandmo, 1972; Srinivasan, 1973),并且开始关注税收行为影响因素的实证研究,如态度和社会规范、对公正感知以及税收伦理等。Strumpel(1969)提出"税德"这一概念,旨在研究公民的内生纳税意愿,即纳税内驱力。"财税心理学"和"纳税内驱力"的概念提出,促使学者们开始关注财税行为中的心理因素,因此,Schmolders 和 Strumpel 两位学者被视为是财税心理学领域的先驱人物,同时。他们的工作为后来的研究提供了坚实的基础,引导了财税心理学的发展。

二 财税心理学的成长期(1982—1992年)

1982年,Lewis(1982)在《英国社会心理学杂志》中发表的文章"税收的社会心理学视角"[①],综合概述了过去的研究并展望未来,指出了税收原则、税收公平性、税收态度、税收规范等心理学变量作为研究的核心内容。该时期见证了社会心理学家对财税心理学领域的积极参与。随着经济心理学的不断发展,以及诸如《经济心理学杂志》等专业领域刊物的出现,为财税心理学研究的进展提供了丰富的资源和平台。

在此期间,学者们开始探索超越"理性人假设"的新领域,以建立更全面的税收行为的理论体系。这一时期,社会心理学(Kaplan et al., 1986; Lewis, 1982)和行为经济学成为重要的参考领域。Kaplan 等(1986)利用归因理论和公平理论来深入分析和解释个体

---

① Lewis, Alan, "The Social Psychology of Taxation", *British Journal of Social Psychology*, Vol. 21, No. 2, 1982.

逃税和漏税行为的心理过程。① 其中，归因理论侧重于个体对事件结果的归因和解释，而公平理论则关注个体对税收制度的看法和满意度。同时，许多研究者开始在前景理论（Kahneman and Tversky，1979）的基础上，通过决策模型如决策框架、机会模型等来解释公众的逃税、骗税行为。Kirchler（2008）后来将这些经济和社会心理因素整合到一个综合框架，即滑坡框架理论。② 该理论通过分析税务机关的权力与纳税人对税务机关的信任两个维度，定义了纳税人与税务机关之间的互动氛围。他通过该框架清晰解释了纳税人的遵从行为，并有效区分了强制型税收遵从行为和自愿型税收遵从行为。这一阶段的研究不仅拓宽了学界对税收行为理解的范围，也为制定更有效的税收政策和提升纳税人税收遵从度提供了理论支撑。

三　财税心理学的发展期（1992—2014 年）

该时期见证了财税心理学领域的快速成长和繁荣。1992 年，Webley 和 Hessing（1992）在《经济心理学杂志》杂志发表的文章"财税心理学的未来"，概述了过去十年中财税心理学的主要研究进展，并呼吁更多经济学家和心理学家的合作。他们强调未来研究应关注不同税种和不同地区的需求。随后，实验室实验、跨文化比较等多元化研究方法被广泛采用，同时引入道德情绪、社会互动等多样化心理因素，进一步拓宽了研究视野。

在这一时期，研究者不仅深入探讨了社会规范、税收态度、税收知识水平等传统变量，也关注了与其他纳税人及权威机关的社会距离、税收遵从成本、公平感、审计和罚金、收入水平及来源等在

---

① Kaplan, Steven E., Philip M. J. Reckers and Kim D. Reynolds., "An Application of Attribution and Equity Theories to Tax Evasion Behavior", *Journal of Economic Psychology*, Vol. 7, No. 4, 1986.

② Kirchler, Erich, Erik Hoelzl and Ingrid Wahl., "Enforced Versus Voluntary Tax Compliance: The 'Slippery Slope' Framework", *Journal of Economic Psychology*, Vol. 29, No. 2, 2008.

税收遵从行为的影响。研究范围的拓展表明，财税心理学开始在不同文化背景下进行比较研究，探索"纳税内驱力"的普遍性和特异性。

四　财税心理学的活跃期（2014年至今）

自2014年以来，财税心理学进入了活跃期。这一时期特征为研究方法的多元化和研究主题的深化。《经济心理学杂志》在2014年发布的关于"逃税行为的动态性"的专刊，标志着社会互动对个体税收遵从水平影响的研究得到了重点关注，计算建模法开始被广泛应用于分析税收遵从行为。基于主体的建模方法，作为一种分析社会环境下群体复杂行为的灵活工具，被用来探索税收遵从和不遵从行为。该方法视社会为一个整体而非简单的个体的总和，假设社会是不同的代理间互动后的产物，基于各种经济和社会效应的不同网络和互动模式来进行分析，考虑到个体之间的互动产生的社会动态，从而为理解税收行为提供了一种全新的视角。在财税心理学研究中，个体的税收行为不仅受纳税人本身特质的影响，税法、税务人员、财务中介变量以及税务权威机关等因素都可能造就税收行为的动态性。

与此同时，随着认知神经科学在心理学应用的普及，通过信息过程加工法得以使得税收行为的心理过程和作用机制被进一步揭示。计算建模法也得到了更广泛的应用。同时，经济心理学中常见的现象和理论解释也开始在财税行为中被挖掘，如心理账户、框架效应等。

在研究主题上，这一阶段更多地关注税收遵从行为的个体方面和环境方面的影响因素。税收遵从行为的主体也从个人纳税拓展到企业纳税人。此外，随着认知加工理论的发展，研究者们增加了对税收遵从成本的关注，他们聚焦于在税收决策前个体对成本的心理计算过程，试图通过个体的心理账户预测其税收遵从行为。在这一时期也涌现出与社会热点相契合的主题,例如,有学者聚焦"互联网+"领域,从组织心理学的角度分析了上市公司在大数据时代的税务风险管理策略;还有学者研究了环保相关的课题,关注如何提升民众对碳税的支持程度。

五 国内学者对财税心理学的贡献

财税心理学作为一个新兴领域,对中国学者来说仍处于起步阶段。受西方财税心理学研究的启发,部分中国财税研究者开始从心理学的角度探讨国内逃税、避税现象以及税收遵从行为。这些研究大体上可分三个类别:第一类是受早期西方财税心理学启发的财政研究,这类研究要么对西方财税心理学进行概括和回溯,要么采用基于田野调查数据的实证研究方法;第二类是受行为经济学影响的财政研究,这类研究通常从前景理论、博弈论等视角分析探讨税收遵从行为;第三类是受社会心理学影响的财政研究,关注社会因素对个体税收遵从行为的影响,如社会认同、群体归属等。

然而,目前中国心理学研究者很少涉及税收遵从行为相关领域,尤其是将税收从业人员作为研究对象,或者结合中国本土文化特征分析中国人的税收行为。这种现状可能与国内心理学大多起源于师范类院校有关,导致研究者们的更侧重点于基础心理学、发展心理学、教育心理学以及认知神经科学等领域。同时,社会心理学的发展也倾向于探讨个体在社会环境中的泛化行为。

第二节 财税心理学的研究内容

财税心理学的研究内容主要包括纳税人对税的心理变量、税收行为以及纳税人与税务权威机关的相关关系,即心理、行为及关系三方面。纳税人对税的心理变量主要涉及与纳税行为有关的心理因素及机制,其中包括纳税动机、纳税人对税的态度以及税的知识。

税的心理变量会对纳税人的税收行为产生重要影响。税收行为是指纳税人在参与纳税活动时所产生的各种行为，主要包括税收遵从行为和税收不遵从行为，前者有自愿型和强制型税收遵从行为，后者有逃税和避税行为，本部分结合心理学理论模型分析纳税人各种行为背后的潜在动因。纳税人与税务系统中其他主体关系能够体现出纳税人的心理与行为特征。其中纳税人与税务系统中其他主体关系主要讨论纳税人与税务从业者、税务机关和政府的关系以及这些关系相关的理论模型。

一　纳税人对税的心理变量

1. 纳税动机

纳税动机是指纳税人是否愿意遵守纳税规定，实施纳税行为的一种内驱力。纳税人的纳税动机受到内外因素的共同影响，纳税动机是复杂的、动态的。财税相关研究中的"税德"概念类似于纳税动机中的内驱力。我国学者李林木将"纳税动机"翻译为"纳税意愿"。同时有国外学者将其定义为"支付自己税收的内在动机"或一种对纳税和逃税的内在道德态度。基于对这些定义的整合理解，我们最终将税德改称为"纳税内驱力"。同时，纳税动机也会有外驱力影响，因此税务机关在制定政策法规时应该更加全面地考虑纳税人的动机因素，分析纳税人在不同情况下的纳税心理，如此才能更好地提高纳税人的税收遵从行为和纳税效率。

内部因素和外部因素都可能对纳税动机产生影响。在内部因素方面，年龄较高、性别为女性、教育水平较高和已婚个体一般有较高的纳税动机，其中随着年龄的增长，纳税动机下降的现象在男性中比女性更常见（Lee and Chávez, 2020）。而个人收入和税收内驱力之间是负相关关系，也就是说，高收入人群往往税收动机较低。个体心理因素也会影响纳税动机，有研究表明纳税人对自己生活越满意，纳税内驱力越高；而生活满意度越高，对政府更有信心的个体往往纳税动机越高,这种关系随着时间的推移保持相对稳定。同时有研究发现个体在获得收入时付出的努力越多,其纳税动机往往越低。在价值观方面,还有学者探讨了个人文化价值观与纳税动机的关系,结果发现女性气质与其纳税内驱力正相关,而权力距离和不确定性规避价值观与纳税内驱力呈负相关。纳税动机又有很多外部影响因素,如社会、宗教、政治制度等都会对纳税动机产生影响。

2. 对税的态度

态度是指个体对特定对象、人或事物的评价和倾向,通常包括认知、情感和行为倾向。财税心理学中对税的态度研究主要涉及纳税人对纳税的态度和对税法的态度。第一,纳税人对纳税的态度。基于现实经验,大多数公众将税收本身视为一种经济负担,纳税会损害其经济利益,因而对纳税的态度往往较为消极。但事实上,这种看法过于片面,众多研究表明,纳税人对税的态度其实受多种因素的影响。目前大量研究表明,个体的对税的态度与行为一致性的关系微弱。这说明对纳税持有积极态度的个体可能并不会有积极的纳税行为。因此我们应该考虑如何让纳税人有更积极的纳税态度,同时使这种积极的纳税态度和其税收遵从行为保持一致。

纳税人对税的态度受到社会因素和税种的影响。首先,社会因素如社会群体、纳税文化以及政治立场等会影响人们对税的态度。税收态度和信念在不同社会群体存在差异性,这种态度差异还会在特定群体中不断强化。不同职业中的纳税文化也会影响个体的纳税态度及其税收遵从行为。甚至纳税人不同的政治立场以及对纳税政府的态度也会影响其对税的态度。其次,税种会影响人们对税的态度。人们对不同税种有不同的感知。有研究表明富人对累进税的感知水平高于贫困人群,从而对税的累加更加敏感,更不愿意接受累进税。

第二,纳税人对税法的态度是对税的态度的一方面。纳税人对税法的态度会受税法的复杂度、税法公平性等因素的影响。由于税法条文一般都具有较强的专业性，普通纳税人理解税法的难度相对较高。而税法制定得越复杂，越难以理解，税收遵从就越困难。即使是在税务部门的工作人员，也很难完全理解相关的税法。复杂的税法突出了纳税人的无能，进而导致纳税人对整个税收系统失去兴趣。此外，复杂的税法可能会降低纳税人对税收制度的公平性感知，从而对税收系统产生消极态度并导致非故意的违规行为。另一方面，对税法的不确定性会对纳税意愿及态度产生影响，有实验证据表明，税法的不确定性会降低纳税意愿，产生消极态度，但当税务机构以较低的成本向纳税人提供相关信息时，这种影响又会减轻。

3. 税的知识

税的知识是一个复杂的知识系统，包括有关税收制度、税法、税收政策、纳税义务、税务管理等方面的知识等。很多与税相关的知识具有一定专业门槛，因此大多数纳税人对很多税收知识了解得并不全面。然而，纳税人对税相关知识的理解对于税收偏好和纳税态度具有重要影响，缺乏对税的知识往往不利于税收遵从行为。纳税机关应当在税法制定时考虑知识表征方式，避免晦涩复杂的税法概念，提高公民对税相关知识的理解能力，提供更多税相关知识的了解和沟通的渠道。大量证据表明纳税人理解税法知识是非常困难的。Lewis（1982）的研究表明在20世纪70年代末，为了理解税法，英国人至少需要13年的教育，美国人需要12.5年，而澳大利亚人则需要17年。在此情况下，很多人会对纳税问题及相关知识感到无助而不得不去寻求专家的帮助，而这种知识的匮乏又会进一步导致对政府的不信任。人们不仅难以理解税法，而且对税率和税收的其他基本概念也知之甚少。

税的知识还会影响人们对纳税中各种现象的理解和态度。Kirchler等人（2003）研究发现，虽然逃税、漏税等不道德行为有很明显的负面后果，但具有不同税收知识的人却对其有不同的态度和看法。税种知识也会影响人们对税的态度及其税收遵从行为。

二 税收行为

税收行为主要指税收遵从行为与税收不遵从行为。税收遵从行为是指纳税人缴纳税款的行为,有自愿型税收遵从行为和强制型税收遵从行为:前者指纳税人没有怨言,自愿缴纳其税款;后者指纳税人不得不缴纳税款的情况。税收不遵从行为是指纳税人没有按照法规缴纳他们的应纳税额,是不履行纳税义务的概念总括,不论纳税人是否故意为之。税收不遵从行为可主要分为逃税行为和避税行为。二者在法律上具有明确的区分,避税指利用法律漏洞减少纳税义务,而逃税则指故意违反相关法律来减少应纳税额。在心理学中,可以借用社会困境来理解税收行为。[1]

税收遵从行为指的是在税收领域中,选择牺牲个人利益而成全集体利益的行为,这与社会困境中的合作行为的概念是一致的。正是由于两者的利益结构的一致性,故而社会心理学的社会困境的研究及相关的理论,如相互依存理论、适当性框架等,能够为财税心理学中的税收行为的理解提供更好的理论支持、研究范式的参考以及研究工具的依托。

1. 税收行为的理论

人们为什么会表现出税收遵从?经济心理学家们先后以期望效用理论和前景理论对纳税人的纳税决策进行了解释分析。此外,为了解释在税收遵从决策中纳税人的非理性行为,研究者还关注了不

---

[1] 社会困境是社会心理学中的一个重要概念,它指的是个体利益与集体利益相冲突的情境(Dawes,1980)。个体向政府缴纳税款,是政府提供公共物品和服务的主要资金来源,从而维系现有的公共资源。公共物品问题中,个体依赖他人提供资源,而自己不做贡献的现象称为"搭便车"。与公共物品问题类似,税收遵从也面临"搭便车"问题——纳税人表现为税收不遵从,但仍然可以享受公共资源(Gangl et al.,2015)。税收行为在利益冲突的本质上与社会困境中的行为是相同的,面临着个人利益与集体利益相冲突。

同社会的税收风气，发展了将信任、权威等因素涵盖在内的滑坡框架理论。

（1）期望效用理论。基于经济活动中存在的犯罪模型，税收遵从的期望效用模型在20世纪70年代被提出。该模型假设，在进行纳税决策时，纳税人面对着巨大的不确定性，他们不知道自己是否会成为审计稽查的对象。在理性人假设的基础上推论，纳税人之所以进行纳税，是出于最大效用期待：一方面，纳税人可以自行申报收入总额（即应缴纳税款）或者隐瞒一些其他收入或支出（即少于应缴纳税款），只要选择上报缴纳，纳税人即做出相对确定的选择。如此一来，他们的净收入不受未来审计的影响。但如果逃税避税，将面临罚款的风险：如果未受审计，他们的最终收入可能会高于净收入；但如果遭受审计调查，纳税人不仅要补缴应纳税额，还要支付罚款，最终导致净收入减少。该模型有四个核心变量：收入、税率、审计概率（p）和罚款率。根据该模型，在发现逃税的情况下，高审计概率和严厉的罚款制度将会产生高威慑力，税收遵从也会随之增加，然而模型受到了税收现实的挑战。一方面，在严厉的惩罚下逃税行为仍在增加，另一方面，纳税人对于应缴纳税款的判断并不总是遵循理性人假设。

假设有以下情况，有纳税人A和纳税人B，他们即将申报各自税务。两者的收入相同，且以相同的税率征税，结果是总计20000美元的税款。纳税人A预付了19000美元的税款，纳税人B预付了21000美元。然而，纳税人A需支付1000美元的税款，而纳税人B则收到同样金额的退款。根据标准的新古典理论，两者应该表现出相同的行为，因为他们必须支付相同金额的税款，并且有相同的被审计的可能性。然而，纳税人A比纳税人B更有可能要求扣除以减轻他的税务负担。这一观察结果与新古典经济学理论不一致。

（2）前景理论。在期望效用理论的基础上，Kahneman和Tversky（1979）提出了前景理论：假设一个人的幸福感不取决于财富的最终状态，而是与参考点相当的财富水平（即收入）变化有关。① 如果个体的收入高于参考收入，则被视为收益；如果低于参考收入，则被视为损失。个体对损失比等值收益更为敏感，即损失厌恶。此外，也有许多研究表明，纳税人往往会高估被审计的概率（Alm et al., 1992; Bobek et al., 2013），从而作出与期望效用模型预估不一致的决策。前景理论也有助于解释在税收遵从行为中的决策异常，如框架效应、隐瞒现象、前审计对后遵从的影响和税收心理账户等，如图11—1所示。

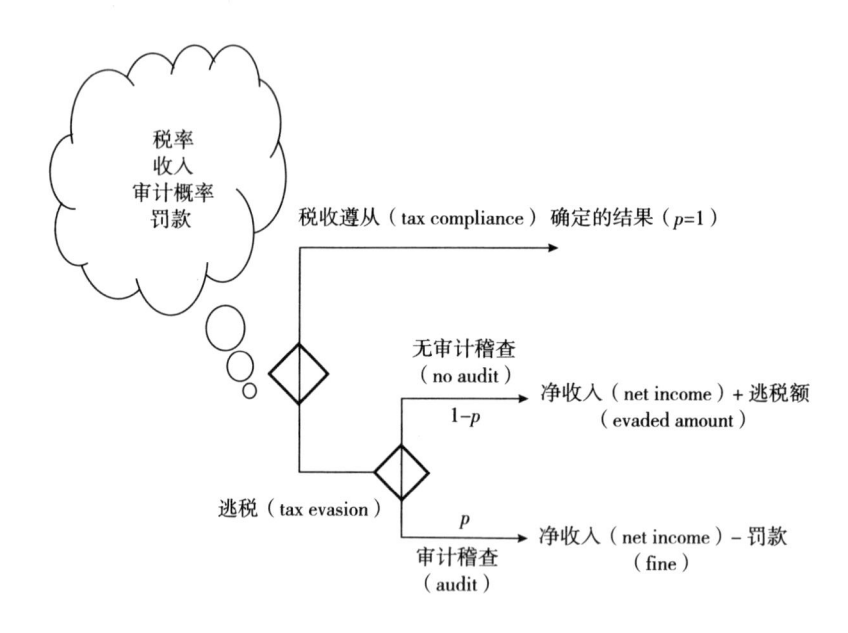

图 11—1 税收遵从决策树

（3）查询理论。随着心理学家们在认知领域研究的拓展，也涌

---

① Kahneman, Daniel and Amos, Tversky, "Prospect theory: An Analysis of Decision Under Risk", *Econometrica: Journal of the Econometric Society*, Vol. 47, No. 2, 1979.

第十一章 财税心理学的历史、发展与方法论

现出新的解释个体行为的决策理论模型。Johnson 等（2007）从记忆加工的视角提出了查询理论，该理论可以用于解释决策过程中的禀赋效应、框架效应和跨期决策。区别于前景理论的损失厌恶和参照依赖假设，查询理论从记忆的角度深入地分析了个体对拥有的物品进行估价的建构过程，假设个体对于价值的判断取决于记忆提取的过程和顺序。上文中提到的纳税人 A 和纳税人 B 持不同的态度的例子中，或许可以从纳税人的查询顺序差异进行解释。

2. 税收行为的影响因素

目前经济学家倾向于研究审计、罚金、临界税收率、收入大小以及可以逃税避税的概率对税收行为的影响。研究者们发现，更高的审计概率会增加税收遵从行为，且主观的概率会高于客观概率的影响；高罚金会增加税收遵从行为，但需要以惩罚公正为前提；以及可逃税避税概率越大会降低税收遵从行为。经济学家提出和关注的改变税收遵从行为的因素，能够有效地增加税收，甚至会远远超出逃税的部分，但却很难增加自愿型遵从行为。经济心理学家则选择了经济成本相对较少的方法和社会因素来进行研究，从而改变和影响纳税人的税收遵从行为，如公平考虑、对权力机关的信任、社会规范、纳税人的个人特质等。

（1）公平感。公平感对于税收行为发挥着重要的影响。有学者研究发现当人们感觉到被政府不公平地对待的时候，逃税行为更有可能会发生。此外，公平还可分成为纵向公平和横向公平。纵向公平指的是个体纳税人与政府之间的关系的感知；而横向公平是指纳税人与纳税人之间的关系的感知。研究表明不论是纵向不公平还是横向不公平，都会引发逃税行为。

（2）信任。信任是与传统财税研究中的被审计的概率、罚款率并驾齐驱的心理影响因素，税收遵从的滑坡模型强调了对权力机关的信任在税收遵从中的决定性作用。此外，信任也在公平感和税收遵从的关系中发挥着重要作用。学界探讨了对权力机关的信任在税

务机关程序公平性对纳税自愿遵从性的正向影响中的调节作用。基于公平启发式理论，他们预测那些对权威的低信任会使人们仔细关注税务机关实施程序的公平性，这会导致程序公平性对规范纳税的认可产生积极的影响，进而促使纳税者自愿遵从，尤其是在对权威机关的信任较低的公民中。这一结论得到了现场试验的支持。相比于传统财税研究中税收遵从的影响因素，信任更多地在自愿型遵从行为的促进中发挥着重要作用。此外，在不同经济、社会政治和文化背景中，对权力机关的信任和权力机关的权威均可以增加纳税意愿，减轻逃税意愿，且信任和权威通过不同的渠道促进税收遵从：被信任的权力机关（税收的慈善性质和增加公共利益）报告了更多自愿型税收遵从，而高权威的权力机关（强调对逃税的控制）报告了更多强制型税收遵从。

（3）社会规范。社会规范也是影响纳税主体税收遵从行为的重要心理因素。社会规范是指在不成文的情况下为群体成员所理解的规则和标准。Cialdini and Trost（1998）划分了四种社会规范：描述性规范指在某些特定情境下，哪些行为是有效的和适合的，从而影响我们的行为；指令性规范指应该做什么和不应该做什么；主观规范与重要他人（例如家人、朋友、同事等）的期望密切相关，共同影响着个体的行为和态度；而个人规范则是个体对自身行为的期望，部分源于指令性规范的内化。社会规范在纳税人的税收遵从决策中起着至关重要的作用，当社会规范向不遵从倾斜变化时，税收遵从意愿不断减少，直至几乎下降到零。并且个体对自己行为的标准（个人规范）和对亲近他人期望的认知（主观规范）直接影响了税收遵从决策。一般社会期望的认知（指令性规范）和他人实际行为（描述性规范）只对纳税合规行为产生了间接影响。此外，社会规范比路径分析中包含的任何其他控制变量如检测风险、公平认知，具有更大效应的影响力。

（4）个人特质。纳税人的个人特质也会对其税收行为及税收产生影响。Mu 等人（2023）结合埃塞俄比亚阿姆哈拉地区的税务研究发现，心理利己主义与税收征收效率呈负相关。[①] 更有实证研究表明，与国旗的接触能够增强个体的国家认同感，从而减少逃税行为。然而，目前研究税收遵从行为的心理变量较多地集中在社会规范、税收态度、税收内驱力等社会心理学关注的变量，关注纳税人个体特质对税收遵从行为影响的文献较少，未来财税心理学研究可给予更多的关注。

三 纳税人与税务系统中其他主体的关系

税收遵从是一个复杂的决策，纳税人的行为不能仅仅用纯粹的经济因素，比如负面制裁的威慑作用来解释，财税心理学还强调了不同行为者之间的相互作用的因素。在征税纳税领域，涉及各种行为者，他们依赖于互动环境而进行相互作用。这些"行为者"包括纳税人、税务从业者、税务机关以及政府，如图 11—2 所示。纳税人的税收遵从行为取决于其对税务从业者、税务机关和政府活动的概念和判断，以及个人自身的价值观、个人规范、其他人格特征和情境因素。税务从业者会根据自己对税务机关和纳税人的看法来指导他们的工作。税务机关在国家授权下行事，他们的行动是基于对政府、税务从业者和纳税人的概念和判断。最后，政府通过法律和制度，特别是通过税法和税务机关来规范公民和公司的行为。

1. 纳税人与税务从业者的关系

税务从业者指的是受雇的专业个人或公司成员，提供税务问题方面的协助（在某些情况下，一些律师会提供无偿服务）。文献中使用了各种不同的术语来描述税务从业者——税务顾问、税务代理人、

[①] Mu, Renyan, Nigatu Mengesha Fentaw and Lu Zhang., "Tax Evasion, Psychological Egoism, and Revenue Collection Performance: Evidence from Amhara Region, Ethiopia", *Frontiers in Psychology*, Vol. 14, 2023.

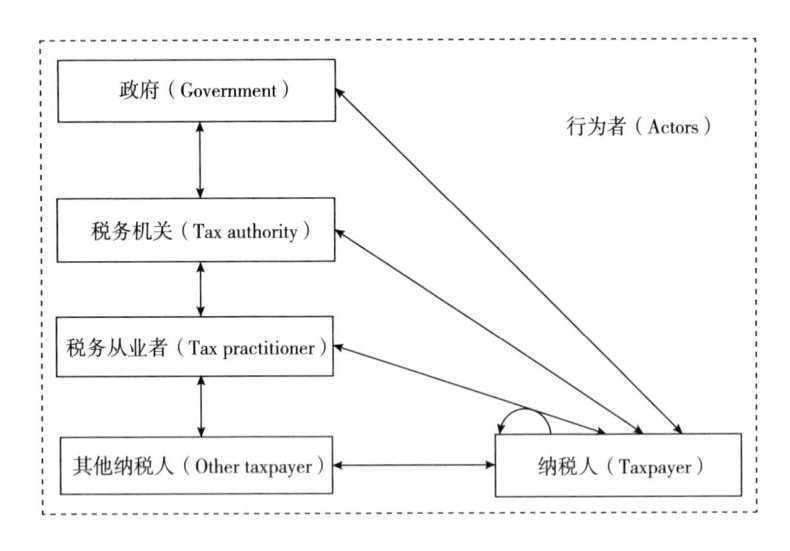

图 11—2　税收环境中的行动者

税务中介、税务律师、税务会计师等，日益复杂的税收制度使得理解如何正确完成纳税申报表变得越来越困难和耗时，纳税人通过雇佣税务从业者正确完成报税，从而不太可能受到税务机关的惩罚和审计，同时最大限度地减少纳税义务。目前的研究集中在信任和权力感知在纳税人雇佣税务从业者的决定中的作用。一方面，纳税人的信任和权力感知可能会影响其雇佣税务从业者的决定，如果纳税人感到被起诉的可能性越大，他们就越有可能雇佣税务从业者，并将其用作自己与税务机关之间的缓冲；另一方面，雇佣税务从业者可以让纳税人更多感知到税务机关的合法权力而非强制性权力来增强纳税人对税务机关的信任。

2. 纳税人与税务机关的关系

税务机关往往是最需要关注的，因为税务机关是与纳税人直接接触、提供服务、实施管制和处罚的机构。纳税人与税务机关之间建设性的、高度专业的关系，对于税收遵从至关重要。当税务机关受到纳税人信任时，其权力被认为是合法的，自愿的税收遵从行为将占据上风；相反，当税务机关不被信任时，他们的权力被认为是强制性的，虽然审计和惩罚的措施在一定程度上可以提高税收遵从，但是如果纳税人感到不公平对待，他们仍然可能会利用一些合法方法来减少税收义务。

在存在稽查和审计的情况下，纳税人与税务机关的工作人员之间的互动公平也会对纳税人的行为产生重要的影响。互动公平是公平的第三个维度，包括两个方面：（1）人际公平，即人际对待的程度，包括礼貌、尊严和尊重；（2）信息公平，即向个人提供信息的充分性。研究发现，当纳税人打电话向税务机关咨询申报表内容时，接线员的话语粗鲁且不尊重，纳税人之后报告的税收遵从意愿就会较低，这说明负面的互动公平（对从税务人员那里得到的服务不满意）对纳税遵从行为有消极影响。

纳税人与税务机关的相互关系简单地理解可以划分成两类，一类是"警察与小偷"方式。在通常用于分析税收遵从行为的传统"执法"范式中，纳税人被视为潜在的犯罪分子，重点是通过频繁的审计和严厉的处罚来抑制非法行为，这更多的是一种强制型税收遵从行为。这种方式的基本理论模型都始于 Becker（1968）提出的犯罪经济学模型：一个理性的人被看作是最大化逃税赌博的预期效用，权衡成功欺骗的预期收益与被发现和惩罚的风险前景。[①] 从这种方法中得出的标准结论是，"守法取决于执法"，个人纳税是因为担心被发现后惩罚的经济后果，税务机关的威慑力和强制力是税收遵从的唯一重要因素。而在这样的行为模式下，逃税的决策更多会取决于被审计的概率、罚金税率等。另一类是"服务与客户"方式。此方式不同于创造一种威慑和不信任的气氛导致纳税人的负面态度的"警察与小偷"方式，"服务与客户"方式主张税务机关应该尊重纳

---

① Becker, Gary S., "Crime and Punishment: An Economic Approach", *Journal of Political Economy*, Vol. 76, No. 2, 1968.

税人，提供服务，并且允许纳税人的适当参与。这种模式既承认了执法的作用，也强调了税务管理作为纳税人的服务提供者的作用。这种方式是基于假定纳税人在理解税法并认为税法及纳税程序是公平公正的情况下，还会自愿进行缴纳相应的税收额度。因此，在这种关系下，纳税人表现出更多的自愿型税收遵从行为。这样的行为又能增加纳税人对税务机关及相关的权力机关的信任，从而形成一个正向的良性循环。

关于提倡以服务为导向的纳税人与税务机关的关系，主要有以下三种不同解释的理论，分别是回应性监管理论（Braithwaite, 2003）、多结构取向理论（Alm and Torgler, 2011）以及滑坡框架理论（Kirchler et al., 2008）。这三个关于税收行为的理论框架研究表明，服务导向是税务机关提高税收遵从性的有前途的策略。虽然三个框架的主要思想是通过支持那些愿意支付公平份额的纳税人来提高税收遵从行为，但这些理论之间也存在着一些差异。

（1）回应性监管理论。该理论主张市场监管的多元性，应该采取政府和非政府混合干预的回应性监管模式。受到回应性监管理论的启发，澳大利亚税务局建立和完善了税收遵从的模型来确保澳大利亚税收制度的可持续性。如图11—3所示，税务机关应首先考虑运用教育或自我监管等"软"措施，在必要时才使用惩罚来实现其监管目标。基于回应性监管措施，Braithwaite（2003）研究了纳税人对税收制度及税务机关的动机差异，认为税务机关在选择适当的策略与工具之前需要评估个别纳税人的动机姿态，并采取合适的遵从策略。处理对纳税具有负面动机（抵抗、摆脱）的纳税人的那些有意和重复的逃税行为时，税务机关应该使用上层的强制性措施；但另一方面，税务机关应教育、协助和支持有正面动机（承诺、屈从）的纳税人，提供获取信息的渠道以及向纳税人解释选择中的各个选项，使报告更加便利。

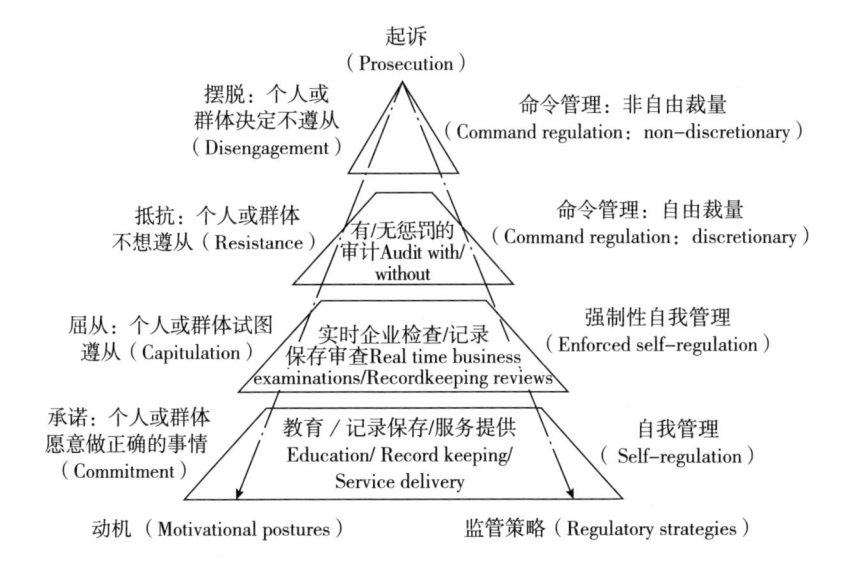

图11—3 澳大利亚税务局税收遵从金字塔模型

（2）多结构取向理论（Alm et al., 2011）。该理论区分了税收执行的三种不同的范式：传统的强制执法范式，信任范式以及服务范式。① 传统的强制执法范式一般会应用经典的"威慑"工具，比如：频繁的审计，高额的惩罚以及第三方信息的利用。信任范式强调了道德在税收遵从行为中的重要性，认为政府应该采取措施改变"纳税文化"，比如通过大众媒体的宣传，强调税收支付和公共服务之间的关系；号召各类组织促进守法，让人们看到纳税是被接受的、合乎道德的行为模式，并解决人们感受到的不公平待遇。服务范式既承认了强制执法的作用，也认为税务管理应该起到政府为纳税人提供服务的作用，比如通过提供电话咨询服务，或者网页服务，以及简化税法和税收流程等方式。这样的一种服务导向的方式会减少

---

① Alm, James and Benno, Torgler, "Do Ethics Matter? Tax Compliance and Morality", *Journal of Business Ethics*, Vol. 101, 2011.

纳税人的纳税负担，减少他们遵从税法的代价，因为就税法而言，最强大的成本驱动因素是法规的可理解性、连贯性和信息含量。实证研究也证明了这一观点，如果将纳税人的这些纳税决策"复杂化"，纳税义务的不确定性会导致被试纳税报告的符合率较低，如果在此基础上提供税务机关的"信息服务"，使他们能够更容易地计算其纳税义务，就会增加报告的符合率。

（3）滑坡框架理论（Kirchler et al., 2008）。该理论将经济和社会心理因素整合到一个综合框架中，该框架具有两个维度：税务机关的权力和对税务机关的信任，如图11—4所示。税务机关的权力被定义为税务机关实施威慑措施的能力。对税务机关的信任源于纳税人对公平的认识、普遍的规范、态度以及税务机关为纳税人提供的服务。在总体层面上，这两个维度定义了税务机关和纳税人之间的交互氛围，从而导致了强制型遵从行为或自愿型遵从行为。实证研究支持了税务机关的权力和可信任度影响了不同种类的遵从行为。当纳税人对税务机关的信任度高时，纳税人会形成自愿型税收遵从行为，从而形成"服务与客户"的关系，税收征管氛围是协同的。有学者进一步区分认为，服务型氛围是一种积极的、基于相互尊重和合作的税务机关和纳税人之间的关系，税务机关的合法性权力（比如，基于专家性的权力，有价值的标准的沟通和信息）导致了纳税人的信任，因而增加了自愿型税收遵从行为；信心型氛围是一种税务机关和纳税人之间的内隐信任，比如一种自发的信任，导致了纳税人认为税收遵从行为是一种道德上的责任，从而表现为自愿型遵从行为。而当纳税人因为税务机关的强制执法而被迫交税时，税收征管氛围是敌对的，表现为强制型遵从行为。在强制遵从的情况下，法律强制可能是有效的，而在自愿合作的情况下，税收的社会表征，包括主观税收知识、态度、规范和公平，发挥作用。滑坡框架理论的基本假设已经在许多具有不同文化和经济背景的国家得到了实证证实。滑坡框架理论不仅提供了一个理解税收遵从研究的概念框架，而且还作为一个可操作的政策工具来设计监管策略，使税收遵从可以通过增加权力或建立值得信赖的关系来实现。

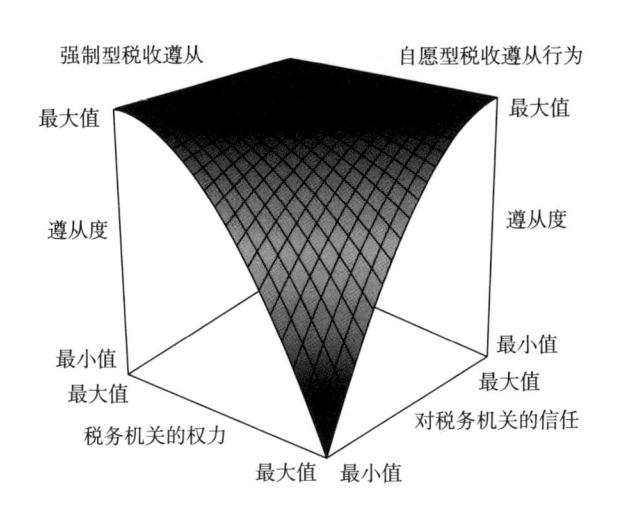

图11—4 滑坡框架模型

3. 纳税人与政府的关系

纳税人与政府关系的研究主要集中在公民对政府行为的信任和公平感知对税收遵从行为的影响。信任和感知公平是理解公民税收遵从行为的关键因素，互动的方式也决定了参与各方之间的契约关系，契约关系又塑造了纳税内驱力，从而影响了税收遵从的意愿。纳税人对政府的分配公平和程序公平的感知会影响他们的逃税行为。分配公平涉及纳税人的税收负担和政府提供的公共产品，如果公民认为税收负担和利益在个人、群体和整个社会之间的分配是公平的，那么他们就会更愿意遵守税收法律法规；程序公平涉及税收征收和资源分配的过程。经研究发现，程序公平会让追随者产生积极的态度和合作行为。当个人认为政府实施的规则是公平的时，程序公平被认为是高的，纳税遵从行为就会增加。

第三节 财税心理学的方法论

财税心理学作为经济心理学的一个分支学科，经济心理学的研究方法也同样适用于财税心理学。经济心理学的研究方法主要包括两大类别：定性研究方法和定量研究方法。定性研究方法通常通过从被试或观察者那里提取主观信息来理解和解释人类行为，主要包括了深度访谈（Hillenbrand et al.，2019）、焦点小组（Enachescu et al.，2019）、内容分析（Karim et al.，2023；Lozza and Castiglioni，2018）等。定性研究方法一般运用于研究过程的初始阶段，可以帮助发展概念，产生丰富的观察结果，了解概念与行为之间的联系，并为定量数据分析打下可行的基础。然而定性研究有一定的局限性，包括研究数据的主观性、测量的非系统化和结论的非普适性。定量研究方法主要运用在研究的后期阶段，它不仅可以使用标准化的量表进行测量，还可以通过实验室实验、现场实验、认知神经科学技术的方法得到更加客观的数据，观察到真实的行为，控制其他潜在的混淆（共变）变量来检验相关关系或因果关系的假设，从而得到更加普适可靠的结论。总体来说，财税心理学的研究方法主要有以下四种。

一 问卷调查法

问卷调查法是指通过要求受访者进行自我报告，以定量方式测量他们与税收相关的行为、态度和信念。它是收集定量数据的一种经济有效的方法，并能快速得到税务行为与社会人口变量、态度、情绪和个性等变量之间的相关关系。同时，它使用了经过验证后的标准化的可用于测量税收遵从的量表（如：测量税收遵从行为的量表 A，测量感知的财税牺牲度的量表 B），使不同研究之间的结果可以进行比较。但是问卷调查法的有效性是有限的，因为自我报告的方法会受到受访者记忆有效性、税法知识和"社会赞许效应"的影响，从而使受访者在问卷调查中报告出与自己的实际税收决策不一致的态度和归因。

二　实验法

1. 实验室实验法

近年来，实验室实验在税收研究中得到了越来越多的应用。研究者在实验室中试图创建纳税人在现实世界中所作决策的简化版本。被试通过完成任务来赚取"收入"，并被要求向税务机关或其他形式的公共机构申报，且决策的各个方面（任意惩罚的大小，返还的税收金额，可见性等）都可以被操纵，并且可以精确地测量其效果。比如，Grundmann 和 Lambsdorff（2017）通过"滑块任务"让不同被试在每一轮赚取不同的收入，来研究不同水平的劳动收入如何影响纳税内驱力。Enachescu 等（2021）使用短视频和背景音乐，诱导被试产生不同的情绪（快乐、愤怒、恐惧），研究偶然情绪对税收游戏中被试的税收遵从度的影响。

实验室实验法相较于问卷调查法，可以直接观察到行为，且保证良好的内部效度，去探讨有关自变量和因变量的因果关系。尽管有这些优势，研究者们对实验室实验较差的外部有效性提出了批评。实验室实验缺乏生态有效性的四个方面主要体现在：实验情境的人为性、审计惩罚的低风险、学生被试的使用，以及将实验室干预措施转移到现实世界的挑战。相对地，现场实验法克服了将研究转化为实践的问题，被认为具有最高的外部有效性，从而得到越来越多研究者的关注。

2. 现场实验法

与实验室实验相比，现场实验允许研究人员在现实环境中调查税收决策，增加了结果的外部有效性，现场实验也有助于理解真实的纳税行为和税收政策。除了较高的外部有效性之外，现场实验还具有其特殊的优势：第一，现场实验与政府或税务机关一起合作进行，其调查结果基于实际审计数据，更加真实客观；第二，纳税人没有意识到他们参与了一项研究，可以排除可能影响实验室实验的"实验者效应"。

尽管现场实验具有这些优势，但在税收研究中实施得相对较少，可能的原因是现场实验的成本高、开展难度大以及信息安全性等问题。具体而言，首先是相对于实验室实验和问卷调查法，现场实验的成本高和难度大，研究人员必须投入时间来确定合作伙伴，建立关系，了解背景，并发现开展研究的最佳机会。其次，政府和税务机关事实上较少参与税务研究项目，企业可能会担心披露太多有关其流程的信息而拒绝参与。

三　计算建模法

计算建模法可以借助计算机模拟平台，直观地描绘个体的互动过程和宏观现象，并模拟长时间的作用过程。它与问卷调查法、实验法的实证研究结果相互交叉验证，可以更加精确地检验结论的可靠性。计算建模法中一种常见的方法为基于主体的建模方法（Agent based modeling，ABM）。与传统的建模方法相比较，ABM方法突破了单层次、单视角的局限。ABM允许以直接方式分析大量相互作用的异质主体的税收遵从行为，通过同时纳入政府的各种政策参数，赋予每个个体关于收入、风险规避等的不同属性集，直接观察到个体行为后果对集体水平上总体特征的改变。因为税收可以视为一个生态系统，由纳税人、税务审计人和税务执法者等异质行为者组成，主体之间进行合作、竞争和与环境的互动，每个人都是独一无二的，对收入、税率、风险规避等保持不同的价值观念。比如，Bloomquist（2006）开发的税收遵从模拟器检验了不同执法制度下的纳税假设，测试的参数包括纳税人口对逮捕率、罚款率、收入可见性、审计效能和执行速度的变化和反应，并发现，基于审计的威慑受到社会网络的影响：代理人的社会网络越大，即代理人拥有的邻居越多，社会的税收遵从率就越大[1]。有学者在 ABM 模型中将回溯审计和老龄化结合起来进行分析，允许模型对审计概率做出比传统效用函数更现实的假设，并将心理学研究结果与纳税人生命周期中社会规范的更新结合起来。ABM 法可以以一种相当直观的方式分析逃税动态，为监管者在政策实施前对干预措施进行设计和测试，检验其潜在有效性。同时，ABM 对心理学研究中多而模糊的变量以参数形式进行精确、低成本的控制，对改善重复性危机具有重要作用。但是，ABM 和其他计算建模方法一样，是基于理论框架和参数进行研究的，缺乏外部有效性。

四 信息过程加工法

然而，上述传统的以结果为中心的实验通常不能提供有关潜在决策过程的信息，也不能解释个体之间加工策略的差异。随着科技与网络信息技术的发展，为了研究决策背后的隐性认知过程与显性信息获取之间的关系，研究者们通过应用过程跟踪方法进行信息过程加工，常见的方法有鼠标跟踪、眼动追踪和认知神经技术（如功能磁共振、正电子发射断层扫描、脑电图）。认知神经科学被视为21 世纪的领头学科，同时也是代表当前心理学最先进研究理念和最高研究水平的一种研究范式（曾祥炎，2013）。

检查神经活动可以直接测量人类的思想和感受，通常比单独使用行为测量能更好地预测结果。Gangl 等（2016）使用了测量脑电图活动的实验，了解人们对税务机关的看法如何影响税收系统中的合作，发现强制性权威导致了更少的税收遵从、更快的决策；合法性权威导致认知控制的增强（表现为 MFN：multiplicative filter network

---

[1] Bloomquist, Kim M., "A Comparison of Agent-Based Models of Income Tax Evasion", *Social Science Computer Review*, Vol. 24, No. 4, 2006.

振幅的增加）和注意力加工的中断（表现为 P300 振幅的下降），从而引入自我利益和社会利益之间的复杂冲突，更可能解释纳税内驱力产生的更多自愿型税收遵从。[①] 但是，认知神经科学技术目前所达到的水平并不能满足脑与意识研究的要求。如果要观察与知觉、注意、思维、决策等意识活动相关的大脑动态过程，就必须将这些技术的时间分辨率提高到毫秒级（曾祥炎，2013）。

关于方法论的问题，税收行为可采用多种不同的研究方法来进行研究，每种方法都有其优点和缺点。信息过程加工的方法更是提供了有关潜在决策过程的信息，更好地理解个体决策过程的差异，可能有助于改进现有的关于税收行为的理论。

第四节 财税心理学的研究展望

财税心理学，作为经济心理学的一个分支，归属于实证科学范畴，主要采用定量研究方法。作为实证科学的一环，它广泛应用问卷调查法、实验法、计算建模法以及信息过程加工等研究手段。特别是实验法，不仅能够探究因果关系，也对心理学领域做出极为重要的贡献（辛自强，2014）。信息过程加工法更是开启了探索财税行为背后动机、认知过程及相关脑神经机制的大门。通过这些多样化的研究方法，财税心理学深化了对财税行为心理机制的理解，揭示了个体及企业纳税人的关键因素和理论基础。

经过了近七十年的发展，财税心理学从心理学角度审视了研究财税的心理变量（动机、态度和知识）、纳税行为（遵从与不遵从行为）以及纳税人与税务系统中的其他主体的互动关系。研究显示，

[①] Gangl, Katharina, Benno Torgler, and Erich Kirchler., "Patriotism's Impact on Cooperation with the State: An Experimental Study on Tax Compliance", *Political Psychology*, Vol. 37, No. 6, 2016.

第十一章 财税心理学的历史、发展与方法论

公众对税收的知识水平较低时，税收遵从行为通常也较低。理论解释方面，主要运用了期望效用理论、前景理论和查询理论等，这些理论都是经济心理学中的关键理论，被应用于分析财税行为。同时，财税心理学中的税收行为与社会心理学中的社会困境问题的合作行为有着本质上的共通性，因此社会困境的研究成果也对理解税收行为有着重要的参考价值。与此同时，在对纳税人与税务系统中其他主体的关系研究中，重心研究纳税人与税务机关的关系模式。通过反应规范取向理论、多结构取向理论和滑坡框架理论阐述互动关系因素对税收行为的影响。

尽管财税心理学为理解个体和企业税收行为提供了深刻的见解，但研究存在一定的局限性，包括研究内容上的相对局限、研究对象的比重失衡，以及研究数据来源片面。目前，财税心理学研究主要集中在个人所得税领域，对其他税种如财产税、销售税、房产税的研究相对较少。大多数研究关注于个体纳税人，从而对企业纳税行为和税务机关的行为的研究不足。此外，现有研究数据大多来源于西方国家，缺乏来自发展中国家，特别是中国的研究数据和文献。本节回顾了财税心理学的发展过程和研究方法特点，旨在为我国财税心理学研究的方向和构建提供指导和新视角。

未来，鼓励国内心理学者更多参与财税心理学领域的研究，以心理学视角探索与公共财政、个体与税收行为相关的表现，深入理解个体对财税政策的心理反应。通过个体行为的视角能够更加有效地了解个体财税行为的变化动态，特别是从税收遵从行为出发，为财税政策的制定提供理论指导。国内财税心理学的研究应着重于了解公民对税收的心理变量（对税的态度、纳税内驱力），关注税收遵从行为的现状和心理机制及影响因素，尤其是中国的纳税人与税务系统中其他主体的关系模式和特征。尽管国内财税心理学还有很长的路要走，但这些探索将为构建具有中国特色财政政策理论与实践政策体系作出贡献。

参考文献

［美］弗兰克·H. 奈特：《风险、不确定性与利润》，安佳译，商务印书馆 2010 年版，第 189 页。

［美］格来哲·摩根、［美］麦克斯·亨利昂、［美］米切尔·斯摩：《不确定性》，王红漫译，北京大学出版社 2011 年版。

［英］亚当·斯密：《国富论（下）》，郭大力、王亚楠译，译林出版社 2011 年版，第 361 页。

白重恩、毛捷：《公共财政视角下的税式支出管理与预算体制改革》，《中国财政》2011 年第 2 期。

白雪梅：《教育与收入不平等：中国的经验研究》，《管理世界》2004 年第 6 期。

白彦锋、李泳禧：《财税政策与能源绿色低碳转型：回顾与展望》，《财政监督》2022 年第 14 期。

蔡玉梅、顾林生、李景玉等：《日本六次国土综合开发规划的演变及启示》，《中国土地科学》2008 年第 6 期。

曹廷求、杨秀丽、孙宇光：《股权结构与公司绩效：度量方法和内生性》，《经济研究》2007 年第 10 期。

陈斌开、张鹏飞、杨汝岱：《政府教育投入、人力资本投资与中国城乡收入差距》，《管理世界》2010 年第 1 期。

陈纯槿、郅庭瑾：《教育财政投入能否有效降低教育结果不平等——基于中国教育追踪调查数据的分析》，《教育研究》2017 年第 7 期。

陈德球、陈运森、董志勇：《政策不确定性、税收征管强度与企业税收规避》,《管理世界》2016 年第 5 期。

陈根、刘盛瑞、尹世友:《城市低碳环保的公共政策探讨》,《中国战略新兴产业》2018 年第 12 期。

陈剑慧、罗海胜、张亚:《对我国政府绿色采购的建议》,《中国政府采购》2020 年第 12 期。

陈敬安、樊光义、易成栋:《住有所居的实现与深化:"房住不炒"的浙江方案》,《学习与实践》2022 年第 4 期。

陈燕宁:《税收优惠对企业研发投入的激励效应评价——基于倾向评分匹配法的实证分析》,《商业会计》2021 年第 14 期。

崔惠玉、张威:《税式支出估算方法的国际比较》,《财政研究》2005 年第 11 期。

邓子基、杨志宏:《财税政策激励企业技术创新的理论与实证分析》,《财贸经济》2011 年第 5 期。

刁保圣、顾欣、冯琰磊:《大规模二氧化碳捕集及综合利用示范》,《锅炉技术》2021 年第 6 期。

董莹:《争当绿色发展"先行者"做好绿色采购"模范生"》,《政府采购信息报》2022 年第 8 期。

杜黎明:《主体功能区配套政策体系研究》,《开发研究》2010 年第 1 期。

樊继达:《政府转型、财税政策创新与主体功能区建设》,《新视野》2011 年第 6 期。

樊轶侠、徐捷:《发达国家所得税研发激励政策的新趋势及启示》,《经济纵横》2021 年第 1 期。

范子英:《财政转移支付与人力资本的代际流动性》,《中国社会科学》2020 年第 9 期。

冯海波:《区域发展的主体功能定位与税收制度安排》,《税务研究》2011 年第 7 期。

高培勇、毛捷:《间接税税收优惠的规模、结构和效益:来自全国税收调查的经验证据》,《中国工业经济》2013年第12期。

高跃光、范子英:《财政转移支付、教育投入与长期受教育水平》,《财贸经济》2021年第9期。

高志立等:《财政风险及其构成内容的理论分析》,《财政研究》2001年第2期。

谷世宏:《政府绿色采购制度的国际借鉴与完善研究》,《中国科技纵横》2013年第18期。

韩琳:《政府绿色采购发展 路在何方》,《中国政府采购》2018年第5期。

韩琳:《我国政府绿色采购发展的现实困境与政策建议》,《中国市场》2018年第25期。

胡锋:《财政赤字率和政府收入赤字率研究》,《经济与管理研究》2010年第1期。

胡丽君:《绿色政府采购的国际经验及对我国的启示》,《行政事业资产与财务》2020年第2期。

胡士春、严建中、高玮:《支持江苏绿色发展的财政政策研究》,《财政科学》2019年第2期。

黄达:《议财政、金融和国有企业资金的宏观配置格局》,《经济研究》1995年第12期。

贾俊雪:《中国税收收入规模变化的规则性、政策态势及其稳定效应》,《经济研究》2012年第11期。

贾俊雪、郭庆旺:《市场权力、财政支出结构与最优财政货币政策》,《经济研究》2010年第4期。

贾康:《推动我国主体功能区协调发展的财税政策》,《经济学动态》2009年第7期。

姜爱华、高锦琦:《优化采购需求管理 落实绿色采购政策》,《中国招标》2022年第6期。

姜爱华、张鑫娜:《强化采购人主体责任,加快建立现代财政制度》,《中国招标》2020年第8期。

姜桂兴、程如烟:《我国与主要创新型国家基础研究投入比较研究》,《世界科技研究与发展》2018年第6期。

焦长权、董磊明:《迈向共同富裕之路:社会建设与民生支出的崛起》,《中国社会科学》2022年第6期。

金雪军、钟意、王义中:《政策不确定性的宏观经济后果》,《经济理论与经济管理》2014年第2期。

李露凝、孔繁灏、戴特奇等:《德国国土空间开发经验与启示》,《亚热带资源与环境学报》2018年第2期。

李梅霞:《国内外三次采油现状及发展趋势》,《当代石油石化》2008年第12期。

李萌、郑洲、刘丽颖等:《二氧化碳驱油技术在三次采油工艺中的应用》,《化工管理》2021年第17期。

李文倩等:《政府采购促进制造业绿色发展的思考与建议》,《中国投资(中英文)》2021年ZB期。

李烨、焦怡雪、高恒、张璐:《我国保障性住房建设情况与特征研究》,《城市发展研究》2020年第7期。

李振、王秀芝:《从公共支出效率看地方财政风险——基于中国239个地级市面板数据的经验分析》,《财政研究》2020年第12期。

李政、张东杰、潘玲颖等:《"双碳"目标下我国能源低碳转型路径及建议》,《动力工程学报》2021年第11期。

林锦屏、张豪、冯佳佳等:《德国国土空间规划发展脉络与贡献》,《云南大学学报》(自然科学版)2022年第5期。

刘斌:《油气田企业推进CCUS技术应用面临的挑战及对策》,《石油科技论坛》2022年第4期。

刘秉镰、边杨、周密等:《中国区域经济发展70年回顾及未来展望》,《中国工业经济》2019年第9期。

刘畅、李德华:《〈民法典〉合同编视野下的政府绿色采购》,

《中国招标》2020年第7期。

刘大伟：《教育改善贫困的证据：基于微观社会调查的实证分析》，《教育研究》2020年第4期。

刘锋、敖细平：《完善绿色采购机制 让绿色发展落到实处》，《中国招标》2022年第6期。

刘复兴：《教育与共同富裕——建设促进共同富裕的高质量教育体系》，《教育研究》2022年第8期。

刘慧、樊杰、李扬：《"美国2050"空间战略规划及启示》，《地理研究》2013年第1期。

刘蓉：《税式支出的经济分析》，西南财经大学出版社2000年版。

刘尚希、焦建国：《转轨经济背景下的财政—货币政策协调》，《管理世界》2000年第2期。

刘焱、郑孝玲：《关于普惠性学前教育公共服务属性定位的探讨》，《教育研究》2020年第1期。

刘钻扩、张艺涵、姜昱帆：《财税政策对物流企业GTFP的影响——基于税式支出与财政补贴的对比分析》，《财经问题研究》2023年第6期。

楼继伟：《税式支出理论创新与制度探索》，中国财政经济出版社2003年版。

吕汉阳：《探讨完善国家绿色政府采购制度》，《中国招标》2018年第12期。

马冰：《世界各国与碳捕获和地质封存（CCS）相关的126项法律/政策/标准一览表》，《中国地质》2022年第4期。

马海涛、郝晓婧：《中央和地方财政事权与支出责任划分研究——以公共教育领域为例》，《东岳论丛》2019年第3期。

马英芳：《公共采购绿色信息化平台建设思路》，《中国物流与采购》2019年第11期。

缪小林、史倩茹：《经济竞争下的地方财政风险：透过债务规模看财政效率》，《财政研究》2016 年第 10 期。

南锡康、靳利飞：《落实"两山"理论的主体功能区配套政策研究》，《中国国土资源经济》2020 年第 8 期。

潘海霞：《日本国土规划的发展及借鉴意义》，《国外城市规划》2006 年第 3 期。

庞晓华：《埃克森美孚：发展 CCS 业务时机已到》，《中国石油和化工产业观察》2021 年第 4 期。

彭雪婷、吕昊东、张贤：《IPCC AR6 报告解读：全球碳捕集利用与封存（CCUS）技术发展评估》，《气候变化研究进展》2022 年第 5 期。

钱伯章：《二氧化碳驱油大有可为》，《中国石化》2010 年第 4 期。

秦阿宁、吴晓燕、李娜娜等：《国际碳捕集、利用与封存（CCUS）技术发展战略与技术布局分析》，《科学观察》2022 年第 4 期。

秦伟：《二氧化碳驱提高采收率技术及应用》，《科技与企业》2016 年第 2 期。

邱泰如：《对政府绿色采购对策的探讨》，《上海市经济管理干部学院学报》2016 年第 6 期。

戎素梅、张宇航：《天津政府采购迎来发展新契机》，《中国政府采购报》2013 年第 3 期。

施青军：《我国当前财政风险分析》，《财政研究》2000 年第 8 期。

孙义、姚明明、单晓宇：《关于我国开展绿色采购试点建设的建议》，《中国政府采购》2022 年第 5 期。

汤二子：《中国企业研发创新与出口贸易的税式补贴研究》，《中央财经大学学报》2022 年第 3 期。

汪德华等：《税式支出核算方法的国际经验与启示》，《国际税收》2014年第11期。

汪虎生：《基于效率优化的税式支出制度建设研究》，《税务研究》2020年第1期。

王超：《创新财务金融工具赋能中国能源化工行业低碳转型》，《当代石油石化》2022年第6期。

王国龙、袁长青：《陕西白河：推进政府绿色采购再加码》，《中国政府采购报》2021年第8期。

王继源、胡国良：《发挥财政资金撬动作用，积极促进保障性租赁住房发展》，《中国发展观察》2021年第23期。

王立勇：《构建可持续的政府债务体系》，《中国社会科学报》（经济学版）2020年第1期。

王立勇：《加强财政政策和货币政策的协调配合》，《财政科学》2022年第11期。

王立勇、纪尧：《财政政策波动性研究的国际动态》，《经济学动态》2015年第10期。

王立勇、纪尧：《财政政策波动性与财政规则：基于开放条件DSGE模型的分析》，《经济研究》2019年第6期。

王琪：《实施差别化财政政策 推进主体功能区建设》，《宏观经济管理》2008年第7期。

王玺、刘萌：《研发费用加计扣除政策对企业绩效的影响研究——基于我国上市公司的实证分析》，《财政研究》2020年第11期。

卫舒羽、肖鹏：《税收优惠、财政补贴与企业研发投入——基于沪深A股上市公司的实证分析》，《税务研究》2021年第5期。

吴开俊、周丽萍：《进城务工人员随迁子女义务教育财政责任划分——基于中央与地方支出的实证分析》，《教育研究》2021年第10期。

谢敏、张丽君：《德国空间规划理念解析》，《国土资源情报》2018年第7期。

解学智、史耀斌、张天犁等：《关于建立科学规范的税式支出制度的思考》，《财政研究》2003年第6期。

辛自强：《经济心理学的历史、现状与方法论》，《北京师范大学学报》（社会科学版）2014年第1期。

徐婷、杨震、周体尧等：《中美二氧化碳捕集和驱油发展状况分析》，《国际石油经济》2016年第4期。

杨得前、刘仁济：《税式支出、财政补贴的转型升级激励效应——来自大中型工业企业的经验证据》，《税务研究》2017年第7期。

杨海生、聂海峰、陈少凌：《财政波动风险影响财政收支的动态研究》，《经济研究》2014年第3期。

杨蔚林、张昆：《"双碳"目标下对我国政府采购发展的建议》，《中国政府采购》2021年第12期。

俞光远：《正确认识和把握企业所得税优惠及其过渡措施》，《新视野》2008年第1期。

曾祥炎：《现代心理实验技术的发展与应用》，《心理技术与应用》2013年第1期。

张成思、孙宇辰、阮睿：《宏观经济感知、货币政策与微观企业投融资行为》，《经济研究》2021年第10期。

张晋武、齐守印：《税收优惠预算控制初探》，《财政研究》1988年第1期。

张贤、李阳、马乔等：《我国碳捕集利用与封存技术发展研究》，《中国工程科学》2021年第6期。

张欣杰：《海南绿色政府采购制度实践与完善》，《地方财政研究》2019年第6卷。

张亚欧：《绿色经济背景下政府绿色采购研究——评〈绿色采购

管理〉》，《生态经济》2020年第9期。

赵士振：《CCUS技术：将环境杀手变成环保卫士》，《中国石化》2012年第5期。

赵晔：《为完善政府绿色采购提几点建议》，《中国政府采购报》2021年第3期。

中国财政科学研究院2022年"地方财政经济运行"课题组等：《多重不确定性下的风险权衡与对冲——2022年"地方财政经济运行"调研总报告》，《财政研究》2023年第3期。

《中国政府采购》采编部：《两会代表谈政府采购》，《中国政府采购》2023年第3期。

钟开斌：《重大风险防范化解能力：一个过程性框架》，《中国行政管理》2019年第12期。

朱军：《中国财政政策不确定性的指数构建、特征与诱因》，《财贸经济》2017年第10期。

Abdulla, Ahmed, et al., "Explaining Successful and Failed Investments in US Carbon Capture and Storage Using Empirical and Expert Assessments", *Environmental Research Letters*, Vol. 16, No. 1, 2020.

Alesina, Alberto, and Guido Tabellini, "Positive and Normative Theories of Public Debt and Inflation in Historical Perspective", *European Economic Review*, Vol. 36, No. 2-3, 1992.

Allingham, Michael G. and Agnar Sandmo, "Income Tax Evasion: A Theoretical Analysis", *Journal of Public Economics*, Vol. 1, No. 3-4, 1972.

Alm, James, and Benno, Torgler, "Do Ethics Matter? Tax Compliance and Morality", *Journal of Business Ethics*, Vol. 101, 2011.

Alm, James, Gary H. McClelland, and William D. Schulze, "Why Do People Pay Taxes?", *Journal of Public Economics*, Vol. 48, No. 1, 1992.

参考文献

Alm, James, Kim M. Bloomquist and Michael McKee, "When You Know Your Neighbour Pays Taxes: Information, Peer Effects and Tax Compliance", *Fiscal Studies*, Vol. 38, No. 4, 2017.

Anderson, Jeffrey J., et al., "A Techno-Economic Assessment of Carbon-Sequestration Tax Incentives in the US Power Sector", *International Journal of Greenhouse Gas Control*, Vol. 111, 2021.

Angrist, Joshua D., and Alan B. Krueger, "Does Compulsory School Attendance Affect Schooling and Earnings?", *The Quarterly Journal of Economics*, Vol. 106, No. 4, 1991.

Arestis, Philip, and Malcolm Sawyer, "A Critical Reconsideration of the Foundations of Monetary Policy in the New Consensus Macroeconomics Framework", *Cambridge Journal of Economics*, Vol. 32, No. 5, 2008.

Baker, Scott R., Nicholas Bloom, and Steven J. Davis, "Measuring Economic Policy Uncertainty", *The Quarterly Journal of Economics*, Vol. 131, No. 4, 2016.

Becker, Gary S., "Crime and Punishment: An Economic Approach", *Journal of Political Economy*, Vol. 76, No. 2, 1968.

Bernanke, B., "The Financial Accelerator in a Quantitative Business Cycle Framework", *Handbook of Macroeconomics/Elsevier*, 1999.

Bernanke, B., "What Tools Does the Fed Have Left? Part 3: Helicopter Money", *Brookings Blogs*, Vol. 11, No. 4, 2016.

Bernanke, Ben S., and Frederic S. Mishkin, "Inflation Targeting: A New Framework for Monetary Policy?", *Journal of Economic Perspectives*, Vol. 11, No. 2, 1997.

Blanchard, Olivier, and Jordi Galí, "Real Wage Rigidities and the New Keynesian Model", *Journal of Money, Credit and Banking*, Vol. 39, 2007.

Blejer, Mario, and Adrienne Cheasty, "How to Measure the Fiscal

Deficit", *Finance and Development*, Vol. 29, No. 3, 1992.

Bloom, Nicholas, "Fluctuations in Uncertainty", *Journal of Economic Perspectives*, Vol. 28, No. 2, 2014.

Bloomquist, Kim M., "A Comparison of Agent-Based Models of Income Tax Evasion", *Social Science Computer Review*, Vol. 24, No. 4, 2006.

Bobek, Donna D., Amy M. Hageman, and Charles F. Kelliher, "Analyzing the Role of Social Norms in Tax Compliance Behavior", *Journal of Business Ethics*, Vol. 115, 2013.

Borio, Claudio, et al., "Monetary Policy in the Grip of a Pincer Movement", *Bank for International Settlements*, No. 706, 2018.

Bott, Kristina M., et al., "You've Got Mail: A Randomized Field Experiment on Tax Evasion", *Management Science*, Vol. 66, No. 7, 2020.

Buiter, Willem H., "Helicopter Money: Irredeemable Fiat Money and the Liquidity Trap", *CEPR Discussion Papers*, No. 4202, 2004.

Christian, Roberta Calvet, and James Alm, "Empathy, Sympathy, and Tax Compliance", *Journal of Economic Psychology*, Vol. 40, 2014.

Crowe, Christopher, and Ellen E. Meade, "The Evolution of Central Bank Governance Around the World", *Journal of Economic Perspectives*, Vol. 21, No. 4, 2007.

Detmers, Gunda-Alexandra, Ozer Karagedikli, and Richhild Moessner, "Quantitative or Qualitative Forward Guidance: Does It Matter?", *Economic Record*, Vol. 97, No. 319, 2021.

Dholakia, Ravindra H., and Navendu Karan, "Consistent Measurement of Fiscal Deficit and Debt of States in India", *Economic and Political Weekly*, Vol. 40, No. 25, 2005.

Dow, Sheila, "Central Banking in the Twenty-First Century",

Cambridge Journal of Economics, Vol. 41, No. 6, 2017.

Eggertsson, Gauti B., and Paul Krugman, "Debt, Deleveraging, and the Liquidity Trap: A Fisher-Minsky-Koo Approach", *The Quarterly Journal of Economics*, Vol. 127, No. 3, 2012.

Ehrmann, Michael, et al., "Can More Public Information Raise Uncertainty? The International Evidence on Forward Guidance", *Journal of Monetary Economics*, Vol. 108, 2019.

Enachescu, Janina, et al., "Tax Complianceis Not Fundamentally Influenced by Incidental Emotions: An Experiment", *Economics of Governance*, Vol. 22, 2021.

Enachescu, Janina, et al., "The Role of Emotions in Tax Compliance Behavior: A Mixed-Methods Approach", *Journal of Economic Psychology*, Vol. 74, 2019.

Eriksen, Knut and Lars Fallan, "Tax Knowledge and Attitudes Towards Taxation: A Report on a Quasi-Experiment", *Journal of Economic Psychology*, Vol. 17, No. 3, 1996.

Fan, Jing-Li, et al., "Evaluating the Effect of a Subsidy Policy on Carbon Capture and Storage (CCS) Investment Decision-Making in China: A Perspective Based on the 45Q Tax Credit", *Energy Procedia*, Vol. 154, 2018.

Fernández-Villaverde, Jesús, et al., "Fiscal Volatility Shocks and Economic Activity", *American Economic Review*, Vol. 105, No. 11, 2015.

Fujiwara, Ippei, and Yuichiro Waki, "Fiscal Forward Guidance: A Case for Selective Transparency", *Journal of Monetary Economics*, Vol. 116, 2020.

Friedman, Milton, and Michael Bordo, "*The Optimum Quantity of Money and Other Essays*", Chicago: Aldine Publishing Company, 1969.

Galí, Jordi, "The Effects of a Money-Financed Fiscal Stimulus",

Journal of Monetary Economics, Vol. 115, 2020.

Gangl, Katharina, Benno Torgler, and Erich Kirchler, "Patriotism's Impact on Cooperation with the State: An Experimental Study on Tax Compliance", *Political Psychology*, Vol. 37, No. 6, 2015.

Gersbach, Hans, Yulin Liu, and Martin Tischhauser, "Versatile Forward Guidance: Escaping or Switching?", *Journal of Economic Dynamics and Control*, Vol. 127, 2021.

Goodhart, Charles AE, and Jonathan P. Ashworth, "QE: A Successful Start Maybe Running into Diminishing Returns", *Oxford Review of Economic Policy*, Vol. 28, No. 4, 2012.

Grossman, Michael, "*Determinants of Health: An Economic Perspective*", Columbia University Press, 2017.

Grundmann, Susanna and Johann Graf Lambsdorff, "How Income and Tax Rates Provoke Cheating: An Experimental Investigation of Tax Morale", *Journal of Economic Psychology*, Vol. 63, 2017.

Haan, Peter, et al., "Expectation Management of Policy Leaders: Evidence from COVID-19", *Journal of Public Economics*, Vol. 209, 2022.

Hanke, Steve H., and Nicholas Krus. "World Hyperinflations." *Routledge Handbook of Major Events in Economic History*, 2013.

Harrington, Emerson C., "The First State Executive Budget", *Proceedings of the Academy of Political Science in the City of New York*, Vol. 8, No. 1, 1918.

Hillenbrand, Carola, et al., "Corporate Tax: What Do Stakeholders Expect?", *Journal of Business Ethics*, Vol. 158, 2017.

Jácome, Luis Ignacio, et al., "Central Bank Credit to the Government: What Can We Learn From International Practices?", International Monetary Fund, 2012.

参考文献

Jiang, Kai, et al. , "China's Carbon Capture, Utilization and Storage (CCUS) Policy: A Critical Review", *Renewable and Sustainable Energy Reviews*, Vol. 119, 2020.

Kahneman, Daniel and Amos Tversky, "Prospect Theory: An Analysis of Decision Under Risk", *Econometrica: Journal of the Econometric Society*, Vol. 47, No. 2, 1979.

Kaplan, Steven E. , Philip MJ Reckers, and Kim D. Reynolds, "An Application of Attribution and Equity Theories to Tax Evasion Behavior", *Journal of Economic Psychology*, Vol. 7, No. 4, 1986.

Abdool Karim, Safura, et al. , "Stakeholder Arguments During the Adoption of a Sugar Sweetened Beverage Tax in South Africa and Their Influence: A Content Analysis", *Global Health Action*, Vol. 16, No. 1, 2023.

Kirchler, Erich, Erik Hoelzl, and Ingrid Wahl, "Enforced Versus Voluntary Tax Compliance: The 'Slippery Slope' Framework", *Journal of Economic Psychology*, Vol. 29, No. 2, 2008.

Kotlikoff, L. J. , "The Deficitis is Not a Well-Defined Measure of Fiscal Policy", *Science*, Vol. 241, No. 4867, 1988.

Lee, Aie-Rie and Kerry Chávez, "Are Women More Averse to Corruption Than Men? The Case of South Korea", *Social Science Quarterly*, Vol. 101, No. 2, 2020.

Lewis, Alan, "The Social Psychology of Taxation", *British Journal of Social Psychology*, Vol. 21, No. 2, 1982.

Lucas Jr, Robert E. , "On the Mechanics of Economic Development", *Journal of Monetary Economics*, Vol. 22, No. 1, 1988.

McCulley, Paul, and Zoltan Pozsar, "Helicopter Money: Or How I Stopped Worrying and Love Fiscal-Monetary Cooperation", *Global Society of Fellows*, Vol. 7, 2013.

Minsky, Hyman P., "On the Non-Neutrality of Money", *Federal Reserve Bank of New York Quarterly Review*, Vol. 18, No. 1, 1993.

Mishkin, Frederic S., "The Economics of Money, Banking, and Financial Markets", *Pearson Education*, 2007.

Moore, Basil J., "Unpacking the Post Keynesian Black Box: Bank Lending and the Money Supply", *Journal of Post Keynesian Economics*, Vol. 5, No. 4, 1983.

Mu, Renyan, Nigatu Mengesha Fentaw, and Lu Zhang, "Tax Evasion, Psychological Egoism, and Revenue Collection Performance: Evidencefrom Amhara Region, Ethiopia", *Frontiers in Psychology*, Vol. 14, 2023.

Pan, Xunzhang, et al., "Analysis of China's Oil and Gas Consumption Under Different Scenarios Toward 2050: An Integrated Modeling", *Energy*, Vol. 195, 2020.

Pinto, Brian, "Black Markets for Foreign Exchange, Real Exchange Rates and Inflation", *Journal of International Economics*, Vol. 30, No. 1-2, 1991.

Reinhart, Carmen M., and M. Belen Sbrancia, "The Liquidation of Government Debt", *Economic Policy*, Vol. 30, No. 82, 2015.

Romer, Paul M., "Increasing Returns and Long-Run Growth", *Journal of Political Economy*, Vol. 94, No. 5, 1986.

Roubini, Nouriel, and Xavier Sala-i-Martin, "A Growth Model of Inflation, Tax Evasion, and Financial Repression", *Journal of Monetary Economics*, Vol. 35, No. 2, 1995.

Saltzman, Bennett, and Julieta Yung, "A Machine Learning Approach to Identifying Different Types of Uncertainty", *Economics Letters*, Vol. 171, 2018.

Sargent, Thomas J., and Neil Wallace, "Rational Expectations and the Dynamics of Hyperinflation", *International Economic Review*, Vol. 14, No. 2, 1973.

Samuelson, P. A., "The Pure Theory of Public Expenditure", *The Review of Economics and Statistics*, Vol. 36, No. 4, 1954.

Schmolders, G., "Fiscal Psychology: A New Branch of Public Finance", *National Tax Journal*, Vol. 12, No. 4, 1959.

Srinivasan, T., "Tax Evasion: A Model", *Journal of Public Economics*, Vol. 2, No. 4, 1973.

Summers, Lawrence H., "Demand Side Secular Stagnation", *American Economic Review*, Vol. 105, No. 5, 2015.

Tanzi, Vito, Mario I. Blejer, and Mario O. Teijeiro, "Inflation and the Measurement of Fiscal Deficits", *Staff Papers*, Vol. 34, No. 4, 1987.

Tarufelli, B., Snyder, B. and Dismukes, D., "The Potential Impact of the US Carbon Capture and Storage Tax Credit Expansion on the Economic Feasibility of Industrial Carbon Capture and Storage", *Energy Policy*, Vol. 149, 2021.

Turner, Adair, "The Case for Monetary Finance: An Essentially Political Issue", 16th Jacques Polak Annual Research Conference, No. 5-6, 2015.

Victor, N. and Nichols, C., "CCUS Deployment Under the US 45Q Tax Credit and Adaptation by Other North American Governments: MARKAL Modeling Results", *Computers & Industrial Engineering*, Vol. 169, 2022.

Werner, Richard A., "Enhanced Debt Management: Solving the Eurozone Crisis by Linking Debt Management With Fiscal and Monetary Policy", *Journal of International Money and Finance*, Vol. 49, 2014.

Werner, Richard, "*New Paradigm in Macroeconomics: Solving the Riddle of Japanese Macroeconomic Performance*", Basingstoke: Palgrave

Macmillan, 2005.

Woodford, Michael, "Price-Level Determinacy Without Control of a Monetary Aggregate", *Carnegie-Rochester Conference Series on Public Policy*, Vol. 43, 1995.

Woodford, Michael, "Methods of Policy Accommodation at the Interest-Rate Lower Bound", *The Changing Policy Landscape*, Vol. 185, 2012.

Yashiv, Eran, "Breaking the Taboo: The Political Economy of COVID-Motivated Helicopter Drops", *Europe in the Time of COVID-19*, 2020.